孙子兵家智慧一本通

插图注释眉批版

江澜芝◎注译

石油工業出版社

内容提要

本书通过点题、阅读提示、原文、注释、翻译和眉批六大部分，以及精美的手绘插图，对《孙子兵法》进行深入解读，展示了先秦伟大思想家孙子的思想精华。

图书在版编目（CIP）数据

孙子兵家智慧一本通／江澜芝注译
北京：石油工业出版社，2015.3
ISBN 978-7-5183-0470-7
Ⅰ.孙…
Ⅱ.江…
Ⅲ.孙武－军事思想
Ⅳ.E892.25

中国版本图书馆 CIP 数据核字（2014）第 254562 号

孙子兵家智慧一本通

江澜芝 注译

出版发行：石油工业出版社
（北京安定门外安华里 2 区 1 号楼 100011）
网址：www.petropub.com
编辑部：（010）64250921 营销部：（010）64523603
经　销：全国新华书店
印　刷：北京晨旭印刷厂

2015 年 3 月第 1 版 2015 年 3 月第 1 次印刷
710 × 1000 毫米 开本：1/16 印 张：18.25
字　数：320 千字

定　价：29.80 元
（如出现印装质量问题，我社发行部负责调换）

目录

孙子兵法和三十六计

六 韬

孙子兵家智慧一本通

孙子兵法和三十六计

孙子曰：兵者，国之大事，死生之地，存亡之道，不可不察也。故经之以五事，校之以计，而索其情；一曰道，二曰天，三曰地，四曰将，五曰法。道者，令民与上同意也，故可与之死，可与之生，而不畏危也。天者，阴阳，寒暑、时制也。地者，远近、险易、广狭、死生也。将者，智、信、仁、勇、严也。法者，曲制、官道、主用也。凡此五者，将莫不闻，知之者胜，不知者不胜。故校之以计而索其情，曰：主孰有道？将孰有能？天地孰得？法令孰行？民众孰强？士卒孰练？赏罚孰明？吾以此知胜负矣。将听吾计，用之必胜，留之；将不听吾计，用之必败，去之。

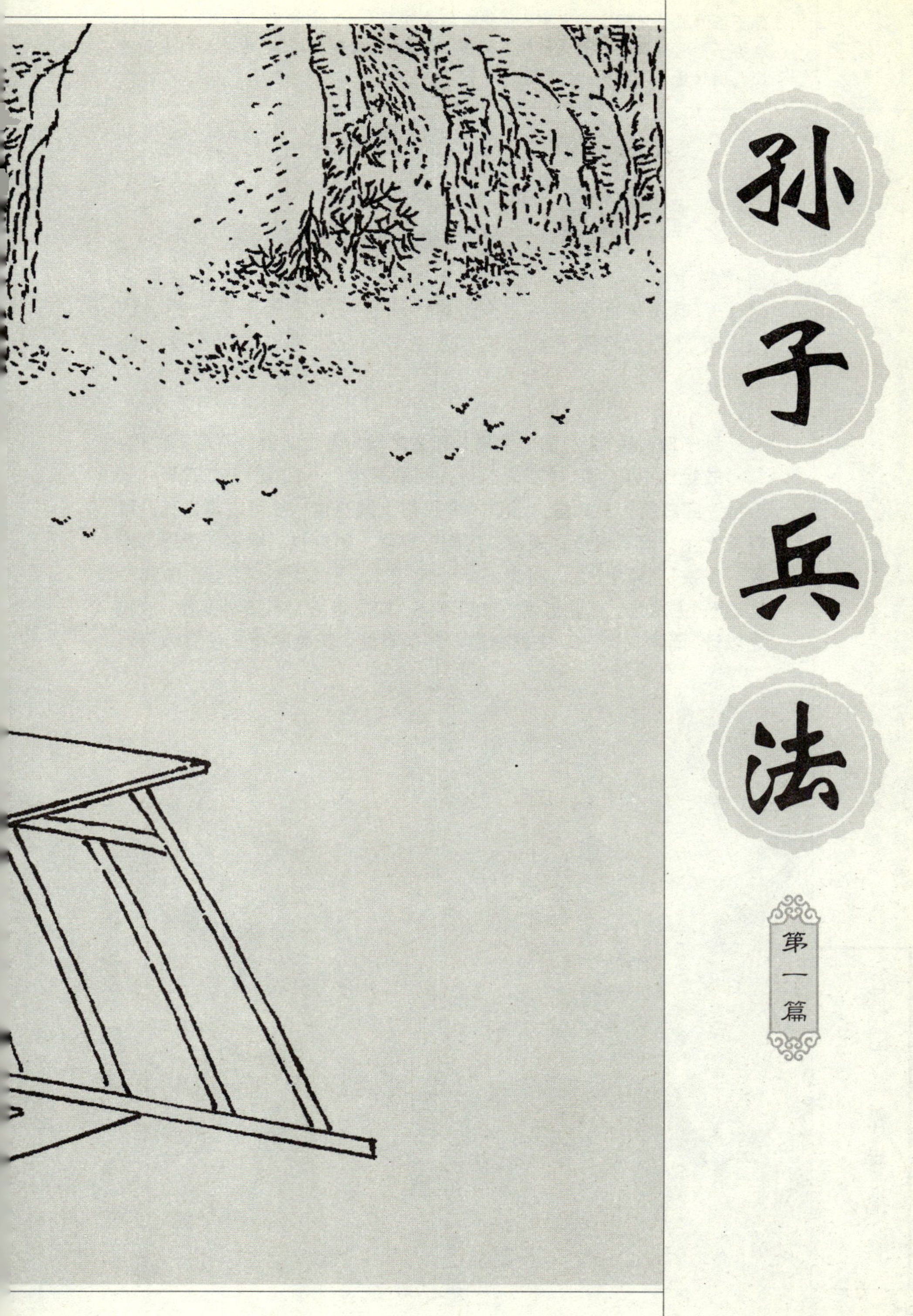

孙子兵法

第一篇

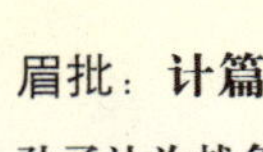

眉批：**计篇**

孙子认为战争是国家的大事，他把政治条件、人心向背放到“五事”的首位，这等于他对战争的内涵作了如下判断：军事决不能脱离政治，军事是政治的延长，用兵是为了解决政治问题。

零零壹 / **计篇**

阅读提示：计，是指战前的准备，古代称“庙算”。本篇主要讲述了决定战争胜败的道、天、地、将、法等五大要素。孙子认为，战前必须将双方的这五个要素分析、研究清楚，这样才能出兵。

孙子曰：兵[1]者，国之大事，死生之地，存亡之道，不可不察也。

故经[2]之以五事，校[3]之以计，而索其情：一曰道[4]，二曰天，三曰地，四曰将，五曰法。道者，令民与上同意也，故可以与之死，可以与之生，而不畏危。天者，阴阳、寒暑、时制也。地者，远近、险易、广狭[5]、死生[6]也。将者，智、信、仁、勇、严也。法者，曲制[7]、官道[8]、主用也。凡此五者，将莫不闻，知之者胜，不知者不胜。故校之以计，而索其情，曰：主孰有道？将孰有能？天地孰得？法令孰行？

①兵：本义为兵械。《说文》：『兵，械也。』老子《道德经》：『夫兵者。』后逐渐引申为兵士、军队、战争等。这里解释为战争。②经：经线，天经地纬疑指《易经》。③校：通『较』。④道：指法则、规律。⑤广狭：一般指作战场地的广阔或狭窄。⑥死生：指『死地』和『生地』。⑦曲制：军队的组织编制。⑧官道：军官的职务。

民众孰强？士卒孰练？赏罚孰明？吾以此知胜负矣。

将听吾计，用之必胜，留之；将不听吾计，用之必败，去之。

计利以听，乃为之势，以佐其外。势者，因利而制权也。

兵者，诡道也。故能而示之不能，用而示之不用，近而示之远，远而示之近；利而诱之，乱而取之，实而备之，强而避之，怒而挠[9]之，卑而骄之，佚而劳之，亲而离之。攻其无备，出其不意。此兵家之胜，不可先传也。

夫未战而庙算胜者，得算多也；未战而庙算[10]不胜者，得算少也。多算胜，少算不胜，而况于无算乎？吾以此观之，胜负见矣。

孙子讲：战争，是国家的大事。它关系着人民的生死，国家的存亡，所以，不得不慎重考虑。

应该从五个方面的情形进行分析，通过具体对比敌我双方的基本条件，来探讨战争胜负的情形：一是“道”，二是“天”，三是“地”，四是“将”，五是“法”。所谓“道”，就是使民众和君主的意愿相一致，可以让他们同君主共生死，不怕危险。所谓“天”，即是指晴雨、寒暑、四季更替。所谓“地”，是指路程的远近，地势的险阻或平坦，作战地域的宽广或狭窄，地形是有利于攻守进退的生地，还是难攻难守又难撤退的死地。所谓“将”者，必须具备智慧、信任、仁爱、勇敢、严明这五个条件。所讲的“法”，是指军队组织编制、将吏的统辖管理和职责区分、军用物资的供应和管理等制度规定。这五个因素，将帅都要知道，都要能深刻了解。只有确实掌握这些因素后，才能打胜仗。不能深刻了解，就不能打胜仗。然而具备了上述五个要素还不够，还要拿这五要素和敌方相互比较，探索胜负的可能性。这些情况是：哪一方君主深明道义，能得到人民的拥护？哪一方的将帅才能高明？哪一方占据比较有利的天时地利条件？哪一方的法令能切实贯彻执行？哪一方的军队实力强盛？哪一方的士卒训练有素？哪一方赏罚更为严明？我们根据这些对比来判断，就能预见谁胜谁负了。

如果国君能够听从我的计谋，指挥作战一定胜利，我就留下；如果不能听从我的计谋，指挥作战一定失败，我就离去。

我的军事思想您能够接受，我将为您造成军事上的“势”，以从外面辅助。所谓“势”，就是根据情况，趋利避害，采取恰当的行动。

⑨挠：扰之意。⑩庙算：古代出师作战之前，一般要在庙堂里商议谋划，分析战争的得失，制订作战方略。这一作战程序，就叫作『庙算』。

用兵作战，是一种诡诈的行动。能攻，却伪装不能攻；本来能守，却伪装不能守；要用兵，却装作不用兵；要向近处行动，却装作要向远处行动；要向远处行动，却装作要向近处行动。用小利来引诱敌人，敌人处在混乱时，要乘机攻取它，敌人兵力充实，我方就要有所防备，敌人兵力强大，就要暂时避开，敌人急躁易怒，就要设法激怒敌人，然后挫败他，卑视我方的敌人，要故意示弱，用以骄纵他，敌人安逸时，要设法使其疲劳，敌人团结时，就要设法离间。在敌人无准备的状态下进行攻击，在敌人意想不到的情况下采取行动。这些都是军事家取胜的秘诀，时机不成熟，不可以声张。

在开战之前，“庙算”能够胜过敌人的，是因为计算周密，胜利条件多；开战之前，“庙算”不能胜过敌人的，是因为计算不周，胜利条件少。计算周密，胜利条件多，可能胜敌；计算不周，胜利条件少，不能胜敌，何况毫无计算、没有胜利条件呢！我们从这些方面来考察，谁胜谁负就明白了。

吴越争霸之战

春秋时期，吴越两国为争夺霸权，在公元前506年至公元前473年的三十多年间发生过多次战争。在公元前494年的一次战争中，越国在会稽受挫，力量大为削弱，几乎遭受灭国之灾。越王勾践在受挫后，一面卑身事吴，一面反省思过，制订了休养生息、抚慰人民的一系列政策，取得了民众的支持。勾践经过“卧薪尝胆”、“十年生聚”、“十年教训”，最后复仇灭吴。越灭吴之战是我国古代史上弱国打败强国的一个范例，从许多方面印证了《孙子兵法·计篇》的合理性与正确性。

吴国和越国是春秋后期在长江下游崛起的两个国家。在此之前，他们在很长一段时间里共同依附于楚国，是楚国的盟国。春秋中期，吴国通过兼并战争取得了大量土地，疆域不断扩大，实力不断增强，在大国争霸的局势中逐渐崭露头角并开始叛楚攻楚，以求在中原争霸。这时弱小的越国，在吴楚战事频繁时常常策应楚国、牵制吴国，成为吴国的心腹之患。吴国为了在中原争霸中除掉后患，在柏举之战击败了楚国后，开始发动吴越之间的战争。公元前496年，越王允常去世，其子勾践继位。吴王阖闾乘越国允常之丧，率军攻越。吴越二军在槜李（今浙江嘉兴西南）对阵时，越军两次用死士攻击吴军严整的阵势，均未能奏效。最后越王勾践驱使犯了死罪的囚徒，列为三行一起在吴军阵前自杀，使吴军军心涣散。越军乘其不备，突然发起攻击，大败吴军，阖闾受伤而死。

吴王阖闾死后，其子夫差即位。夫差按照其父“必毋忘越”的遗嘱，在伍子胥、伯嚭的辅助下，日夜加紧练兵，准备出兵攻越。越王勾践于即位后的第三年春得到夫差准备攻越的消息，在准备还不充分，兵力还不够充足的情况下，决定先发制人，出兵攻打吴国。吴王夫差派出精兵，迎战越军于夫椒（今江苏苏州西南）。由于吴军实力较强，越军战败。越军损失巨大，最后只剩下五千人，退守会稽山（今浙江绍兴东南）。吴军乘胜追击，把会稽包围得水泄不通。在这危急存亡关头，勾践采纳了范蠡的建议，决定以屈求生。勾践一面准备死战，一面派文种去向吴王夫差求和，以美女、财宝疏通吴太宰伯嚭，要他劝说夫差允许越国作为吴的属国存留下来，

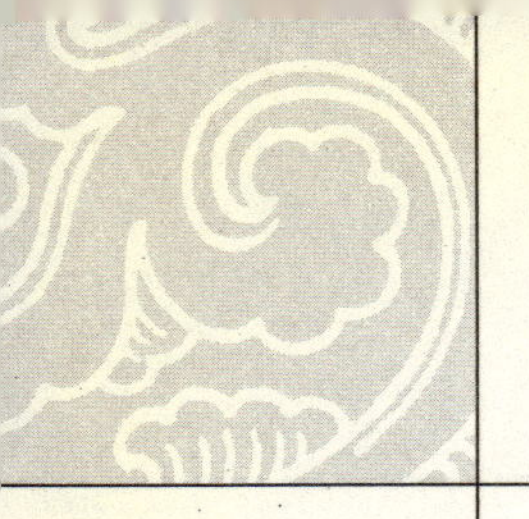

那时，勾践表示愿做吴王的臣仆，忠心侍奉吴王；不然，勾践将“尽杀其妻子，燔（烧）其宝器，悉五千人触战”。在伯嚭的劝说下，吴王夫差准许议和。吴军撤军回国。

越国战败后，越王勾践将治理国家的大权交给文种，自己和范蠡一道去吴国给夫差当奴仆，越国的王后也做了吴王夫差的女奴。勾践为吴王驾车养马，他的夫人为吴国打扫宫室。他们住在囚室，秽衣恶食，极尽屈辱而从不反抗。由于勾践能卑事吴王，同时又贿赂伯嚭，最后，勾践终于取得了吴王的信任，三年后被释放回国。

越王勾践回国后，首先下了一道“罪己诏”，检讨自己与吴国结仇，使很多百姓在战场上送命的失误。他还亲自去慰问受伤的平民，抚养阵亡者的遗族。他在坐卧的地方悬挂了苦胆，吃饭的时候也要先尝尝苦胆的滋味。他“身自耕作，夫人自织，食木加肉，衣不重采”。勾践还针对越国战败，人口减少、财力耗尽的情况，制

订了休养生息的政策以恢复国家的元气。他明确规定：妇女怀孕临产时，要报告官府，由官府派医生去看护；生男孩奖给一壶酒和一条狗；生女孩奖给一壶酒和一只小猪。生三胞胎的由官府出钱请乳母，生双胞胎由官府提供一个做饭菜的保姆。凡死了嫡子的人家，免除三年劳役，死了庶子的，免除三个月劳役。由于改革内政，减轻刑罚、赋税，提倡百姓开荒种地，越国在十年中没有向人民征收赋税，百姓每家都有三年的粮食储备。由于勾践实行了一系列"去民之所恶，补民之不足"的政策，越国百姓对他的感情，如对父母一般。

勾践在改革内政的同时，还开展卓有成效的外交战。对吴国，他继续实行以退为进的战略，麻痹腐蚀夫差，经常送给夫差优厚的礼物，表示忠心臣服，以消除他对越国的戒备，助其骄气；同时又破坏吴国的经济，用高价收买吴国的粮食，造成吴国粮食困难；他用离间计使夫差对伯嚭质疑，对伍子胥更加疏远，挑起其内部争斗。这些措施的实施，壮大了自己，削弱了敌人，为伺机灭吴奠定了基础。

吴王夫差战胜越国后，领土得到扩展，势力日益强大，夫差也因胜而骄，过高地估计了自己的力量，看不出勾践决定灭吴的意图。公元前484年，夫差闻齐景公已死，便决定出兵北上伐齐。吴军击败齐军于艾陵。公元前482年，夫差又约晋定公和各国诸侯七月七日到黄池（今河南封丘西南）会盟。夫差为了炫耀武力，圆他称霸中原之梦，带去了吴国三万精锐部队，只留下一些老弱的军士同太子一起留守国内。夫差的空国远征，给了越国以可乘之隙。越王勾践在吴军刚离国北上时，就想出兵攻吴。范蠡认为时机未到，他分析说："吴王北会诸侯于黄池，精兵从王，国中空虚，老弱在后，太子留守，兵始出境未远，闻越击其空虚，兵还不难也。"他劝勾践暂缓出兵。数月之后，范蠡估计吴军已到黄池，便同意勾践出兵。勾践调集越军四万九千人，兵分两路，一路由范蠡、泄庸率领，由海道入淮河，切断北去吴军的归路；一路由大夫畴无余为先锋，勾践亲率主力继后，从吴国南面边境，直逼姑苏。

吴太子友得知越军趁虚出击吴国，急忙率兵到泓上（今江苏苏州近郊）阻止越军的进攻。太子友根据国内精锐部队全部北上黄池的现实，决定采取不与越军交战、坚守待援的策略，同时派人请夫差尽快回军。然而，当越军先锋军到达时，吴将王孙弥庸一眼望见了被越军俘获的他父亲的“姑蔑旗”在空中招展，不由得怒火中烧，也就顾不得太子友坚守疲敌的主张了。他率领部属五千人出击，打败了越军的先锋部队，俘虏了越大夫畴无余。首战小胜，使吴将更加骄傲轻敌。不久，勾践的主力到达，向吴军发起了猛攻。越军一举击败吴军，王孙弥庸被泄庸所杀，太子友俘虏后被杀。越军进入吴国国都姑苏。越军缴获了大批物资，取得了这场袭击战的胜利。

夫差在黄池正在与晋定公争做霸主，听说越军攻下姑苏，太子被俘，恐怕影响霸业，就一连杀掉七个来报告情况的人，封锁这一不利消息，并用武力威胁晋国让步，勉强做了霸主。随后夫差就急忙回军。在回国的途中，吴军连连听到太子被杀、国都被围等一系列失利的消息，军士完全丧失了斗志。夫差感到现在回国立即反击越国没有必胜的把握，就在途中派伯嚭向越国求和。勾践和范蠡估计自己的力量还不能马上把吴国消灭，于是同意议和，撤兵回国了。

夫差回到吴国，本想马上报复越国，但是吴国由于连年战争，生产遭到破坏，经济损失很大，国内又闹灾荒，因此，他感到一时还没有实力对越实施报复。于是他宣布“息民散兵”，企图恢复力量，待机再举。

文种见吴国开始致力于增强国内经济实力，便觉得越国应抓住有利时机及时完成灭吴大业，如果等到吴国经济实力得到恢复，那么战胜吴国将更加困难。于是文种向勾践建议，应抓紧目前吴军疲惫，国内防务松弛的机会再次攻吴。勾践采纳了他的建议，于公元前478年乘吴国大旱、仓库空虚之时，准备大举攻吴。

战前，勾践征求并采纳了群臣关于明赏罚、备战具、严军纪、练士卒等建议，作了充分的临战准备。为了争取人民的支持，他以为国复仇为号，鼓励出征者奋力作战，留乡者专心生产，并规定独子及体弱有病者免服兵役，兄弟二人以上的留一人在家奉养父母。出师攻吴时，又宣布吴王夫差的罪状，号召吴国人民反对夫差。

这年3月，越军进军到笠泽（苏州南面，与吴淞江平行的一条江）。吴国也发兵迎击，两军夹江对峙。越国把军队分为左右两翼，勾践亲率六千精兵为中军。黄昏时，勾践命左右两军分别隐蔽在江中；半夜时，两军鸣鼓呐喊，进行佯攻。夫差误以为越军两路渡江进攻，连夜分兵两翼迎战。勾践率主力偃旗息鼓，潜行渡江，出其不意地从吴军的两路中间的薄弱部位展开进攻。吴军大败。越军乘

胜猛追，再战于郊（今苏州南），三战于津（今苏州郊区）。越军三战三捷，占领了所到之地，使吴国军事力量土崩瓦解，改变了吴强越弱的形势。

吴军笠泽战败后，退而固守姑苏。姑苏城坚，越军一时未能攻下。勾践采取长期围困的战略，使吴军在两年后终于势穷力竭。这时，越军再次发起强攻，打进姑苏城。夫差率残部逃到姑苏台上，又被越军包围。他派人向勾践求和但越国君臣灭吴之心已定。夫差在无望之中自杀而死。越国终于取得了吴越之战的最后胜利。

越国作为一个较弱小的国家，能战胜实力强大的吴国，首先一个重要原因是越国能从失败中吸取教训，改革政治，争取了民众的支持。勾践在会稽战败后，制订了一系列改革措施，“去民之所恶，补民之不足”，同时，勾践以复仇雪耻为号召，激发民众积极参与灭吴战争，这正顺应了越国人民要求摆脱处于吴国臣属地位的愿

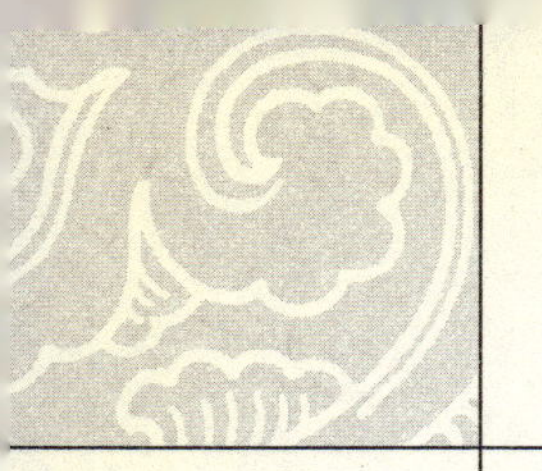

望，因而获得了越国人民的支持。其次，在战略上，面对强敌，越国能够避其锋芒，制订以退为进、休养生息的政策，以保存自己的实力，增强国力，为最终战胜强敌作好充分的准备；同时，针对吴国君臣的弱点，采取“利而诱之”、“强而避之”、“亲而离之”等策略，使吴王夫差妄自尊大，放松警惕，穷兵黩武，削弱了自己的实力。最后，越国在袭击吴国条件成熟时，采取了乘虚捣袭的作战方针，出其不意，攻其不备，给吴军以致命的打击，最终战胜了吴军，取得了灭吴之战的胜利。

从越国最终战胜吴国的全过程中可见，越国用于战胜敌国的许多策略都与《孙子兵法·计篇》所述的思想相符合。因此，我们说越灭吴之战，正是孙子《计篇》军事思想合理性与正确性的极好佐证。

眉批：**作战篇**

孙子在此篇深刻地阐明了战争与经济的联系，战争是人的智慧的较量，更是综合实力的较量，而综合实力中首推经济实力。

零零贰／**作战篇**

阅读提示：孙子认为作战的指导思想应当是速战速决。本篇以战争对人力、物力、财力的依赖关系出发，指出了“兵贵胜，不贵久”的原则。同时又提出了速战速决的要求。

孙子曰：凡用兵之法，驰车千驷[①]，革车千乘，带甲十万，千里馈粮[②]，则内外之费，宾客之用，胶漆之材[③]，车甲之奉，日费千金，然后十万之师举矣。

其用战也胜，久则钝兵挫锐，攻城则力屈[④]，久暴师则国用不足。夫钝兵挫锐，屈力殚货[⑤]，则诸侯乘其弊而起，虽有智者，不能善其后矣。故兵闻拙速，未睹巧之久也。夫兵久而国利者，未之有也。故不尽知用兵之害者，则不能尽知用兵之利也。

善用兵者，役不再籍[⑥]，粮不三载；取用于国，因粮于敌，故军食可足也。

国之贫于师者远输，远输而百姓贫。近师者贵卖，贵卖则百姓财竭，财竭则急于丘役[⑦]。力屈、财殚，中原内虚于家[⑧]。百姓之费，十去其七；公家之费，破车罢马，甲胄矢弩，戟盾矛橹，丘牛大车[⑨]，十去其六。

故智将务食于敌，食敌一钟，当吾二十钟；萁秆一石[⑩]，当吾二十石。

故杀敌者，怒也；取敌之利者，货也。故车战，得车十乘已上，赏其先得者，而更其旌旗，车杂而乘之，卒善而养之，是谓胜敌而益强。

故兵贵胜，不贵久。

故知兵之将，民之司命，国家安危之主也。

孙子说：凡是出兵作战时，要出动战车千辆，辎重车千辆，军队十万，还要千里运粮，这样一来，前方后方的军需费用、外交使节往来的开支、器材物资的供应和武器装备的保养维修，每天要耗费千金，然后十万大军才能出动。

用这样的大军去作战，要求速胜。旷日持久，就会使军队疲困、锐气挫伤，攻城会耗尽力量，长期作战，必然会使国家经济发生困难。如果军队疲惫、锐气挫伤、军力耗尽、经济枯竭，其他诸侯国

①千驷：千辆战车。②馈粮：馈，运送、供应。意为运送粮食。③胶漆之材：通指制作和维修弓矢等军用器械的物资材料。④力屈：力量已耗尽。屈，竭尽、穷尽。⑤殚货：殚，枯竭；货，财货。⑥役不再籍：役，兵役；籍，本义为名册，此处用作动词，即登记、征集；再，二次。意即不再次从国内征集兵员。⑦急于丘役：急，在这里有加重之意；丘役，军赋，古代以丘为单位征集军赋，一丘为一百二十八家。⑧中原内虚于家：中原，此处指国内。此句意为国内百姓之家因远道运输而变得贫困、空虚。⑨丘牛大车：丘牛，指军赋中的牛；大车，指载运辎重的牛车。⑩萁秆一石：萁秆，泛指马、牛等牲畜的饲料；石，古代的容量单位，一百二十斤为一石。

就会乘机进攻。那时，即使有很高明的人，也想不出什么挽救的办法了。所以用兵打仗只听说宁拙而求速胜的，没有见过求巧而久拖的。战争长期拖延而对国家有利，这是从来没有过的。因此，不懂得战争害处的人，就不能完全懂得战争的有利之处。

善于用兵的人，不会再次征集兵员，不会再三运送粮食，武器装备都从国内取用后，粮食在敌国就地解决，这样军用补给就可以满足了。

国家因用兵而导致贫困的，重要原因是因为远道运输；远道运输就会使百姓贫困。靠近军队的地方物价飞涨，物价飞涨就会使百姓财富枯竭；财富枯竭，国家就会加征赋役。军力耗尽，财力枯竭，因而国家空虚。百姓的财物，耗去了十分之七；公家的资财，由于战车损坏，战马疲病，铠甲、弓箭、戟、矛、盾牌等装备、兵器的损耗，辎重车辆的损坏，耗去了十分之六。

因此聪明的将帅一定从敌国补给粮草，因为吃敌人一钟粮食，可以抵得上国内运来的二十钟；用敌人的一石饲料，可以抵得上国内运来的二十石。

想让士兵争先冲锋杀敌，就要激起他们对敌人的愤怒；要想夺得敌人资财，就要用财货奖赏士卒。所以在车战中，凡缴获敌人战车十辆以上的，要奖赏最先夺得战车的士兵，并更换战车上的旗帜，混合编入我方车队之中，对俘虏来的士兵要给予善待和使用，这就是人们所讲的战胜敌人而使自己强大。

因此用兵贵在速胜，而不宜久拖。善于作战的将帅，是掌握人民生死命运的人，是国家安危的主宰者。

北（魏）大（夏）之战

北魏与大夏统万城之战，发生于我国历史上东晋十六国时期。当时，我国南方为东晋政权统治，北方却出现了众多的由匈奴、鲜卑、羯、氐、羌等少数民族以及汉族建立的独立割据政权。北魏与大夏便是这些众多的割据政权中的两个少数民族政权。在这些割据政权中，北魏由于能够接受汉族的先进技术与文化，重视发展农业生产，从而逐渐强大起来。北魏在将自己的势力向南发展、推进的同时，也开始着手统一北方。

公元427年发生的北魏与大夏统万城之战就是北魏为统一北方而发动的。在这次战争中，鲜卑族北魏主拓跋焘对于孙子“兵贵胜，不贵久”的作战思想有着深刻的理解，面对所要攻打的统万城，指挥果断灵活，避免了陷入旷日持久、进退两难的境地，较好地完成了这次攻坚战，推动了北方由分裂走向统一的进程。

大夏国建立于公元407年。当时，北方已有南燕、后燕、北燕、北凉、北魏、后秦等独立的割据政权。夏主赫连勃勃是匈奴族人，在建夏之前，曾经投奔后秦的高平公破多罗没奕干（鲜卑族），谋得后秦骁骑将军的官职，并被没奕干招为女婿。后来，赫连勃勃以在高平打猎为由，阴谋袭杀了岳父，将其领地及手下并为自己的势力，在此基础上建立了大夏国。赫连勃勃建国后，没有将高平作为

自己的根据地，而是以流动袭击的办法蚕食后秦疆土，不断扩大自己的统治范围。不久，东晋刘裕灭了后秦，赫连勃勃趁势占领了后秦岭北各郡县、军事重镇和戍所，夺取了长安，在较强的军事力量支持下，其统治得到了巩固与发展，成为北魏的劲敌，阻碍着北魏对西北地区的统一。

赫连勃勃在其统治得到巩固、疆土逐渐扩大的基础上，决定将其国都定在统万城（在今内蒙古乌审旗南白城子）。公元413年，赫连勃勃征发岭北胡汉各族人民十万人修都统万城。他驱使人们用蒸熟的土筑城，完成后他用铁锥刺土，如果刺进一寸，就杀掉筑城的人。在他的暴力与高压下，统万城筑成后非常坚固，其“城高十仞，基厚三十步，上广十步，宫墙五仞，其坚可以砺（磨）刀斧”。赫连勃勃妄图以此坚城抵御外族侵略，延续其残暴的统治。

北魏政权由鲜卑族拓跋氏建立于公元386年，那时，后燕是当时黄河流域最强大的国家，北魏则处于后燕势力的包围之中，北魏通过与后燕的多次艰苦作战，削弱了后燕的势力，使自己逐渐强大起来。北魏统治者注意军事与生产双管齐下，稳定其统治范围内的农业经济，吸取中原先进文化和生产知识，重用汉族地主阶级知识分子，因而发展成为一个较强大的政权。公元396年，北魏攻占了后燕重镇晋阳、常山、信都、中山，给后燕以近乎毁灭性的打击。不久，后燕灭亡，北魏开始进一步实施其统一北方的计划。公元425年8月，夏主赫连勃勃病死，诸子争位，互相攻战。次年，赫连昌争取到王位继承权，但大夏内部矛盾更为尖锐，北魏便乘此机会发动了灭夏之战。

公元426年9月，北魏主拓跋焘命大将奚斤率兵五万，攻夏之蒲阪（今山西永济西），进袭关中、长安（今陕西西安）；自己亲率骑兵两万出平城（魏都，今山西大同），渡黄河袭击统万城。夏主赫连昌率军迎击，战败退回城内固守。魏军分兵四掠，驱牛十余万，掳夏居民万余而归，作了一次试探性的战略进攻。

这年12月，魏军南路奚斤率军夺取了长安。次年正月，夏主赫连昌派其弟赫连定领兵二万南下，企图夺回长安，恢复关中。两军相持在长安附近。魏主拓跋焘乘夏军兵力被牵制在关中的有利时机，决定动用近十万大军再次袭击统万城。5月，拓跋焘率军西进，以三万骑兵为前驱，三万步兵为后继，三万步兵运送攻城器具。北魏军从君子津渡过黄河，至拔邻山（今内蒙古杭锦旗境内）筑城休整，原附属于夏的今内蒙古南部与陕北地区各族游牧民族首领纷纷降于北魏。这时，北魏主拓跋焘改变步、骑兵齐进的原进军计划，决定率轻骑三万以最快的速度直抵统万城，然后诱敌出战，将敌人消灭。对这一决定，拓跋焘部下有所不解，他们认为统万城坚固，敌军必定固守城内，三万骑兵先驱到达不足以攻破坚城，最好还是等步兵到达后，带上攻城战具，再行往攻。拓跋焘解释说："用兵攻城，在军事上是下策，是不得已才用的。现在若等步兵，攻具齐备，再去攻城，敌军见我势众，必然据城固守，不敢出战，我军攻城不下，旷日持久，食尽兵疲，外无所掠，反而会形成进退两难之势。因此不如现在以轻骑直抵城下，敌人见我军步兵未到，意必松懈，我再以疲弱示之，诱其出战，必能一举歼敌。再则我军之所以适合采取轻骑决战，以争取速胜，还因为我军离家两千余里，又隔黄河，粮草运输困难。以现有的三万骑兵攻城虽不足，而决战则有余。”拓跋焘说服了部队，遂督军前进。

6月，魏军至统万城。拓跋焘将大部队隐蔽在城北山丘深谷中，以少数兵力至城下挑战。夏军坚守不与北魏军决战。这时，夏军将领狄子玉前来投降魏军，并泄露了夏军的作战意图：夏主赫连昌已派人调赫连定回援，赫连定认为统万城非常坚固，魏不可能一下攻克，因此他打算战败奚斤于长安后，再回援统万城，到时内外夹击北魏军，将魏军一举歼灭。因此，夏主赫连昌采取了固守待援的方针。

恰巧，此时魏军中有一犯罪的士兵出逃至夏军内，告诉夏军说：“魏军粮尽，辎重在后，步兵亦未到，宜速击之。”赫连昌听了此话，深信不疑。于是他亲率步骑三万出城迎战。拓跋焘见敌军出迎，喜不自禁。为诱夏军深入并助长其骄气，魏军向西北方向佯作退却。夏军出城追击北魏军。这时，天气突变，骤然刮起东南大风，飞沙满天，雨随风至，赫连昌军利于顺风追击，便趁势猛攻魏军，形势对魏军很不利。但拓跋焘坚定指挥作战。他除派兵正面迎击敌军外，将骑兵分为左右两队，绕道截断夏军后路，从背后顺风向夏军反突击，将不利变为有利。激战中，拓跋焘身先士卒，虽身中飞箭，仍带伤奋勇杀敌，在魏军的前后夹击、拼死力战下，夏军被杀一万余人，赫连昌来不及回城，率残部逃往上圭（今甘肃天水市）。北魏军乘胜攻下统万城。赫连定却没能攻下长安，听说统万城失守，也退逃至上圭。北魏军取得了统万城之战的最后胜利。

不久，北魏军进军上圭，夏国灭亡。

从统万城之战中，我们不难看到孙子的军事思想在古代，不仅仅是汉族的军事统帅将其作为指挥作战、克敌制胜的指导，而且，在受到汉族文化影响的少数民族区域中，也极受少数民族将领的推崇。我们从统万城之战拓跋焘对于攻打坚城弊端的认识中，从拓跋焘为尽量避免自己军队屯兵坚城而不下，陷入进退两难的境地而作出的决策中，都能够清楚地看出这种情形。正是因为拓跋焘对于长途奔袭敌国的弊端有所认识，因此在统万城之战中，他采取了诱敌出城的策略争取了速战速胜，抓住了敌人援军未到的有利时机，以速战取得了这次战斗的胜利，既避免了攻坚战，又避免了受到敌军的内外夹击，可以说是运用孙子《作战篇》指导思想克敌制胜的成功范例。

反观夏军之失败，其主要原因固然是其本身奴隶制政权及其恐怖统治不得人心，军事、经济实力弱于北魏，但仅就其军事统帅而言，赫连昌作战的缺陷也是十分明显的。在北魏军第一次越过黄河袭击统万城后，夏军仍没有注意加强黄河天险一带的战略防御，反而分散兵力屯兵坚城去攻夺长安，使北魏有了发动袭击统万城的间隙；在北魏军逼近统万城时，赫连昌在没有认真分析出城速战对于敌我双方之利弊的情况下，临时改变以逸待劳、固守待援的作战计划，出城轻率迎战，结果造成兵败城破、丧国灭国的遗恨，其教训值得后代兵家深思。

眉批：**谋攻篇**

成都武侯祠有副对联的上联写道：“能攻心则反侧自消，从古知兵非好战。”我们拿来与孙子的《谋攻篇》互参，发现中国古代军事家十分重视谋略。

零零叁 / **谋攻篇**

阅读提示：本篇主要讲述达到作战目的的谋略。孙子认为最好的作战谋略是以最小的代价换取最大的胜利。“全国为上，破国次之”就是这个意思。他指出：知彼知己者，百战不殆。

孙子曰：凡用兵之法，全国为上，破国次之[①]；全军为上，破军次之；全旅为上，破旅次之；全卒为上，破卒次之；全伍为上，破伍次之。是故百战百胜，非善之善者也[②]；不战而屈人之兵，善之善者也。

故上兵伐谋[③]，其次伐交，其次伐兵，其下攻城。攻城之法，为不得已。修橹轒辒[④]、具器械，三月而后成；距堙[⑤]，又三月而后已。将不胜其忿而蚁附之，杀士卒三分之一，而城不拔者，此攻之灾也。故

①全国为上，破国次之：全，完整；国，春秋时，主要指都城，有的还包括外城及周围的地区；破，攻破、击破。②非善之善者也：不是好中最好的。③上兵伐谋：上兵，上乘用兵之法；伐，进攻、攻打；谋，谋略；伐谋，以谋略攻敌赢得胜利。④修橹轒辒：制造大盾和攻城的四轮大车；修，制作、建造；橹，藤革等材料制成的大盾牌；轒辒，攻城用的四轮大车，用桃木制成，外蒙生牛皮，可以容纳兵士十余人。⑤距堙：距，通『具』，准备；堙，土山。

善用兵者，屈人之兵而非战也，拔人之城而非攻也，毁人之国而非久也，必以全争于天下，故兵不顿而利可全[6]，此谋攻之法也。

故用兵之法，十则围之[7]，五则攻之，倍则分之，敌则能战之，少则能逃之，不若则能避之。故小敌之坚，大敌之擒也。

夫将者，国之辅也。辅周则国必强；辅隙则国必弱。

故君之所以患于军者三：不知军之不可以进而谓之进，不知军之不可以退而谓之退，是谓縻军[8]；不知三军之事，而同三军之政，则军士惑矣；不知三军之权，而同三军之任，则军士疑矣。三军既惑且疑，则诸侯之难至矣，是谓乱军引胜。

故知胜有五：知可以战与不可以战者胜，识众寡之用者胜，上下同欲者胜，以虞待不虞者胜[9]，将能而君不御者胜。此五者，知胜之道也。

故曰：知彼知己者，百战不殆[10]；不知彼而知己，一胜一负；不知彼，不知己，每战必殆。

孙子说：用兵的原则，敌人不战而举国屈服的为上策，用兵力摧毁敌国使之屈服就次一等；迫使敌人全军屈服是上策，击破它就次一等；迫使敌人全旅屈服是上策，用武力击破它就次一等；迫使敌人全部士兵屈服是上策，用武力击破它就次一等；迫使敌人全部队伍屈服是上策，击破它就次一等。所以，百战百胜，不算是高明之中高明的，不经战斗而使敌人降服，才算是高明之中高明的。

因此，用兵的上策是用谋略战胜敌人，其次是通过外交手段战胜敌人，再次是使用武力战胜敌人，最下策是攻城。攻城是不得已而采取的办法。修造大盾和四轮车，准备各种攻城器械，三个月才能完成；构筑攻城的土山，又要几个月才能完工。将帅焦躁忿怒，驱使士卒们像蚂蚁一样去爬城。士兵伤亡了三分之一，而城还是攻不下来，这就是攻城的灾害。所以，善于用兵作战的人，使敌人的军队屈服而不用进行交战，夺取敌人的城池不靠硬攻，毁灭敌人的国家而不需久战，务求以全胜的谋略取胜。这样，军队就不受挫折，而又取得全面胜利。这就是“谋略”的法则。

用兵的方法，有十倍于敌的绝对优势兵力，就要四面包围，迫敌屈服；有五倍于敌的优势兵力，就要进攻敌人；有一倍于敌人的兵力，就要设法分散敌人；同敌人兵力相等，就要善于设法战胜敌

⑥故兵不顿而利可全：顿，同『钝』，指疲惫、挫折；利，利益。⑦十则围之：兵力十倍于敌就包围敌人。⑧是谓縻军：这叫作束缚军队。縻，束缚、羁縻。⑨以虞待不虞者胜：自己有准备对付没有准备之敌则能得胜。虞，有准备。⑩殆：危险，失败。

人；比敌人兵力少，就要善于摆脱敌人；各方面条件均不如敌人，就要设法避免与敌交战。弱小的军队如果只知坚守硬打，就会成为强大敌人的俘虏。

将帅是国君的助手，辅作得周密，国家就会强盛；辅作有缺陷，国家就要衰弱。

国君有三种做法是贻害军队的：其一，不懂军队不可以前进而命令军队前进，不懂得军队不可以后退而命令后退，这叫作束缚军队；其二，不懂得军队内部的事务，而干涉军队的管理，将士就会迷惑不解；其三，不懂用兵的法则，而干涉军队的指挥，将士就会产生疑虑。军队既迷惑又疑虑，各诸侯国乘隙进攻，灾难就临头了，这就是所谓扰乱自己的军队而导致敌人的胜利。

因此，预见胜利有五个因素：知道什么情况下可以打，什么情况不可以打，就会胜利；懂得根据兵力多少而采取不同战法的，就

会取胜；全军上下齐心协力的，就会胜利；预先有准备对待没有准备的敌人，就会胜利；将帅指挥能力强而不受国君牵制的，就会胜利。这五条，就是预知胜利的方法。

所以说，了解敌人又了解自己，百战不败；不了解敌人而了解自己，可能胜利也可能失败；既不了解敌人，又不了解自己，那就每战必败。

城濮之战

公元前632年的晋楚城濮之战，是春秋时期晋、楚两个诸侯国争霸中原的一次战争。在战争初期，楚国的实力强于晋国，而且楚国有许多盟国，声势浩大。城濮之战以楚国出兵攻宋，宋成公派人来晋求救为引子展开。但宋国并不靠近晋国，远道救援，必须经过楚国的盟国曹、卫，形势于晋不利。可是，晋军制订了正确的战略战术，运用谋略争取了齐、秦两个大国的援助，取得了“伐交”。“伐谋”方面的优势，最终击败了楚军，取得了中原霸主的地位。城濮之战中晋军的胜利，是《孙子兵法·谋攻篇》中“战胜策”的印证，晋军的取胜，不胜在实力，而胜在谋略。

春秋时期，地处江汉之间的楚国日益强盛，它控制了西南和东面的许多小国和部落。在楚文王时期，楚国开始北上向黄河流域发展，攻占了申、息、邓等地，并使蔡国屈服。楚成王时期，齐国崛起，齐桓公称霸中原，楚国难以再向北扩张。齐桓公死后，齐国内乱，霸业衰落，这时楚国乘势向黄河流域扩展，控制了鲁、宋、郑、陈、蔡、许、曹、卫等小国。公元前638年，楚军在泓水之战中打败了宋襄公，开始向中原发展，期望成就霸业。

正当楚国图谋中原称霸之时，位于今天的山西西南的晋国也逐渐强盛起来。公元前636年，流亡在外十九年的晋公子重耳在秦国的帮助下回国即位，史称晋文公。晋文公即位后，进行了一系列的改革和外交活动，逐步具备了争夺中原霸权的强大实力。

早在晋文公即位的那年，周襄王受到他兄弟叔带勾结狄人的攻击，王位被夺，文公及时抓住了这个尊王的好机会，平定了周室的

内乱，护送周襄王回到洛邑。襄王以文公有功，便赐以阳樊、温、原等地。晋文公遂命赵衰为原大夫，郤溱为温大夫，经营这一对争霸中原有战略意义的地区。由于晋文公抓住了“尊王”这块招牌，在诸侯中的地位大为提高。晋国势力的迅速发展，引起了楚国的不安。楚国急于想阻止晋的进一步向南发展，而晋国要想夺取中原霸权，就非同楚国较量不可。因此，晋、楚之间的矛盾日益尖锐起来。

公元前643年，鲁国因和曹、卫两国结盟，几次遭到齐国的进攻，便向楚国请求援助。而宋国因在泓水之战中被楚国击败，宋襄公受伤而死，不甘心对楚国屈服，看到晋文公即位后晋国实力日增，也就转而投靠晋国。楚国为了保持其中原的优势地位，便出兵攻打齐、宋，并借以制止晋国的向南扩展。晋国也正好利用这一机会，以救援为名，出兵中原。这样，晋楚两国的军事交锋便不可避免地发生了。

公元前633年冬，楚成王率领楚、郑、陈、蔡等国军队进攻宋国，围困宋都商丘。宋国的司马公孙固到晋国告急求援，于是文公和群臣商量是否出兵及如何救援。大夫先轸力劝晋文公出兵救宋，他认为，救宋既能够“取威定霸”，又报答了以前晋文公流亡到宋国时，宋君赠送车马的恩惠。但是宋国不靠近晋国，劳师远征救宋，必须经过楚国的盟国曹、卫；而且楚军实力强大，正面交锋恐怕难以取胜。晋国的狐偃针对这一情况，建议晋文公先攻曹、卫两国，那时楚国必定移兵相救，那样，宋国的危险便可解除。晋文公采纳了这一建议。尽管如此，晋国感到真正的敌人是楚国，要对付如此强大的敌人，必须进行充分的准备。晋国按照大国的标准，扩充了军队，任命一批比较优秀的贵族官吏出任军队的将领。

经过一段时间的准备，晋文公于公元前632年，将军队集中在晋国和卫国的边境上，借口当年曹公侮辱过他，要求假道卫国进攻曹国，遭到卫国拒绝。晋文公迅速把军队调回，绕道从现今河南汲县南黄河渡口渡河出其不意地直捣卫境，先后攻占了五鹿及卫都楚丘，占领了整个卫地。晋军接着又向曹国发起了攻击，三个月时间，攻克了曹国都城陶丘，俘虏了曹国国君曹共公。

晋军攻占了曹、卫两国，但楚军却依然用全力围攻宋都商丘，宋国又派门尹般向晋告急求救。晋文公开始感到左右为难了。不出兵救吧，宋国国力不支，一定会降楚绝晋；出兵吧，自己兵力单薄，没有必胜的把握，何况直接与楚发生冲突，会背忘恩负义之名。这时，先轸分析了楚与秦、齐两国的矛盾，建议让宋国表面上同晋国疏远，然后由宋国出面，送一份厚礼给齐、秦两国，由他们去请求楚国撤兵，晋国则把曹共公扣押起来，把曹、卫的土地赠送给宋国一部分。楚国同曹、卫本是结盟的，看到曹、卫的土地被宋国所占，必定会拒绝齐、秦的劝解。这样楚国就将触怒齐、秦，他们就会站在晋国一边，出兵与楚作战。晋文公对此计十分赞赏，便下令马上施行。楚国果然上当中计，拒绝了秦、齐的调停。而齐、秦见楚国不听劝解，大为恼怒，便出兵助晋。齐、秦的加盟，使晋、楚双方的力量对比发生了根本性的变化。

楚成王看到齐、秦与晋联合，形势不利，就令楚军从前线撤退到楚地申，以防秦军出武关袭击他的后方。同时命令戍守谷邑的大

夫申叔迅速撤离齐国，命令尹子玉将楚军主力撤出宋国。子玉对楚成王回避晋军很不满意，他对成王说：“你过去对晋侯那么好，他明明知道曹、卫是楚的盟国，与楚的关系密切，而故意去攻打他，这是看不起你。”楚成王说：“晋侯在外流亡了十九年，遇到很多困难，而最后终于能够回国取得君位，他尝尽艰难，充分了解民情，这是上苍给他的机会，我们是打不赢他的。”但是子玉却骄傲自负，听不进楚成王的劝告，仍要求楚王允许他与晋军决战，并请求增加兵力。楚成王勉强同意了他的请求，但不肯给他多增加兵力，只派了少量兵力去增援他。于是，子玉以元帅身份向陈、蔡、许、郑四路诸侯发出命令，相约共同起兵。他的儿子也带了六百家兵相随。子玉自率中军，以陈、蔡二路兵将为右军，许、郑二路兵将为左军直向晋军扑去。

子玉逼近晋军后，为了寻求决战的借口，派使者宛春故意向晋军提出了一个“休战”的条件：晋军必须撤出曹、卫，让曹、卫复国，楚军则解除对宋都的围困，从宋国撤军。中军元帅先轸提出一个将计就计的对策，以曹、卫与楚国绝交为前提，私下答应让曹、卫复国；同时，扣押楚国的使者，以此激怒子玉来战。晋文公采纳了他的计策。子玉得知曹、卫叛己，使者又被扣押，恼羞成怒，倚仗着楚国的优势兵力，贸然带兵扑向晋军，寻求决战。

晋文公见楚军来势凶猛，就命令晋军后撤，以避开它的锋芒。有些将领不理解文公的意图，问文公：“没有交手，为什么就后退呢？”文公说：“我以前在楚的时候曾对楚王说过，如果晋、楚发生了战争，我一定退避三舍。我是遵守诺言的。”实际上，晋军“避退三舍”后，退到了卫国的城濮，这里距离晋国比较近，后勤补

给方便，又便于齐、秦、宋各国军队会合；在客观上，“避退三舍”也能起到麻痹楚军、争取舆论同情、诱敌深入、激发晋军士气等多重作用，将晋军的不利因素变为了有利因素，为夺取胜利奠定了基础。

晋军退到城濮停了下来。这时，齐、秦、宋各国的军队也陆续到达城濮和晋军会师。晋文公检阅了军队，认为可以与楚军决战。这时，楚军追了九十里也到达城濮，选择了有利的地形扎下营，随后就派使者向晋文公挑战。晋文公很有礼貌地派了晋使回复子玉说：“晋侯只因不敢忘记楚王的恩惠，所以退避到这里。既然这样仍得不到大夫的谅解，那也只好决战一场了。”于是双方约定了开战的时间。

公元前632年4月4日，晋楚两军决战开始。晋军针对楚军中军强大，左右翼军薄弱的部署特点和楚军统帅子玉骄傲轻敌、不讲虚实的弱点，发起了有针对性的攻击。晋下军佐将晋臣把驾车的马蒙上虎皮，出其不意地首先向楚右军发动进攻，楚军右翼惊慌失措，弃阵逃跑，楚右翼就这样迅速崩溃了。

晋军同时也把进攻的矛头指向楚左军。晋上军主将狐毛在指挥车上故意竖起两面镶有彩带的大旗，非常醒目，远远就可望见。狐毛和许、郑联军一接触，就故意败下阵来。在逃跑时，在车的后面拖了很多树枝，树枝刮起的尘土，遮天蔽日，给在高处观阵的子玉造成了错觉，以为晋军溃不成军了，于是急令左翼部队奋勇追杀。晋中军元帅先轸等见楚军已被诱至，便指挥中军横击楚军，晋上军主将狐毛回军夹击楚左军。楚左军退路被切断，陷入重围，基本就歼。子玉见左右翼军都已失败，急忙下令收兵，才保住中军，退出战场。城濮之战最终以晋胜楚败而告终。

晋在城濮之战的胜利，首先在于晋国君臣能够准确分析交战之初的客观形势及利弊，制订出了先胜弱敌、避免过早与楚正面交锋，争取齐、秦二国支持的谋略。随后，在决战时，晋军敢于先退一步，避开楚军的锋芒，以争取政治、军事上的主动。此外，晋军“知已知彼”，能根据敌人的作战部署，灵活地选择主攻方向，先攻敌人的薄弱环节，各个击破，因而获得了这场战争的胜利。纵观城濮之战的整个过程，我们不能不得出这样的结论：克敌制胜的上策在于以谋略战胜敌人。

眉批：**形篇**

孙子关于“两军攻守”与“两军强弱”形态下的作战原则，之所以经得起战争实践的检验，是因为它是建立在科学的唯物辩证法之基础上的。

零零肆 / **形篇**

阅读提示：本篇主要讲述“两军攻守之形”与“两军强弱之形”及如何根据作战方针，使自己立于不败之地，并能乘机战胜敌人。

孙子曰：昔之善战者，先为不可胜[1]，以待敌之可胜。不可胜在己，可胜在敌。故善战者，能为不可胜，不能使敌之必可胜。故曰：胜可知，而不可为。不可胜者，守也；可胜者，攻也。守则不足，攻则有余[2]。善守者，藏于九地之下；善攻者，动于九天之上。故能自保而全胜也。

见胜不过众人之所知[3]，非善之善者也；战胜而天下曰善，非善之善者也。故举秋毫不为多力，见日月不为明目，闻雷霆不为聪耳。古

①先为不可胜：为，造成、创造；不可胜，使敌人不可能战胜自己。②守则不足，攻则有余：采取防守的办法，是因为自己的力量处于劣势；采取进攻的办法，是因为自己的力量处于优势。③见胜不过众人之所知：见，预见；不过，不超过；众人，普通人；知，认识。

之所谓善战者，胜于易胜者也。故善战者之胜也，无智名，无勇功。故其战胜不忒[④]。不忒者，其所措必胜，胜已败者也。故善战者，立于不败之地，而不失敌之败也。是故胜兵先胜而后求战，败兵先战而后求胜。善用兵者，修道而保法[⑤]，故能为胜败之政。

兵法：一曰度，二曰量，三曰数，四曰称，五曰胜。地生度[⑥]，度生量[⑦]，量生数[⑧]，数生称[⑨]，称生胜[⑩]。

故胜兵若以镒称铢，败兵若以铢称镒。

胜者之战民也，若决积水于千仞之溪者，形也。

孙子说：过去善于用兵作战的人，总是首先创造条件，使自己不被敌人战胜，然后再寻求敌人可能被我战胜的时机。使自己不可能被敌人战胜，主动权在于自己；可能战胜敌人，在于敌人有可乘之隙。所以，善于用兵的人，能做到自己不被敌人战胜，而不能使敌人一定为我所战胜。所以，制胜的机会是可以预知的，但敌人有

④不忒：忒，失误、差错。不忒即没有差错。⑤修道而保法：指加强军队内部团结和保障各项制度落实。⑥地生度：生，产生。双方所处地域的不同，产生土地大小不同之『度』。⑦度生量：指因度的大小不同，产生物质资源多少的『量』的差异。⑧量生数：指物质资源多少的不同，产生兵员多寡的『数』的差异。⑨数生称：指兵力多寡的不同，产生军事实力对比强弱的不同。⑩称生胜：指双方军事实力对比的不同，决定了战争胜负的不同。

无可乘之隙，被我战胜，则不能由我而定。不会被敌战胜的原因，是作好了防守的准备；能够战胜敌人的原因，是因为具备了进攻的条件。采取防守，是由于兵力不足。采取进攻，是由于兵力有余。善于防守的人，深沟高垒好像把兵力藏在深深的地下一样。善于进攻的人，就如同神兵自九天而下。所以他既能保存自己，又能取得全胜。

预见胜利不超过众人的见识，不能算是最高明；打了胜仗而大家都叫好，也不能算是最好。比如举得起一根毫毛，不能称为力大，看得见日月，不能称为眼明。听得见雷声，不能称为耳聪。过去那些说的善于作战的人，都是在很容易取胜的条件下取得胜利的。所以，善于作战的人取得胜利，既不会有机智的声誉，也不会有英勇的武功。这是因为他所获得的胜利是必然的，之所以是必然的，是因为他所取得的胜利，都是战胜那些已经陷于必败境地的敌人。所以善于作战的人，总是使自己先立于不败之地，而不放过任何一个打败敌人的机会。因此，打胜仗的军队，总是先创造战胜敌人的条件后再去同敌人交战。善于用兵的人，能够加强内部团结，保障各种制度的落实，因此他能主宰胜败。

用兵需要注意的是：一是“度”，二是“量”，三是“数”，四是“称”，五是“胜”。度产生于国土情况的地，土地的大小决定双方军赋物资的多少，军赋物资的多少决定兵力的数量，双方兵力的数量决定战斗力，战斗力决定战争的胜负。

所以，胜利的军队对失败的军队来说，就好比处于镒称铢的绝对优势的地位；失败的军队对胜利的军队来说，就好比处于铢称镒的绝对劣势的地位。胜利者在指挥军队作战的时候，众将士犹如从几千尺的高处决开溪中积水一样，势猛不可当，有压倒一切的力量，这就是强大的军事实力的表现。

邯郸之战

公元前262年，韩国遭到秦国的进攻，秦攻占了韩国的陉、高平、少曲、野王地区。韩王非常恐惧，忙派使者入秦，表示愿献出上党郡求和。但上党郡太守冯亭不愿献地入秦，他为了转移矛盾，减轻秦国对韩国施加的压力，就将上党郡献给了赵国。赵王贪利受地，引起了秦国的不满，于是出兵攻赵，引发了长平之战。长平之战最终以秦胜赵败而结束。秦国以赵国割地六城而撤军。但是，赵国在秦国撤兵后，又不愿如约割地，因而激怒了秦国，秦国便出兵邯郸，引发了邯郸之战。

邯郸之战可以说是长平之战的继续。在邯郸之战中，赵国吸取了长平之战失败的教训，改变了军事战略，在强敌面前，力求做到“先为不可胜”。他们制订了坚守邯郸、持久防御、避敌疲敌的作战方针，使秦军处于劳师远袭、顿兵攻坚的困难境地。最后，各诸侯国援赵的救兵到达，在“赵应其内，诸侯攻其外”的不利形势下，秦军兵败邯郸，赵国则以弱胜强，取得了邯郸之战的胜利。

公元前260年，秦、赵在长平决战，秦将白起针对赵括只知纸

上谈兵、鲁莽轻敌的特点，制订了后退诱敌、包围歼灭的作战方针，全歼赵军四十余万。白起取得胜利后，还想一鼓作气，灭掉赵国。他将秦军分为三部分，一部分攻占邯郸以西的要点武安等地，一部分北上夺取太原郡，白起亲自率领一部分兵力留驻上党，准备进攻邯郸。

秦军的进攻势头，引起了赵国及周围诸侯国的恐惧。赵国为了免于灭亡，与韩国合谋，派苏代携带重宝赴秦游说秦相范雎。苏代从范雎的个人利益及秦国的得失两方面来动摇其灭赵的决心，同时提出割地求和。范雎为苏代的分析所打动，便向秦王建议准许赵割地议和。秦王考虑长平之战相持三年，秦军虽然战胜，但士卒死者过半，国虚民饥。于是同意韩割垣雍，赵割六城给秦国，达成和议。秦王于公元前259年正月撤兵。

秦国撤兵后，赵国国王准备按照和约割让六城与秦。赵相虞卿不同意割城，他分析说，秦国撤兵是由于帅老兵疲，力量不足，如果现在用秦没能攻取的土地送给秦国，这与鼓励秦国攻打赵国无异。如果每年割六城给秦，那么赵国地有尽而秦贪婪之心无尽，那样的话赵国必亡。他向赵王建议以六城贿赂齐国，因齐与秦结怨较深，齐得到赵国的六城后，必定愿与赵合力攻秦，这样，赵国虽失地于齐，然而可取秦地以补损失。那时秦必然反向赵求和，韩、魏也会尊重赵国，从而与齐、韩、魏结成联盟。赵王采取了虞卿的建议，同时料定秦国不会善罢甘休，便积极进行抗秦准备。

赵国吸取了长平之战的教训，策划了一系列内政外交策略。对内，赵国君臣努力缓和内部矛盾，合力同心，治理国家。他们努力发展农业生产以增强国力，抚养孤幼以增加人口，整顿兵甲以增强战斗力，同时，还利用人民对秦军在长平坑杀赵军降卒暴行的愤恨来激励全国军民同仇敌忾，这样便造成了全国上下奋起抗秦的有利态势；对外，赵国积极开展合纵活动。赵王派虞卿东见齐王，商议合纵抗秦的计划；利用魏国使者来赵谋议合纵的机会，同魏国签订了合纵的盟约；同时以灵邱作为楚相春申君的封地，结好楚国；此外，还对韩、燕两国极力拉拢。所有这些活动，促成了反秦联合力量的形成，使得反秦统一战线建立起来。

秦昭王果然因赵国没有如约割地，反而联合各诸侯国与之为敌而愤恨不平，遂于公元前259年9月发兵攻赵。秦王派五大夫王陵率兵攻赵，军队很快打到了赵国国都邯郸。赵国鉴于敌强己弱的客观态势，采取了坚守疲敌、持久防御、避免决战、以待外援的方针。赵国军民对秦军的残暴记忆犹新，秦军的入侵，激起了赵国军民的坚持抵抗、为保卫国家誓死抗秦的决心，他们坚守邯郸，英勇作战。在坚守防御的过程中，还经常派出精锐部队伺机袭击秦军，给秦军以沉重的打击。秦国军队进攻邯郸的行动受到挫败，秦王又增兵换将，继续对邯郸发动攻势。经过八九个月的作战，秦军伤亡惨重，仍然攻克不下邯郸。秦王对此十分恼怒，亲自出面请秦将白起出来带兵攻赵。当初，在秦王与辅臣商讨出兵攻赵之时，白起便反对在这个时候出兵，他对秦王说，赵国自长平战败后，秦未能乘胜灭赵，给了赵国以喘息的时间，赵国得以努力耕种以增强蓄积，整顿兵甲以加强战斗力，修补城池以巩固守备。目前，赵国在内政方面，全国上下同仇敌忾，正努力增强国力，加强战备；对外方面，赵国在积极联络诸侯各国共同对付秦国。在这种形势下，是难以战胜赵国的。现在在白起的预言得到印证时，秦王又出面请白起为将去邯郸指挥作战，白起仍不从命，表示"宁伏受重诛而死，不忍为异军之将"。秦王听了勃然大怒，最后赐以利剑逼他自杀。

秦军久攻邯郸不下，处于帅老兵疲、进退两难的尴尬境地。这时，赵国在固守邯郸的同时，积极从事合纵活动，平原君赵胜率毛遂等人赴楚求援，毛遂以秦曾经攻破郢都、焚烧夷陵、迫楚迁都的旧怨来激怒楚王，使楚王答应出兵北上救赵。魏王也答应救赵，并派出十万军队向邯郸进发。秦王听到这个消息后，派使者威胁魏王说，谁要是出兵救赵，等我攻下邯郸后就调兵攻打谁。魏王惧怕日后报复，就命令主将晋鄙将十万大军屯驻在邺地，观望不前。

平原君赵胜见魏军停止前进，就派人去魏国，让自己的内弟、魏公子信陵君去说服魏王让军队赶赴邯郸。信陵君多次劝说魏王，魏王仍然不肯下令进军，信陵君没有办法，又不能眼看着赵国灭亡，便决定带着自己仅有的一班人马去和秦军决一死战。临出发前，他遇到了朋友侯嬴，侯嬴劝他不要去硬拼，他说，如果那样做，就好像把一块肉投入饿虎的口中，又能取得什么效果呢？他为信陵君出了一计，要他去求助魏王的爱妾如姬，让她以出入魏王寝宫之便，偷取魏王调兵易将的虎符，然后夺取魏将晋鄙的兵权，带领军队去救赵。因为信陵君曾为如姬报过杀父之仇，这次信陵君请如姬

窃虎符的计划进行得十分顺利。信陵君窃得虎符后，赶到邺地，凭着虎符，假托魏王之命要取代晋鄙的职务。晋鄙对此表示怀疑，不肯交出兵权，信陵君不得已杀了晋鄙，夺得兵权，率领军队直接奔赴邯郸。

在赵国的邯郸，秦军又一次发起了猛烈的攻势，邯郸形势危如累卵。这时，平原君让自己的妻妾婢奴也参加到守城的劳役中，把家中的资财全部拿出来馈赠给士兵，鼓励士兵拼死作战。平原君还招募了三千敢死之士，向秦军发起反击。秦军出于意外，一时招架不住，向后退却了三十里。正在这时，信陵君率领的魏军救兵和春申君率领的楚军先后赶到，秦军在内外夹攻的形势下战败于邯郸，秦将王龁率残部逃回汾城，另一部分被联军包围，最后投降赵国。

魏楚赵三国联军乘胜进至河东，秦军退回河西，放弃了以前所侵占的魏地河东、赵地太原和韩地上党，邯郸之战至此以赵胜秦败

眉批：**势篇**

世界上大概有两件事说起来容易，做起来难：一是辩证法，二是实事求是。两千多年前的孙子创建了兵“势”理论并提出了一系列作战原则，并且他并不视其为一成不变的公式。

落下帷幕。

在邯郸之战中，赵国能以弱胜强，关键在于他制订了能使自己立于不败之地的策略。如缓和国内矛盾，争取人民的支持，即孙子所说的“修道保法”；同时制订了以守为主，攻守结合的战略。在敌军出现了帅老兵疲的情形下，赵国又能及时抓住这一有利时机，配合援军的进攻，一举击败秦军，赢得胜利。而秦军的失败，则是秦昭王不了解兵法原则，在客观条件不具备的情况下，贸然发动战争而造成的恶果。孙子曰：“胜可知而不可为。”邯郸之战的胜败得失，足以启迪后世的军事家们。

零零伍／**势篇**

阅读提示：本篇讲述将帅如何以军事实际为基础，发挥主观能动性，在军队编组、指挥、战法和部署上形成一种压倒敌人的态势，从而锐不可当，战胜敌人。

孙子曰：凡治众如治寡，分数是也；斗众如斗寡，形名是也；三军之众，可使必受敌而无败者，奇正[①]是也；兵之所加，如以碫投卵[②]者，虚实是也。

凡战者，以正合，以奇胜。故善出奇者，无穷如天地，不竭如江河。终而复始，日月是也。死而复生，四时是也。声不过五，五声[③]之变，不可胜听也；色不过五，五色[④]之变，不可胜观也；味不过五，五味[⑤]之变，不可胜尝也；战势不过奇正，奇正之变，不可胜穷也。奇正相生，如循环之无端[⑥]，孰能穷之[⑦]？

激水之疾，至于漂石者，势也；鸷鸟之疾，至于毁折者，节也。是故善战者，其势险，其节短。势如彍弩，节如发机[⑧]。

纷纷纭纭，斗乱而不可乱也；浑浑沌沌，形圆而不可败也。

乱生于治，怯生于勇，弱生于强。治乱，数[⑨]也；勇怯，势也；强弱，形也。

故善动敌者，形之，敌必从之；予之，敌必取之。以利动之，以卒待之。

故善战者，求之于势，不责于人，故能择人而任势。任势者，其

①奇正：担负正面进攻的军队为正，担负侧面进攻者为奇。②以碫投卵：碫，即磨刀石，泛指坚硬的石头。比喻以坚击脆，以实击虚。③五声：指宫、商、角、徵、羽五个音阶。④五色：指青、黄、赤、白、黑五个色素。⑤五味：指酸、甜、苦、辣、咸五种味道。⑥如循环之无端：循，顺着；环，连环；无端，无始无终。言奇正之变化无始终，永无尽头。⑦孰能穷之：孰，谁；穷，穷尽；之，指奇正相生变化。⑧发机：机，即弩牙；发机，引发空机的机钮，将弩箭突然射出。⑨数：指军队的组织编制。

战人也，如转木石。木石之性，安则静，危则动，方则止，圆则行。故善战人之势，如转圆石于千仞之山者，势也。

孙子说：管理大部队与管理小部队是一样，这是分级统辖、严密组织编制的问题；指挥人数多的军队作战，像指挥人数少的军队一样，这是掌握军队建制规模和指挥号令的问题；三军将士，要使其一旦遭受敌人进攻而不致失败的，这是“奇正”运用的问题；军队进攻敌人，要能像以石击卵那样，所向无敌，这是“虚实”的问题。

指挥作战，一般都是以正兵挡敌，以奇兵取胜。所以，善于出奇制胜的将帅，其战法如天地那样变化无穷，像江河那样奔流不竭。终而复始，就像日月运行一样；死而复生，就像四季更替一般。声音不过五种，然而五种声音的变化，却会产生出听不胜听的声调来；

颜色不过五种，然而五种颜色的变化，却会产生出看不胜看的色彩来；味道不过五种，然而五种味道的变化，却会产生出尝不胜尝的味道来；战势，不过奇正两种，然而奇正的变化，却是不可穷尽的。奇正的变化，就像顺着圆环旋转一样，无头无尾，谁能穷尽它呢？

激流汹涌澎湃，以至于能冲走石头，这是由于水势险急。凶猛的鸟类急速飞行，以至于能扑杀小鸟，那是由于冲击急骤和节奏恰当的关系。善于作战的人，他所造成的形势是险峻的，其冲击节奏是急骤的。形势险峻得像拉满的弩，节奏急骤得像触发弩机。

在人马杂乱交错的混乱情况下进行作战，必须使自己的军队不至于混乱；在敌情不明的情况下作战，就应布成圆阵，才不至于失败。

在一定条件下，“乱”可以由“治”产生，“怯”可以由“勇”产生，“弱”可以由“强”产生。在一定条件下，“治乱”是组织指挥

的问题；“勇怯”是破敌之势的问题：“强弱”是军事实力的问题。

所以，善于调动敌人的将帅，欺骗敌人，敌人必为其所骗；给予敌人小利，敌人必定会上当。以小利引诱调动敌人，以伏兵待机攻击敌人。

因此，善于指挥打仗的将帅，他总是利用形势取得胜利，而不苛求部属；所以他就能选择到适当人才，巧妙地运用势。善于“任势”的人，指挥将士作战，好像转动木头和石头一样。木头石头的特性是放在平坦的地方比较稳定，放在陡斜的地方就容易转动，方形的木石就比较稳定，圆形的就容易滚动。所以高明的将帅指挥军队与敌人打仗时所造成的有利态势，就如同把圆石从几千尺的高山上往下飞滚那样，会形成一种不可阻挡的力量。

官渡之战

官渡之战发生在东汉末年三国鼎立局势形成之前。当时，东汉王朝已经名存实亡，各地、州郡豪强官吏以镇压黄巾起义为名占据地盘，扩大、发展势力范围，形成了许多大大小小的割据势力。这些割据势力之间连年争战，互相兼并，全国上下出现了军阀混战的局面。

当时割据武装集团主要有：河北的袁绍，兖、豫的曹操，徐州的吕布，扬州的袁术，江东的孙策，荆州的刘表，幽州的公孙瓒，南阳的张绣等等。在这些割据武装势力中，袁绍与曹操的势力较强。袁绍出身于世代官僚地主家庭，人称“袁氏四世三公”，他是东汉末年官僚大地主的代表人物。在公元195年，袁绍经过几番征战，已经占有冀州、青州、并州、幽州，袁绍集团是一支地广兵多、势力较强的割据力量。

曹操出身于官僚地主家庭。公元184年，他参加了镇压黄巾军起义，后升为西园新军的典军校尉。他曾经参加反对董卓之战，并投靠于袁绍。在镇压黄巾起义的战斗中，曹操组成并发展了自己的武装力量，与袁绍势力分离。至公元196年，曹操已占有了兖州、豫州地区，成为黄河以南的一支较强的割据势力。

曹操与袁绍两大割据集团，到公元199年夏，大致形成了沿黄河下游南北对立的局面。袁绍在击败了河北的公孙瓒后，就已将整个河北地区都控制在自己的手中，为了进一步称霸中原，袁绍准备南下与曹操决战。当时，袁绍拥军十万，具有较强的实力；曹操不仅兵力不如袁绍众多，且南面有荆州刘表、江东的孙策与他为敌，处于不利的地位。但是曹操客观地分析了袁绍兵多但内部不团结，而且袁绍性格疑忌，骄傲轻敌，常常贻误有利的战机，决定以自己所能集中的近万兵力抗击袁绍的进攻。公元200年，袁、曹两军在官渡作战。在这场战斗中，曹操善于捕捉战机，能够根据战场势态的发展灵活地变换战术，以正兵抵挡袁军的进攻，以奇兵袭击袁军的屯粮库，烧毁了袁军的全部粮草，使袁军军心动摇，内部分裂，最后击败了袁军，创造了中国历史上以弱胜强的著名战例。

公元199年，袁绍谋划南下进攻曹操的统治中心许昌。袁绍手下的谋士沮授、田丰认为袁军与公孙瓒作战了三年，军队已相当疲劳，应先休养生息，以增强经济与军事力量。他们主张暂时不急于攻打曹操。但是，袁绍的另外两个谋士审配、郭图则力主马上出兵攻曹。袁绍采纳了审配、郭图的意见，挑选精兵十万，战马万匹，陈兵黄河北岸，准备伺机渡河，同曹操决战。

袁绍举兵南下的消息传到许昌，曹操手下的一些部将为袁绍表面的优势所吓倒，认为袁军强不可敌。但曹操很了解袁绍，他对将士们说，袁绍野心虽大，但缺少智谋，表面上气势汹汹，而实际上谋略不足；他疑心重且嫉人之能，兵虽多但组织指挥不明而且将帅骄傲、政令不一。因此，战胜他是有把握的。曹操的谋士荀彧也分析了袁绍军队的情况，认为袁军内部不团结，将帅、谋士之间矛盾重重，并非坚不可摧。曹操与荀彧的分析，增强了曹军战胜袁军的信心。曹操经过对敌我双方兵势情况的分析，决定采取以逸待劳，后发制人的战略方针。他将主力调到黄河南岸的官渡，以阻挡袁军的正面进攻，同时派卫觊镇抚关中地区，以魏种守河内，防止袁绍从西路进犯；又派臧霸等率兵从徐州入青州，从东方钳制袁绍的军队；派于禁屯守黄河南岸的重要渡口延津（今河南延津北），协助扼守白马（今河南滑县东，在黄河南岸）的东郡太守刘延，阻止袁绍军渡河长驱南下进攻。

公元199年12月，正当曹操布置对袁绍的作战计划时，刘备起兵，占领了曹操征服吕布后占驻的徐州及下邳等地，并派关羽驻守。东海及附近郡县亦多归附刘备。刘军增至数万人，并与袁绍联系打算合力进攻曹操。

曹操为了避免两面作战，打算首先击破刘备。公元200年正月，曹操亲率精兵东击刘备，将刘备击败。当刘、曹作战时，袁绍的谋士田丰建议袁绍袭击曹军的后方，袁绍犹豫不决，没有采纳田丰的建议。因此，曹操顺利地击败了刘备，使刘备只身逃往河北投靠了袁绍，然后曹军及时返回官渡继续抵御袁绍的进攻。

公元200年正月，袁绍发布声讨曹操的檄文。2月，袁绍大军开进黎阳，把这里作为指挥部，企图渡河寻求曹军主力决战。袁绍首先派大将颜良进攻白马的东郡太守刘延，夺取黄河南岸要点，以保障主力渡河。颜良率军渡过黄河，直扑白马与刘延交战，刘延在白马坚守城池，士兵伤亡严重。这时，曹操的谋士荀攸向曹操献计

说：我军兵少，集结在官渡的主力也只有三四万人，要对付袁绍众多的兵力，正面交锋恐怕不易得手，应设法分散袁绍众多的兵力，他提议曹操引兵先到延津，佯装要渡河攻击袁绍的后方。这样，袁绍必然分兵向西，然后我军再派轻装部队迅速袭击进攻白马的袁军，攻其不备，一定可以击败颜良。曹操采用了荀攸这一声东击西之计，袁绍果然分兵增援延津。曹操见袁绍中计，立即调头率领轻骑，派张辽、关羽为前锋，急趋白马。曹军在距白马十余里路时，颜良才发现他们。关羽迅速迫近颜良军，乘其不及，杀颜良于万众之中。袁军大乱，纷纷溃散。

袁绍围攻白马失败，并丧失了一员大将，十分恼怒。曹操解了白马之围后，便沿黄河向西撤退。袁绍率军渡河追击曹操，这时沮授又谏阻袁绍说：军事上的胜负变化应仔细观察。现在最好的办法还是驻黄河北岸，分兵进攻官渡，若能攻下，大军再过河

也不为晚；如果贸然南下，万一失败就有全军覆没的危险。袁绍骄傲自负，根本不听他的劝告。沮授见袁绍如此固执，便推说有病向袁绍要求辞职，袁绍不准，还把他统领的军队交给了郭图指挥。

于是，袁绍领军进至延津以南，派大将文丑与刘备率兵追击曹军。曹操命令士卒解鞍放马，又故意将辎重丢弃道旁，引诱袁军。待袁军逼近争抢辎重时，曹操才命令上马，突然发起攻击，打败了袁军，杀了文丑，顺利地退回官渡。

白马、延津两次战斗是官渡大战的前哨战。袁军虽初战失利，但兵力仍占优势。7月，袁绍进军阳武，准备南下进攻许昌。这时沮授又劝袁绍说："我方士兵虽多，但不及曹军勇猛。曹操的粮食、物资不如我们多，速战对曹军有利而对我们不利，我们应采用旷日持久的办法去消耗曹军的实力。"但是袁绍仍然不听。袁军于8月逼近官渡，双方在官渡相对峙。

曹军在官渡设防，想寻找时机打击袁军。9月，曹操向袁绍军发起了一次进攻，但未能取胜。此后，曹操便深沟高垒，固守阵地。袁绍见曹军坚壁不出，便命令士兵在曹军营外堆起土，砌起高楼，用箭射击曹军。曹营士兵来往行走都得用盾牌遮蔽身体或匍匐前进。曹操发明了一种抛发石块的车子，发射石块将袁军的壁楼击毁。袁军又挖掘地道进攻曹军，曹操则命令士兵在营内挖掘长沟来截断袁军地道。这样双方之间你来我挡地相持了大约三个月。在相持的过程中，曹操产生了动摇，他觉得自己兵少，粮食也不足，士卒极为疲劳，这样长期与袁绍周旋相当危险。因此曹操便想退还许昌。他写信给留守许昌的荀彧，征求他的意见。荀彧回信建议曹操坚持下去，他指出：曹军目前处境困难，同样袁军的力量也几乎用尽，这个时候正是战势即将发生转折的时刻，也是用奇之时，不能失去即将出现的战机，这时谁先退却谁便会陷入被动。曹操听取了他的意见，一方面决心坚持危局，加强防守，命负责供给粮草的官员想法解决粮草补给问题；另一方面则积极寻求和捕捉战机，想给袁军以有力的打击。

曹操决定截烧袁军粮食的办法以争取主动。他先派人把袁绍将领韩猛督运的数千辆粮车截获烧掉了。不久，袁绍又把一万多车粮食集中在乌巢，派淳于琼等率军守护。沮授鉴于前次粮草被烧，便建议袁绍另派一支部队驻扎在淳于琼的外侧，两军互为犄角，防止曹军抄袭。袁绍觉得此举多余，没有采纳。

袁绍的另一谋士许攸向他献策说："曹操兵少，集中力量与我军相持，许昌一定空虚，我们可以派一支轻骑日夜兼程袭击许昌。这样可以一举拔取；即使许昌拿不下来，也会造成曹操首尾不顾，来回奔命的局面，也可以进而打败他。"袁绍却傲慢地说："不必，我一定要在此擒住曹操。"他拒绝这一出奇制胜的建议，继续与曹操相持。

恰巧在此时，许攸的家属在邺城犯了法，被留守邺城的审配关押起来了。许攸一怒之下，连夜离开了袁营，投降了曹操。曹操热情地迎接他。许攸见曹操重视自己，就向他介绍袁军的情况并献计说："袁绍的辎重粮草有一万多车在乌巢，屯军防备不严。如果以精兵袭击，出其不意烧掉他的粮草，不出三天，袁绍必定失败。"这时，粮食是关系到双方胜败的关键，曹操当时只有一个月的军粮，许攸的建议，正符合曹操寻找战机出奇制胜的重要一着，所以他毫不迟疑地立即实行。他留曹洪、荀攸等守大营，自己亲率步骑五千前往攻打乌巢。

曹军一行一律改穿袁军的服装，用袁军的旗号，夜间从偏僻小道向乌巢进发。途中，他们遇到袁军的盘问，曹军谎称是袁绍为巩固后路调派的援军，骗过了袁军的盘问。到达后，他们立即放火烧粮。袁军大乱，淳于琼等仓促应战。黎明时，淳于琼见曹军人少，就冲出营垒迎战曹军。曹操领军冲杀，淳于琼又退回营垒坚守。袁绍得知这一情况后，又作出了错误的决策。他不派重兵增援淳于琼，反而认为这是攻下官渡的好机会。他命令高览、张郃等大将领兵去攻打曹军大营。张郃指出这样做很危险，曹操领精兵攻打乌巢，如果乌巢有失，事情就不好办了。张郃主张先救乌巢。但袁绍手下的谋士郭图迎合袁绍的意图，坚决主张攻打曹营，他认为攻打曹营，曹操必定引兵回救，这样，乌巢之围就会自解。于是袁绍只派少量军队救援乌巢，而以主力攻打官渡的曹营，曹营十分坚固，一时攻打不下。

曹操得知袁军进攻自己大本营的消息后，并没有马上回救，而是奋力击溃淳于琼的军队，决心将袁绍在乌巢囤积的粮食全部烧掉。这时，袁绍增援的骑兵迫近乌巢，曹操左右的人请求分兵去阻挡。曹操没有分兵，说："等敌人到了背后再报告！"曹军士卒都与敌军殊死决战，最后大破淳于琼，杀淳于琼并将其全部粮草烧毁。

乌巢粮草被烧光的消息传到袁军前线，袁军军心动摇。原来反对张郃用重兵救援乌巢主张的郭图等害怕袁绍追究自己的责任，就在袁绍面前说张郃为袁军失败而高兴。张郃遭到了中伤，既气愤又害怕，便与高览一起焚毁了攻战器具，投降了曹操。这使得袁军军心更加惶惑，军队不战自乱。这时，曹操趁机率军全面发起攻击，迅速消灭了袁兵七万多人，袁绍仓皇退回了河北。官渡之战以曹胜袁败而告结束。

官渡之战中，曹操之所以能够以弱胜强，首先在于他在谋略上高于袁绍。在袁绍以绝对优势的兵力来进攻他时，他能够客观地分析敌我双方的优势与劣势，制订出以逸待劳、后发制人的作战方针。在具体实施时，也能够抓住要害。这一点可以从曹操选择官渡作为主要战场上看得出来。曹操一开始就把主力布置在官渡，而不是沿黄河处处设防，这是因为官渡地处鸿沟上游，濒临泽水。鸿沟运河西连虎牢、巩、洛要隘，东下淮泗，为许昌北、东之屏障。因此，官渡是袁绍夺取许昌的必争之地。守住了官渡，就能扼其咽喉，使袁术不能前进，为反攻歼敌创造了条件。其次，曹操的胜利还在于他精通兵法，并能够灵活运用。在白马、延津前哨战中，曹操以佯攻示形于敌，调动袁军并分散了他的兵力；在白马初战告捷领兵撤退时，能以利诱敌，以卒待敌，最后击败了袁军，顺利地退回官渡。在决战中，曹操善于听取部下的正确意见与建议，懂得在敌强我弱的形势下只有灵活地变换战术，正奇并用才能变被动为主动的道理。因此他积极创造有利于自己的战略态势，在得知袁军将全部粮草聚集在乌巢又疏于防守的信息后，一举烧毁了袁军的全部粮草，为主力部队战胜敌军奠定了坚实的基础。官渡之战是孙子兵法所说用兵作战“以正合，以奇胜”的极好印证。

从官渡之战袁绍失败的原因上看，也能从反面印证《孙子兵法·势篇》中要点的合理性与正确性。袁绍的失败，败在他不知择人而任势，不懂战术的变换。他只知正面作战，不懂正奇并用；同时又骄傲自负，不能听取下属的正确意见，以至于常常坐失良机，最后将原有的兵力优势丧失殆尽。官渡之战中的这些经验与教训，至今仍可给我们以深深的启迪。

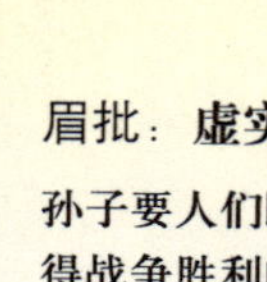

眉批：**虚实篇**

孙子要人们既要认识原则，又要灵活运用原则，强调发挥人的主观能动性是取得战争胜利的关键。

①凡先处战地而待敌者佚：处，占据；佚，通『逸』，指安逸、从容。此句言在作战中，若能率先占据战地，就能使自己处于以逸待劳的主动地位。②后处战地而趋战者劳：趋，奔赴，此处为仓促之意；趋战，仓促应战。此句意为作战中若后占据战地仓促应战，则疲劳被动。

零零陆／**虚实篇**

阅读提示：在军事术语中，虚与实是一种对应统一关系。它不仅指兵力的大小，装备强弱，还包括主动与被动、有备与无备、勇敢与怯弱、整治与混乱等许多方面，本篇主要讲述怎样发挥将帅的主观能动性，达到“避实击虚”的方法，取得最后胜利。

孙子曰：凡先处战地而待敌者佚[①]，后处战地而趋战者劳[②]。故善战者，致人而不致于人。

能使敌人自至者，利之也；能使敌人不得至者，害之也。故敌佚能劳之，饱能饥之，安能动之。

出其所不趋[③]，趋其所不意。行千里而不劳者，行于无人之地也。

攻而必取者，攻其所不守也；守而必固者，守其所不攻也。

故善攻者，敌不知其所守；善守者，敌不知其所攻。

微乎微乎，至于无形；神乎神乎，至于无声，故能为敌之司命[4]。

进而不可御者，冲其虚也；退而不可追者，速而不可及也。故我欲战，敌虽高垒深沟，不得不与我战者，攻其所必救也；我不欲战，虽画地而守之[5]，敌不得与我战者，乖其所之也[6]。

故形人而我无形，则我专而敌分；我专为一，敌分为十，是以十攻其一也，则我众而敌寡；能以众击寡者，则吾之所与战者，约矣[7]。吾所与战之地不可知，则敌所备者多；敌所备者多，则吾所与战者，寡矣。

故备前则后寡，备后则前寡，备左则右寡，备右则左寡，无所不备，则无所不寡。寡者，备人者也；众者，使人备己者也。

故知战之地、知战之日，则可千里而会战。不知战地，不知战日，则左不能救右，右不能救左，前不能救后，后不能救前，而况远者数十里，近者数里乎？

以吾度之[8]，越人之兵虽多，亦奚益于胜败哉[9]？

故曰：胜可为也。敌虽众，可使无斗。故策之而知得失之计，作之而知动静之理，形之而知死生之地，角之而知有余不足之处。故形兵之极，至于无形；无形，则深间不能窥，智者不能谋。

因形而措胜于众，众不能知。人皆知我所以胜之形，而莫知吾所以制胜之形。故其战胜不复，而应形于无穷。

夫兵形象水，水之形避高而趋下，兵之形避实而击虚；水因地而制流，兵因敌而制胜。敌兵无常势，水无常形，能因敌变化而取胜者，谓之神[10]。

故五行无常胜，四时无常位，日有短长，月有死生。

孙子说：凡是先到达战场等待敌人交战就使自己处于安逸，后到达战场仓促应战的就会疲劳。所以善于指挥作战的人，总是设法调动敌人而不被敌人所调动。

能使敌人自动前来，是用利来诱敌的结果；能使敌人不能前来的，是对敌人施加了伤害。敌人闲逸，要使它疲劳；敌人粮足，要使它挨饥；敌人安稳，要使它移动。

出击敌人所不能相救的地方，在敌人意料不到的地方进攻。行军千里而不疲劳，是因为行进在敌人没有防守的道路上。进攻一定

③出其所不趋：出，出击。出兵要指向敌人无法救援的地方，即击其空虚。④司命：命运之主宰者。⑤画地而守之：指画出界限。⑥乖其所之也：乖，违、相反，此处有改变、调动的意思。⑦约矣：约，少，寡。此句言能以众击寡，则我欲击之敌必定弱小有限，难以作为。⑧以吾度之：度，推测，推断。⑨亦奚益于胜败哉：奚，何，岂；益，补益，帮助。谓超过军队人数虽众，然不能知众寡分合的运用，则岂利于其取胜之企图？⑩神：《易系辞》阴阳不测之谓神，此处指非常高明之意。

能取胜的，是因为攻击敌人没有防备的地方。防御一定能固守的，是因为扼守在敌人无法攻破的地方。

因此善于进攻的人，敌人不知道防守什么地方才好。善于防御的人，敌人不知道从什么地方进攻。

微妙呀！微妙到使敌人看不到我军的一点形迹。神奇呀！神奇到使敌人听不到我军的一点消息。这样就能主宰战争的命运。

进攻时敌人无法抵抗，是因为冲击着敌人薄弱的地方；撤退而敌人无法追击的，是因为我军行动迅速使敌人追赶不上。所以我想要决战时，敌人虽然高垒深沟，也不得不和我决战，这是因为我军攻击的是敌人必救的地方；我不想决战，即使随便占领一个地方进行防守，敌人也不能迫使我军决战，这是因为我们设法改变了敌人的行动方向。

既要察明敌人情况，又要隐蔽我军形迹。这样，我军的兵力就可以集中，而敌人的兵力就不得不分散。我军的兵力集中在一起，敌人的兵力分散在十处，这就可以用十成的兵力进攻一成的敌人，形成我众敌寡的优势。能以众击寡，那么和我交战的敌人就很容易被打败。我军所要进攻的地点必须使敌人不知道，它就必须在许多方面进行防备，防备的兵力多，我所进攻的那方面的敌人就少了。

着重防备前面，后面的兵力就少了；着重防备后面，前面的兵力就少了；着重防备左边，右边的兵力就少了；着重防备右边，左边的兵力就少了；处处都防备，处处兵力都少了。兵力少是处处防守的结果，兵力多是使敌人处处防我的结果。

因此，能预知同敌人交战的地点，能预知同敌人交战的时间，即使跋涉千里，也能和敌人交战。如果既不能预知交战的地点，又不能预知交战的日期，就会左不能救右，右不能救左，前不能救后，后不能救前，何况远到几十里，近的也有好几里呢！

依我来看，越国的兵力虽多，可对于决定战争的胜败又有什么关系呢？

所以说胜利是可以争取到的。敌人兵力虽多，也可以使其无法用全部力量与我交战。详细分析判断，以求清楚敌人作战计划的优劣长短；调动敌人，以求了解其活动的规律；示形诱敌，以求摸清其所处地形的有利不利；进行战斗侦察，以求探明敌人兵力部署的虚实强弱。因此，示形诱敌的方法运用到极妙的程度，能使人们看不出一点形迹。这样就是深藏的间谍，也无法探明我方的虚实，即使很高明的人，也想不出对付我方的办法来。

根据敌情变化，灵活运用战法而取得的胜利摆在众人面前，人们也看不出来；人们都知道我取胜的一般战法，但不知道我是怎样根据敌情变化灵活运用这些战法而取胜的。所以，每次战胜，都不是重复老一套，而是适应敌情的发展变化。

用兵的规律就如同水，水流动的规律是避开高处而流向低处，用兵的规律是避开敌人坚实之处而攻击其虚弱的地方。水因地势的高下而制约其流向，用兵则要依据敌情而决定其取胜方略。所以，用兵作战没有固定不变的方式方法，就像水流没有固定的形状一样，能依据敌情变化而取胜的，就称得上用兵如神了。

用兵的规律就像自然现象一样，五行相生相克，四季依次交替，白昼有短有长，月亮有缺有圆，永远处于无穷的变化之中。

齐魏桂（陵）、马（陵）之战

齐魏桂陵、马陵之战，发生在战国中期，是齐、魏两国争夺中原霸权的战争，在这两场战争中，由于齐国军事家孙膑将孙子兵法的“避实击虚”、“攻其所必救”、“致人而不致于人”的战略思想进行了创造性的运用，因而一举击败了实力强大的魏国军队，使魏国的实力逐渐减弱，最终丧失了霸主地位。

战国初年，魏国在齐、魏、韩、赵、秦、楚、燕七国中首先成为强盛的国家。一方面是由于魏国在三家分晋时，分得了今山西西南部的河东地区，这一地区，原本生产较发达，经济基础较好；另一方面，是由于魏国在魏文侯时期，任用了李悝、吴起、西门豹等人，进行了各方面的改革。魏国在政治上逐步废除了世袭的禄位制

度，实行“食有劳而禄有功”的制度，建立起比较健全的封建地主政权。在经济上，魏国推行“尽地力”和“善平条”的政策，并且兴修水利，鼓励开荒，促进了生产的发展。在军事建设上，建立了“武卒”制度，挑选勇敢有力的人加以训练，大大地提高了军队的战斗力。这些措施的实施，使魏国日益强盛起来。魏惠王时期，魏国将国都从安邑迁到河南中部的大梁，从而使魏国的国力达到了它的鼎盛时期。

齐国在当时也是较大的诸侯国。公元前356年，齐威王即位后，任用邹忌为相，改革政治，加强中央集权，进行国防建设，国力逐渐强盛。在魏国不断向东扩展的形势下，齐国为了同魏国抗衡，便利用魏国与赵、韩之间的矛盾，展开了对魏的斗争。

公元前354年，赵国为了同魏国抗衡，向卫国发动了进攻，企图夺占位于赵、魏之间的卫国领土，取得战略上的有利地位。卫国原是魏国的属国，现在赵要将它变为自己的属国，魏国当然不允许。魏国借口保护卫国，即出兵包围了赵国的国都邯郸。赵与齐是盟国，当邯郸告急时，赵国派使者于公元前353年向齐国求救。齐国此时正在图谋向外发展，因此答应救赵。

齐威王召集大臣商讨救赵的办法。齐相邹忌主张不去救赵，齐将段干朋则认为不救不仅对赵国失去信用，而且对齐国本身也不利。他从齐国的利益出发，提出了一个先让赵、魏两国相互攻战，使之两败俱伤，然后齐国“承魏之弊”出兵救赵的战略方针。齐威王同意了段干朋的意见。齐国少量兵力南攻襄陵，以牵制魏国，坚定赵国抗魏的决心。齐军主力则按兵不动，静观事态发展，准备在时机成熟时出兵救赵。

公元前353年，魏国攻破了赵都邯郸。这时，齐威王认为出兵救赵的时机已经成熟，于是就命田忌为主将，孙膑为军师，统率大军救援赵国。

孙膑是春秋时期著名军事家孙武的后裔。年轻时他曾和魏国人庞涓一起学习兵法，后来庞涓在魏国做了将军，他自知能力不及孙膑，便不怀好意地将孙膑请到魏国。魏惠王对孙膑的欣赏，加重了他对孙膑的嫉妒。庞涓伪造了罪名，私用刑法割断孙的双脚，并在他的脸上刺字涂墨，妄图使他永远不能够抛头露面。孙膑在魏忍辱负重多时，直到有一天他听说齐国使者来到魏，才得以犯人的身份偷偷地见到了使者。齐使了解到孙膑是个了不起的人才，就暗地把他藏在车子里，带回了齐国。不久，孙膑得到齐将军田忌和齐威王的赏识。这次齐军救赵，威王是打算派孙膑为主将发兵前往的，但孙膑不想把自己的名字暴露出来，以免引起庞涓的注意，于是孙膑推说自己是受刑身残的人，不宜为将。齐威王遂改用田忌为主将，孙膑为军师，大举伐魏救赵。

田忌打算直奔邯郸，同魏军主力交战以解邯郸之围。孙膑不赞成他这种打法，他说："要解开乱成一团的丝线，不能用手硬拉硬扯；要劝解别人打架，自己不能帮助去打。派兵解围的道理也一样，不能以硬碰硬，而应该避实击虚，避强击弱，冲其要害，使敌人感到行动困难，有后顾之忧，自然就会解围了。现在魏、赵相攻，已经相持了一年多，魏军的精锐部队都在赵国，留在自己国内的是一些老弱残兵。你应该统率大军迅速向魏国都城大梁进军。这样一来，魏军必然回兵自救，我们可以一举而解救赵国之围，同时又能使魏军疲于奔命，便于我们打败它。"田忌采纳了孙膑的意见，率齐军主力向魏国国都大梁进军。庞涓得知大梁危急的消息，大惊失色。魏军不得不以少数兵力控制历尽艰辛刚刚攻下的邯郸，而以主力急忙回救大梁。这时，齐军已将地势险要的桂陵作为预定的作战区域，迎击魏军于归途。魏军由于长期攻赵，兵力消耗很大；长途跋涉使士卒更加疲惫不堪，而齐军则是占有先机之利，以逸待劳，士气旺盛。因此，面对齐军的阻击，魏军完全陷入了被动挨打的地位，终于惨败而归。

魏军虽然败于桂陵之战，但魏国仍具有一定实力，并未因此而放弃邯郸。后来，秦国不断向魏国进攻，魏国没有力量同时与东方的齐赵和西方的秦国进行战争，才放弃了吞并赵国的打算。真正使魏遭到严重削弱的是十年后发生的马陵之战。

公元前342年，魏国攻打韩国。韩国急忙向齐求救，齐相邹忌主张不救。田忌认为如不救韩，韩将有被魏吞并的危险，主张尽早救之，孙膑既不同意不救，亦不同意早救。他认为：现在韩、魏两军均未疲惫，如果不考虑到利害得失发兵去救，将陷入在政治上被动听命于韩，在军事上代韩受兵的地位，胜利亦无把握。魏国此次出兵，意在灭韩，我们应因势利导，首先向韩表示必定出兵相救，促使韩国竭力抗魏。等到韩国处于危亡之际，再发兵救援，韩国到那时必须感激齐国，齐国既能“深结韩之亲”，又可“晚承魏之弊”；既可受韩重利，又可得到尊名，一举两得。齐威王采纳孙膑的建议，并亲自接待韩国使者，暗中答应出兵帮助。韩国凭借着齐国的帮助，坚决抵抗。韩、魏先后五次交战，韩国均失败了。这时，韩国又向齐告急。齐威王在韩、魏俱疲的时机又任命田忌为主将，孙膑为军师，率领齐军攻魏救韩。孙膑又使出“围魏救赵”的老办法，直向魏都大梁进军。魏国主将庞涓听到这个消息，立即把军队从韩国撤回来，这时，齐军已经越过齐国边界，进入魏国的国境。孙膑知庞涓已从后面赶来，于是对田忌说：“魏国的军队素来强悍英勇，看不起齐国，我们应因势利导，装着胆怯而逃亡的样子，引诱魏军中计。兵法上说，乘胜追赶敌人，如果超过百里以上，就会因为给养路线太长，使上将有受挫折的危险；如果超过五十里以外，因为前后不能接应，也只有一半军队

能够赶上。现在我军进入魏国境内已经很远了，可用减灶之计。我们今日进入魏地，在宿营地做十万个灶，明日只做五万个灶，后天到宿营地只做三万个灶，逐日减灶，使魏军认为我们怯战，逃亡士兵很多，他们必定趾高气扬，日夜兼程前来追逐。这样，既消耗了他们的力量，又麻痹了他们的斗志，然后我们再用计来打败他们。”田忌采纳了这个计划。

庞涓回兵进入国境，得知齐军早已前去，于是急起直追。一路上，庞涓仔细观察了齐军安营地方的痕迹，以了解敌情。追了三天，虽然还没有追上，庞涓却喜形于色，很有把握地认定齐军怯战，逃亡的士兵已过半数。他当机立断，决定甩下步兵，只统率一部分轻装的精锐部队，以一天走两天的路程，快速追赶齐军。孙膑估计了庞涓追兵的行程，认定晚上必然到达马陵。马陵道路狭窄，在两山中间，险阻峻隘，便于埋伏军队。孙膑命士卒将道路两侧树木统统砍倒，只留下最大的一棵树，其余的树乱七八糟地横在路上，以阻塞交通。在留下的那棵树的东面，剥去一大块树皮，露出白色的树身，在上面用黑煤写上几个大字：庞涓死于此树下。孙膑又在军中抽调最会射箭的士卒一万人，分成两队埋伏在道路两旁的险阻之处，并吩咐他们只要看到树下的火光一亮，就立即朝树下放箭。他又调一部分军队隐蔽在离马陵不远的地方，只等魏军一过，便从后面截断退路。果然，那天晚上庞涓率领轻骑进入马陵道，他隐隐约约地看到一棵大树露出白木，上面写着一行字，但瞧不清楚，于是他叫士兵点起火把来看，上面写的是“庞涓死于此树下”，庞涓心里一惊，知道又上当了。这时，齐军万箭齐发，魏军大乱溃散，庞涓自知败局已定，便愤恨自杀。齐军在庞涓自杀后，乘胜进攻，大败魏军，俘虏太子申。

马陵之战使魏国遭到从未有过的惨败。接着，齐、秦、赵从东西北三面夹攻魏国。公元前340年，秦商鞅用计抓到魏公子卬，大破魏军，魏国又一次惨败。后来到“会徐州相王”时，强盛一时的魏国终于向齐国表示了屈服，战国的形势由此发生重大转折，齐国代替魏国而称霸诸侯。

桂陵之战和马陵之战，孙膑都成功地运用了《孙子兵法·虚实篇》中所提出的“避实击虚”、“攻其所必救”的作战原则，将实力强大的魏军屡次击败。在具体实施这些原则时，齐军善于选择魏

先于《孙子兵法》的《易经》是讲变易的，指出一切自然现象和社会现象都不是静止不动的，而是时时刻刻在变化的。战争也是如此。孙子把变的哲学运用得如此之好，显然他也承袭了先前的古代文化传统。

赵、魏韩双方精疲力竭的有利时机攻击大梁，迫使魏军回师救援而进入齐国事先预计的战场，使魏军完全陷入了被动挨打的地位。齐军则因“知战之地、知战之日”而以逸待劳，一举获胜。从桂陵、马陵之战中，我们看到孙子的“避实击虚”、“攻其所必救”、“先处战地而待敌”、“致人而致不于人”等军事理论由孙膑进行了富有创造性的运用，其合理性与科学性经受了时间的检验与历史的印证。

零零柒 / **军争篇**

阅读提示：本篇讲述军争的意义、军争的利弊、军争的区别和方法等，说明军队机动的目的也是为了创造有利的作战地位和制取条件。讲述了“以迂为直，以患为利”的辩证关系。

孙子曰：凡用兵之法，将受命于君，合军聚众，交和而舍[1]，莫难于军争。军争之难者，以迂为直，以患为利。故迂其途，而诱之以利，后人发，先人至，此知迂直之计者也。

故军争为利，军争为危[2]。举军而争利，则不及；委军而争利，则辎重捐。是故卷甲而趋[3]，日夜不处，倍道兼行，百里而争利，则擒三将军，劲者先，疲者后，其法十一而至；五十里而争利，则蹶上将军[4]，其法半至；三十里而争利，则三分之二至。是故军无辎重则亡，无粮食则亡，无委积则亡[5]。

故不知诸侯之谋者，不能豫交；不知山林、险阻、沮泽之形者，不能行军；不用乡导者，不能得地利。

故兵以诈立[6]，以利动，以分合为变者也。

故其疾如风，其徐如林，侵掠如火，不动如山，难知如阴，动如

①交和而舍：两军营垒对峙而处。交，接触；和，和门，即军门；舍，驻扎。②军争为利，军争为危：为，这里作『是』、『有』解。此句意为军争既有有利的一面，也有不利的一面。③卷甲而趋：卷，收、藏的意思；甲，铠甲；趋，快速前进。意谓卷甲急速进军。④五十里而争利，则蹶上将军：奔赴五十里而争利，则前军将领会受挫折。蹶，失败，损折。上将军，指前军、先头部队的将帅。⑤无委积则亡：委积，指物资储备。军队没有物资储备作补充，亦不能生存。⑥兵以诈立：立，成立，此处指成功、取胜。此言用兵打仗当以诡诈多变取胜。

雷震。掠乡分众，廓地分利[7]，悬权而动。先知迂直之计者胜，此军争之法也。

《军政》曰："言不相闻，故为鼓金；视不相见，故为旌旗。"夫鼓金旌旗者，所以一人之耳目也；人既专一，则勇者不得独进，怯者不得独退，此用众之法也。故夜战多鼓金，昼战多旌旗，所以变人之耳目也。

故三军可夺气，将军可夺心。是故朝气锐，昼气惰，暮气归。故善用兵者，避其锐气，击其惰归，此治气者也。以治待乱，以静待哗，此治心者也。以近待远，以佚待劳，以饱待饥，此治力者也。无邀正正之旗，勿击堂堂之陈，此治变者也。

故用兵之法，高陵勿向，背丘勿逆，佯北勿从，锐卒勿攻，饵兵勿食，归师勿遏，围师必阙[8]，穷寇勿迫，此用兵之法也。

孙子说：用兵的方法，主将受领国君的命令，从动员、集中、编组军队，直至和敌人对阵，其中最难的，就是军争。军争之所以难，因为要把迂回的道路作为捷径，要把不利的条件变成有利。一方面要走迂回的道路使敌人不防备；另一方面又要引诱敌人使其上当。这样就能够后于敌人出发，而先于敌人到达，这就是"以迂为直"的计谋。

军争是有利的，当然军争也是危险的。如果用全部军队和装备去争利，就会由于行动迟缓而来不及；如果丢下辎重轻装去争利，就有失去辎重的危险。所以卷起甲胄，轻装急进，昼夜不停，日夜兼程地赶路，走上一百里去争利，三军将领都会被俘虏，精壮的可以先到，疲惫的一定掉队，其结果只有十分之一的人能赶到；走上五十里去争利，前军将领就会遭受失败，其结果也只有半数人能赶到；走上三十里去争利，也只能有三分之二的人能赶到。应该明白，如果军队没有辎重就要失败，如果没有粮食就要失败，没有军需补给也会失败。

因此不了解各诸侯国的企图，就不能参与外交；不熟悉山林、险阻、沼泽等地形，就不能用兵作战；不用向导，就不能得到地利。

用兵作战要以诡诈方法取得成功，根据利益而行动，以分散和集中作为变化的手段。

所以军队行动迅速时，应像风雨那样急骤；行动徐缓时，应像

⑦廓地分利：此句言应开土拓境，扩大战地，分兵占领扼守有利地形。廓，同『扩』，开拓、扩展之意。⑧围师必阙：阙，同『缺』。在包围敌军作战时，当留有缺口，避免敌作困兽之斗。

森林那样从容；进攻时，应像烈火那样凶猛；不动时，应像山岳那样稳定；隐蔽时，应像黑夜那样难以窥测；行动时，应像迅雷不及掩耳那样快速。夺取敌方的粮食、资财，要分兵数路；开拓疆土，要分守要地，权衡形势，相机而动。先懂得以迂为直计谋的，就能胜利。这就是军争的原则。

《军政》上说："用语言指挥听不到，所以使用锣鼓；用动作指挥看不清，所以使用旌旗。"锣鼓、旌旗都是用来统一军队作战行动的；军队行动如果统一了，那么勇敢的将士就不得单独前进，怯懦的也不得单独后退，这就是指挥人数众多的军队的方法。所以夜间作战要多使用火光和鼓声，白天作战要多使用旌旗，之所以变换这些信号，都是为了适应士兵的视听能力。

三军可以挫伤其锐气，将军可以动摇其决心。队伍初战的时候，士气都很旺盛，经过一段时间后，就逐渐怠惰，到了后期，士兵就会气竭思归。所以善于用兵的人，总是避开敌人的锐气，等到敌人松懈疲惫了才去攻击，这是掌握军队士气的方法。以自己的严整来对待敌人的混乱，以自己的镇静来对待敌人的喧哗躁动，这是掌握军心的方法。以自己靠近战场来对付敌人长途跋涉，以自己的从容休整来对待敌人的奔走疲劳，以自己的粮足食饱来对待敌人的粮尽人饥，这是掌握军队的方法。不去迎击旗帜整齐、部署周密的敌人，不去攻击阵容严整、实力雄厚的敌人，这是掌握因敌而变的方法。

因此，用兵的方法：敌人占领高地，不要去仰攻；敌人背靠高地，不要从正面攻击；敌人佯装败退，不要去跟踪追击；敌军锐气正盛，不要去进攻；敌人以“饵兵”诱我，不应去理睬；当敌人撤退回国时，不要去拦阻；包围敌人，要留有缺口；对陷入绝境的敌人，不要去逼迫它。这些，都是用兵的人应该掌握的原则。

魏、蜀争夺汉中

赤壁之战后，刘备占据了荆州、益州，与占据黄河流域的曹操、占据江南的孙权形成了三足鼎立的形势。公元215年，曹操消灭了西北的马超、韩遂势力后，亲率大军进军汉中的张鲁，占据了汉中。汉中地处益州，曹操进军汉中，使刘备感到自己在四川的统治权及其稳定性受到了影响，而且，由于汉中地理位置十分重要，刘备亦不甘心它落入曹操手中，于是曹操、刘备争夺汉中之战发生了。在汉中之争开始时，刘备在争夺战中处于不利的地位，但由于刘备用“知迂直之计”，善于将不利因素化为有利因素，成功地抢占了军事要地定军山，从而争得了这场战争的制胜权，最终占据了汉中，迫使曹军退出四川，取得了这场争战的胜利，也巩固了自己在四川的统治权。

公元215年，曹操消灭了西北马超、韩遂势力后，便亲率大军进攻汉中的张鲁，以占据汉中。张鲁是东汉时期“五斗米道”的道教传教人，被东汉统治者封为镇民中郎将后，领汉宁太守，成为封建统治者。张鲁得知曹操进攻汉中，自思以汉中一隅之地，不足以与曹操对抗，想投降曹操，但他的弟弟张卫不同意。张卫在曹军到达阳平关时，率领一万多人拒关坚守，阳平关最终还是被曹操攻破，张鲁及巴中地区的宗人首领均投降了曹操。因此，曹操基本上控制了汉中及巴中地区。

刘备对于曹操势力进入汉中，而且深入巴中地区十分担心。他派部将黄权出兵击败了曹军在巴中地区的势力，控制了这一地区。

这时曹操的军队驻扎在汉中。他的谋士司马懿向他建议，要他抓住时机进攻益州。曹操鉴于西蜀守备不易攻破，且自己后方还不稳定，因而没有采取军事行动。不久，他把原驻守在长安的大将夏侯渊调来驻守汉中，自己领兵回到了中原。

汉中的地理位置对于刘备、曹操来说是十分重要的。它是四川东北的门户，曹操占据汉中，可以使益州北方无险可守，这对占据四川不久的刘备无疑形成了极大的威胁；而汉中如果被刘备占据，那么刘备进可以攻关中，退可以守益州。因此，刘备决心将汉中夺回自己的手中。

公元217年，刘备亲率主力进攻汉中，留诸葛亮守成都，负责军需供应。刘备大军屯驻阳平关，想攻下这一战略要点。刘备选精兵万余轮番攻阳平关，始终没能得手。双方在阳平关相持一年有余。

公元219年正月，刘备经过充分的准备与策划，决定采取行动以改变这种长期相持的局面。刘备率军避开地势险要、防守严密的阳平关，南渡汉水，沿南岸山地东进，一举抢占了军事要地定军山。定军山是汉中西面的门户，地势险要，刘备占领了定军山，就打开了通向汉中的道路，并且威胁着阳平关曹军侧翼的安全。夏侯渊被迫将防守阳平关的兵力东移，与刘备争夺定军山。为防止刘备进军和北上，曹军在汉水南岸和定军山东侧建营垒，修围寨，设鹿角。刘备日夜攻曹营，火烧南围鹿角。夏侯渊命张郃守东围，自率轻骑往南救围。刘备军又急攻东围，并派黄忠率精兵埋伏在东、南围之间的险要地段。张郃不支，夏侯渊又急忙率军回援东围。黄忠居高临下，以逸待劳，突然攻击行进中的夏侯渊。夏侯渊毫无防备，战败溃逃，夏侯渊本人也被黄忠斩杀，张郃率军退守阳平关。

夏侯渊死后，曹军由张郃统领。曹操得知汉中战场失利，亲率主力从长安出斜谷，迅速赶赴阳平关前线救援汉中。这时，蜀军士气旺盛，刘备通过定军山争夺战改变了以前的被动局面，信心十足。他对随从的部将说：“曹操虽然再来，也将是无能为力了，汉中必然归我所有。”待曹军到达汉中后，刘备利用有利地形，据守险要之处而不与曹操决战。同时，刘备遣游兵扰袭曹军后方，劫其粮草，断其交通。曹军攻险不胜，求战不得，粮食缺乏，军心恐慌，兵无斗志，士卒逃亡者不少。一个多月后，曹操不得不放弃汉中，全军撤回了关中。刘备如愿占据了汉中，不久，他派刘封、孟达等攻取了汉中郡东部的房陵、上庸等地，势力得到了扩大和巩固。汉中争夺战以刘备的胜利而告结束。

孙武在《孙子兵法·军争篇》中提出，用兵作战最困难之处在于争夺制胜条件。从刘备、曹操争夺汉中之战中，也确实证实了孙子这一观点的正确性。交战之初，曹操据汉中，扼守阳平关这一军事要地，打退刘备军队的多次进攻，使得刘备处于长期屯兵坚城要塞之下而毫无进展的被动状态之中；而后来，当刘备抢占了另一更

眉批：**九变篇**

孙子把战争中“变”的哲学阐述、运用得如此精到，他尤其关照战争指挥者，要克服“五危”，避免导致“覆军杀将”的悲剧。

为有利的军事要地定军山时，形势便完全发生了逆转。刘备由被动变为主动，由受制于人变为制人，能够以逸待劳，调动曹军，使曹军疲于奔命，来回奔走，以至于最后陷入了求战不得、进退两难的境地。争夺制胜权的重要，从曹、刘两军前后所处的截然相反的地位中，充分地体现了出来。

刘备之所以能变被动为主动，最主要的一点是他在关键时刻能够做到“以迂为直，以患为利”。在初战不利的情况下，刘备停止了以硬碰硬的作战方法，通过长途迂回，占领了另一军事要地定军山，取得了战争的主动权。此后，刘备便反客为主，调动曹军并在运动中伏歼了曹军。最后，刘备面对曹操的援军，采取以主力守险不战，以游兵扰其后方的战略，迫使曹军撤出了汉中。所以，我们可以毫不过分地说，刘备夺取汉中，是运用了孙子“迂直之计”而取得的。

零零捌 / **九变篇**

阅读提示：本篇讲述“九变”的意义，指出应全面看问题，如果指挥官偏执于某些观点，不学会变通，就会陷入危险之境。

孙子曰：凡用兵之法，将受命于君，合军聚众，汜地无舍[①]，衢地合交[②]，绝地无留，围地则谋，死地则战。

途有所不由，军有所不击，城有所不攻，地有所不争，君命有所不受。

故将通于九变之地利者，知用兵矣；将不通于九变之利，虽知地形，不能得地之利矣；治兵不知九变之术[③]，虽知五利，不能得人之用矣。

是故智者之虑，必杂于利害。杂于利而务可信也，杂于害而患可解也。

是故屈诸侯者以害[④]，役诸侯者以业，趋诸侯者以利[⑤]。

故用兵之法，无恃其不来，恃吾有以待也；无恃其不攻，恃吾有所不可攻也。

故将有五危：必死，可杀也；必生，可虏也；忿速，可侮[⑥]也；廉洁，可辱也；爱民，可烦也。凡此五者，将之过也，用兵之灾也。覆

①汜地无舍：汜，毁坏、倒塌之意；汜地，指难于通行之地；舍，止，此处指宿营；汜地无舍即在难以通行的山林、险阻沼泽等地不可宿营。②衢地合交：衢，四通八达，衢地即四通八达之地；合交，指结交邻国以为后援。③九变之术：九变的具体手段和方法。④屈诸侯者以害：指用敌国厌恶的事情去伤害它，从而使它屈服。屈，屈服、屈从，这里作动词用；诸侯，此处指敌国。⑤趋诸侯者以利：趋，奔赴、奔走，此处作使动用。句意指用小利引诱调动敌人，使之奔走无暇。⑥忿速，可侮：因急躁冒进，招致失败。

军杀将，必以五危，不可不察也。

孙子说：一般用兵的方法，主将受国君的命令，动员集中民众编成军队。在“氾地”不可扎营，在“衢地”要结交诸侯，在“绝地”不可停留，在“围地”要出奇制胜，陷入“死地”要殊死搏斗。

有的路不可以通过，有的敌人不一定要打，有的城邑不一定要攻，有的地方不一定要争。不合上述“九变”的，即使是国君的命令也可以不去执行。

因此，将帅能通晓九变好处的，就懂得用兵了；将帅不通晓九变好处的，虽然知道地形情况，也不能得地利。治兵而不知道九变的方法，虽然知道“五利”，也无法充分发挥军队的作用。

聪明的将领考虑问题，必须兼顾利害关系。在不利的条件下看到有利的方面，事情就可以顺利进行。在有利的情况下看到不利的

一面，就可以消除祸患。

能使诸侯屈服的，是用诸侯最害怕的事情去威胁它；能役使诸侯的，是用危险的事情去困扰它；能使诸侯归附的，是用利益去引诱它。

用兵的法则，不应该寄希望于敌人不会来，而应该依靠自己严阵以待，充分准备；不应寄希望于敌人不会进攻，而应该依靠自己有使敌人无法攻破的充足力量。

将帅有五种致命弱点：有勇无谋，只知死拼，就可能被敌诱杀；临阵畏怯，贪生怕死，就可能被敌俘虏；急躁易怒，就可能被敌凌侮而妄动；廉洁好名，过于自尊，就可能被敌污辱而失去理智；只知“爱民”，就可能被敌烦扰而陷于被动。以上五点，是将帅易犯的过失，是用兵的大忌。军队覆灭、将帅被杀，都是由这五种致命弱点造成的，这是做将帅的人不得不慎重考虑的问题。

背水杀敌

楚汉相争时，汉大将韩信在平定魏国以后，又率兵进攻赵国。赵王歇和成安君陈馀、广武君李左车率领二十万大军，守住井陉口，准备迎击韩信。

当时赵国的军政实权，掌握在成安君陈馀的手里，广武君说："韩信攻赵，需要千里运送粮食，一定难以按时送到，士兵有遭到饥饿的可能。井陉的道路狭窄难行，粮食不易运输，倘若给我三万大兵，从小路去阻断他的粮道，你的大军，深沟高垒，守住营阵坚决不出战，那时候他就前进不能攻击，后退不能回去，我率领大军从后面攻击，不到十天，他就会全军惨败。"

成安君是个脑筋不会变通只知道死读书的人，以为用兵要讲仁义道德，不可用阴谋诡计，同时他认为韩信的军队，虽然可称数万之多，实际上只不过几千而已，又从千里迢迢之外赶来，一定会疲倦困乏不堪，像这种情形，再逃避他而不进攻，未免被人取笑胆小，所以没有接受广武君的意见。

韩信探听到广武君的计划没有被采纳，十分高兴，亲自带领部队，直奔赵军而来，在离井陉口三十里的地方扎营。

到了半夜，韩信突然发出一道紧急命令，从军中选出轻骑两千人，每人携带着一面代表汉军的红旗，秘密从小路绕到赵军营地的侧翼高地埋伏起来，注意偷看赵军兵营的动静，并且警告军士说："赵国军队，发现我军后，我军立即退回，对方必然空营来追击我军，那时候，你们赶快奔进赵军营里去，把赵国的旗子拔下来，挂上我们汉军的大红旗。"那些人立即出发而去。

韩信接着吩咐手下副将，叫作饭的吏卒准备供应一些餐点给士卒们吃，而且要很快去做，随即宣布说："这只是临时充饥，等到明天打败了赵军，大家再回来吃个饱。"将士们听了，都不相信，嘴里勉强答应了一声"是"。韩信随后派了一万人马，背着一条河流，排列成即将作战的样子，赵兵远远看见对方背水布阵，大家觉得很好笑。隔天，互相攻打了一阵，汉军突然把旗鼓都抛弃了，一副失败的样子，退回河岸。赵军看见汉军惨败而退，于是空营而出，追赶上来争先恐后地抢夺旗鼓。

汉军既然已退到背水阵上，知道后面是河，不能再退，大家便拼死到底，这时，山上埋伏的汉军，早已按照韩信的指示，奔进赵营，把赵军的旗帜拔去，竖起了两千面红色的汉军旗帜。

赵、汉两军在混乱的战斗中，战了很久，赵军难以取得胜利，想退回本营，不料一看，营区已经遍地竖起了汉军的旗帜，大吃一惊，以为汉军已经俘虏了赵王和将士们，击破了赵军。于是在战场作战的赵军，立即纷乱起来，各寻生路，部将虽严密阻止，但是完全不起作用，汉军因此两面夹击，赵军大败，成安君被杀，赵王歇和广武君李左车等人被俘。

事后诸将问韩信："兵法上说，要尽量避免在水泽上作战，现在将军背水布阵，竟然获胜，是什么道理？"韩信说："兵法上有'陷之死地而后生，置之亡地而后存'的说法，我就利用现在的情势，使将士们能人人各自奋战啊！"

可见，韩信是孙子兵法所说的那种"通于九变之利"的杰出军事家。

眉批：**行军篇**

孙子把“处军”和“相敌”之法讲得如此细致入微，看起来十分平实，却揭示了战场的规律。一切事物的规律往往是平实的。

零零玖／**行军篇**

阅读提示：本篇主要讲述配置兵力、判断敌情、整顿纪律三大问题。行军，指用兵作战。

孙子曰：凡处军[1]相敌：绝山依谷，视生处高，战隆无登，此处山之军也。绝水必远水；客绝水而来，勿迎之于水内，令半济而击之，利；欲战者，无附于水而迎客；视生处高，无迎水流。此处水上之军也。绝斥泽[2]，惟亟去无留[3]；若交军于斥泽之中，必依水草而背众树，此处斥泽之军也。平陆处易，而右背高，前死后生，此处平陆之军也。凡此四军之利，黄帝之所以胜四帝也。

凡军好高而恶下，贵阳而贱阴[4]，养生而处实，军无百疾，是谓必胜。丘陵堤防，必处其阳而右背之。此兵之利，地之助也。

上雨，水沫至，欲涉者，待其定也。

凡地有绝涧[5]、天井、天牢、天罗、天陷、天隙，必亟去之，勿近也。吾远之，敌近之；吾迎之，敌背之。

军行有险阻、潢井、葭苇、山林、翳荟者，必谨复索之，此伏奸之所处也。

敌近而静者，恃其险也；远而挑战者，欲人之进也；其所居易者，利也。

众树动者，来也；众草多障者，疑也；鸟起者，伏也；兽骇者[6]，覆也；尘高而锐者，车来也；卑而广者，徒来也；散而条达者，樵采也；少而往来者，营军也。

辞卑而益备者，进也；辞强而进驱者，退也；轻车先出居其侧者，陈也；无约而请和者，谋也；奔走而陈兵者，期也；半进半退者，诱也。

杖而立者，饥也；汲而先饮者，渴也；见利而不进者，劳也；鸟集者，虚也；夜呼者，恐也；军扰者，将不重也；旌旗动者，乱也；吏怒者，倦也；粟马肉食，军无悬缻[7]不返其舍者，穷寇也；谆谆翕翕，徐与人言者，失众也；数赏者，窘也；数罚者，困也；先暴而后畏其众者，不精之至也；来委谢者，欲休息也。

兵怒而相迎，久而不合，又不相去，必谨察之。

兵非益多也，惟无武进，足以并力、料敌、取人而已。夫惟无虑

①处军：行军、宿营、处置军队，即在各种不同地形条件下，军队行军、作战、驻扎诸方面的处置对策。处，处置、安顿、部署的意思。②绝斥泽：斥，盐碱地；泽，沼泽地。绝斥泽即通过盐碱沼泽地带。③惟亟去无留：惟，宜、应该；亟，急、迅速；去、离开。意谓遇到盐碱沼泽地带，应当迅速离开，切莫停留驻军。④贵阳而贱阴：贵，重视；阳，向阳干燥的地方；贱，轻视；阴，背阴潮湿的地方。句意为看重向阳之处而卑视阴湿地带。⑤绝涧：指两岸峭峻、水流其间的险恶地形。⑥兽骇者，覆也：野兽受惊奔跑，这是敌军大举袭来。骇，惊骇、受惊；覆，倾覆、覆没。⑦悬缻：泛指炊具。

而易敌者，必擒于人。

卒未亲附而罚之，则不服，不服则难用也。卒已亲附而罚不行，则不可用也。故令之以文，齐之以武，是谓必取。令素行以教其民，则民服；令不素行以教其民，则民不服。令素行者，与众相得也。

孙子说：行军作战和观察判断敌情，应该注意：在通过山地时要沿着谷地行进；驻扎时，要选择"生地"，居高向阳；如敌人占据高地，不要仰攻。这些是在山地行军作战的处置原则。横渡江河，要在离江河稍远的地方驻扎；如果敌军渡河前来进攻，不要在水中迎击，要趁它部分已渡、部分未渡时予以攻击，这样比较有利；如果要与敌军交战，那就不要靠近水边迎击它；在江河地带驻扎，也要居高向阳，切勿在下游逆水驻扎或布阵。这些是在江河地带行军作战的处置原则。通过盐碱沼泽地带，应迅速离开，不要停留；如在盐碱沼泽地带与敌军遭遇，那就要占领有水草而靠树林的地方。

这些都是在盐碱沼泽地带行军作战的基本原则。在平原地带驻军，要选择地势平坦的地方，并把军队右翼部署在高地，前低后高，以高地为依托。这些是在平原地带行军作战的处置原则。以上四种“处军”原则的好处，是黄帝能够战胜“四帝”的重要原因。

凡驻军都喜好高处而厌恶低洼的地方，选择向阳的地方避开阴湿的地方，靠近水草的地方要驻扎在干燥的高处，部队不生疾病就有胜利保障。在丘陵、堤坝等地，应该占领它向阳的一面，最好背靠着它。这些都是为了利于作战而借助于地形。

江河上游下雨，就会有水沫漂流下来，要徒涉渡河，一定要等到水势平稳后进行。

遇“绝涧”、“天井”、“天牢”、“天罗”、“天陷”、“天隙”等地形，必须迅速离开，不要靠近。自己远离它，让敌人靠近它，自己面向它，让敌人背着它。

部队附近有险阻，低洼沼泽地带，芦苇、森林和杂草丛生的地方，必须仔细地反复搜索，因为这些地方都容易隐藏伏兵和奸细。

敌军离我很近而仍保持镇静的，是倚仗它占有险要的地形；敌军离我很远而又来挑战的，是企图诱我前进；敌军之所以不居险要而居平地，定有它的好处和用意。

如果发现树林里许多树木摇动，就说明是敌军向我袭来；在草丛中设有许多遮蔽物的，是敌企图迷惑我，鸟儿突然起飞，说明下面有伏兵；走兽受惊猛跑，证明敌人大举来袭。飞尘高而尖的，是敌人战车向我开来；飞尘低而广的，是敌人步兵向我开来；飞尘分散而细长的，是敌人在打柴；飞尘少且时起时落的，是敌军察看地形，准备设营。

敌方使者言辞谦卑而部队却在加紧战备，是想准备向我进攻；敌方使者言辞强硬而军队又向我进逼的，证明他们正准备撤退；敌战车先出并占据翼侧的，是布列阵势，准备作战；敌方没有预先约定而突然来请求议和的，其中必有阴谋；敌方急速奔走并展开兵车的，是期求与我交战；敌军半进半退的，可能是伪装混乱来引诱我。

敌兵倚仗手中兵器站立的，说明敌方饥饿缺粮；敌兵从井里打水而急于先饮的，说明敌方干渴缺水；敌人见利而不前进的，说明敌方疲劳过度；敌方营寨上有飞鸟停集的，说明营寨已空虚无人；敌营夜间有人惊呼的，说明敌军心里恐惧；敌营纷扰无秩序的，是其将帅没有威严；敌营旌旗乱动的，是其阵形混乱；敌官吏急躁易怒，是敌军过度困倦；敌人用粮食喂马，杀牲口吃，收起炊具，不返回营寨的，是死拼的“穷寇”；同部下讲话慢声无气，是将领失去人心；再三犒赏士兵，说明敌军处境窘迫；一再重罚部属的，是敌军陷于困境；先对士兵粗暴而后又害怕士兵的，是最不精明的将领；敌人借故派使者来谈判的，是想休兵息战。

敌军盛怒前来，长时间不接战，又不离开，必须谨慎观察其企图。

作战不在于兵力愈多愈好，只要不轻敌冒进，并能集中兵力，判明敌情，也就足以战胜敌人了。那种无深谋远虑而又轻敌妄动的人，势必成为敌人的俘虏。

将帅在士兵尚未亲近依附时，就贸然处罚士兵，那士兵一定不服，这样就难以使用他们去打仗；如果士兵对帅已经亲近依附，仍不执行军纪军法，也不能使用他们去作战。因此，应该用政治道义教育士兵，用军纪军法来统一步调，这样的军队打起仗来就必定胜利。平时能认真教育士兵执行命令，士卒就会服从；平时不认真教育士兵执行命令，士兵就不会服从。平时所以能认真执行命令，是由于将帅与士兵相互取得信任。

沙苑、渭曲之战

东晋时期，刘裕北伐灭南燕、后秦之后，于公元420年6月迫使晋恭帝让位，自立为帝，国号为宋，史称刘宋。刘宋政权占领了中国黄河以南的大部分地区，而北方则被鲜卑族拓跋氏建立的北魏政权所占领，形成南北对立的两个政权。而后，刘宋经历了齐、梁、陈等朝代的更迭；北魏则分裂为东、西魏，后变为北齐、北周。沙苑、渭曲之战即发生在北魏分裂后的东、西魏之间。

公元534年，统一了我国北方的北魏分裂为东魏和西魏两个政权。西魏建都长安，政权为丞相宇文泰所把持。东魏都城邺，政权为丞相高欢所把持。双方政权为吞并对方，进行过多次的战争。发生于公元537年的沙苑、渭曲之战只是其中的一次。在这次战争中，东魏出动二十万大军进攻西魏，西魏军则以七千精骑迎战。由于西魏军统帅宇文泰在处军相敌方面高出东魏高欢一筹，因而西魏军能够以弱胜强，赢得了这场战争的胜利。

北魏分裂为东、西魏后，东魏依仗地广人多，军事上占有相对的优势，公元534年，出动军队企图占领西魏重要关口潼关，但被西魏击退。此后，东魏二次出军攻战潼关未成。宇文泰对于高欢多次袭击西魏要地愤愤不平，便于公元537年8月率军东进，攻占了东晋的军事要地恒农。没过多久，东魏高欢就命大将高敖曹领兵三万，由洛阳向西反击恒农；同时自率主力二十万，由太原、临汾南下，从蒲坂西渡黄河，进袭关中，从而拉开了沙苑、渭曲之战的序幕。

从高欢行动的趋向看，他是想分兵两路向长安方向推进。一路由高敖曹领军从洛阳至恒农，夺回恒农后向潼关、渭南方向推进；另一路由高欢亲自带领，从蒲坂西渡黄河，占领军事要道华州，然

后向前推进，争取与高敖曹会合。

西魏宇文泰得知高欢西进的消息，决定尽全力阻止敌军西进。他一面命大将王罴坚守华州，阻止魏军西进；一面派人到各地征调兵马，并从恒农抽调出近万人回救关中。东魏高敖曹趁势包围了恒农；高欢军渡过黄河后，即攻华州城，然而华州城坚难攻，于是高欢命军队在距华州北三十余里的许原屯驻。

宇文泰领军回到渭南后，便欲进击高欢。部将们认为，各地征调的兵马还未赶到，敌我兵力悬殊较大，还是暂不迎战为好。宇文泰坚持已见，他解释说：现在东魏军远道而来，首攻华州不下，便屯兵许原观望，说明他们军队人数虽多，但没战斗力，也没有苦战克敌的精神，我们趁他立足未稳，地况不熟，趁机迎击。如果让其站稳脚跟，继续西进，逼近长安，那就会动摇人心，形势对西魏将更为不利。宇文泰的解释打消了部将的疑虑。西魏军抓紧做好北渡渭水的准备。

9月底，西魏军在渭水上搭好浮桥。宇文泰亲率轻骑七千，携带三天的粮食，北渡渭水。10月1日，宇文泰领军进至距东魏军六十里处的沙苑驻扎下来。

宇文泰领军在沙苑扎营后，立即派人化装成许原一带的居民，潜入东魏兵营附近活动，侦察高欢军队的情况。经过侦察，宇文泰证实了自己的判断。在人数上对比，宇文泰认识到敌军确实强于自己，但东魏军战斗力不强，而且骄傲轻敌。这时，宇文泰部将李弼建议利用十里渭曲沙丘起伏、沼泽纵横、芦苇丛生的有利地形，采取预先埋伏，诱敌深入的伏击之计，一举消灭敌人。这个建议正符合宇文泰出奇制胜的想法，于是，宇文泰欣然采纳此建议，决定利用渭曲复杂的地形环境打一场歼灭战。

高欢听说西魏军已进至沙苑，便决定寻找宇文泰所率的西魏军决战。高欢取胜心切，在未作认真部署的情况下便从许原率兵前来交战。西魏军见敌军出动，便依照先前的谋划在渭曲布设了埋伏，并规定伏兵以击鼓为号，以突然袭击的战法，围歼东魏军于既设阵地。高欢军行进至渭曲附近，大将斛律羌见到渭曲沼泽、沙丘伏起，茂密的芦苇纵横于沼泽地深处，觉得这苇深泥泞的地形不利野战，便向高欢建议留下部分兵力在沙苑与宇文泰相持，然后另以精骑西袭长安。高欢急于寻找宇文泰军决战，没有同意他的意见。高欢提出放火烧芦苇，以火攻的办法攻击魏军。但是他的部将侯景提出异议："我们应当活捉宇文泰以示百姓，如果火烧芦苇，把他一起烧死，尸体不好辨认，谁能相信呢？"高欢的另一部将彭乐也附和说："以我军的兵力，几乎是以一百个对他们一个，还怕打不赢吗？"在下属盲目乐观与自信面前，高欢利令智昏，放弃了火烧芦苇的主张，下令挥军前进，进入沼泽沙丘搜索宇文泰军。东魏军自恃兵多势众，混乱前进，深入沼泽地，而且毫无战斗队形。宇文泰待东魏军进入伏击圈后，擂鼓出击。西魏军从左右两翼猛烈冲击东魏军，将其截为数段。东魏军遭到突然袭击，本来乱糟糟的队形更加乱成几团，在陌生而又复杂的地形中无法展开。东魏军穷于应战，自相践踏；西魏军趁势拼死奋战，杀死东魏军六千余人，俘敌八万，东魏军大败溃散。高欢逃至蒲津，渡河东撤。沙苑、渭曲之战以西魏的胜利宣告结束。

沙苑、渭曲之战在东、西魏众多次数的交战中算不上是大的战役，但我们仍可从这一次战役中窥视出东、西魏军在复杂地形条件下行军作战、处军相敌方面的长短优劣。从战争的全过程中可以看出，西魏宇文泰在军事部署及“处军”、“相敌”方面，均深得兵法要领。孙武在《孙子兵法·行军篇》中提出，处军的要领在于善于利用地形将军队处置好，地形的选择应于己有利而于敌不利；相敌的要领则在于正确地分析判断敌情，在于善于透过敌军活动的现象看到其本质。沙苑、渭曲之战决战前夕，宇文泰不为东魏的兵势所吓倒，从高欢攻华州不下而屯兵许原的现象中，分析、判断出东魏军人多势众却无战斗力的事实，制订了伏击制敌的计划；为了更准确地了解敌情，将敌军引入伏击圈，宇文泰将军队驻扎在许原敌营附近，并派人化装侦察，摸清了敌军的基本情况，最后歼灭敌人于事先设好的伏击圈中，一举击败敌军。东魏军的失败，一方面是由于骄傲轻敌，另一方面也在于他们的恃众冒进。临战前，高欢及部将明知地形不利，易遭伏击，然而主帅决策时听不进正确意见，反依错误建议行事，违背孙子所说的处军、相敌的原则，最终导致了失败。

《孙子兵法·行军篇》说：“兵非益多也，惟无武进……夫惟无虑而易敌者，必擒于人。”对照东魏的失败，孙子处军、相敌原则的重要价值，可见一斑。

零壹零 / **地形篇**

阅读提示：在本篇中，孙子认为地形不是按其自然特征分类（如山地、平原、江河、沼泽等），而是根据地形不同而分为通、挂、支、隘、险、远等六种，并就这六种地形，讲述了战术原则。

孔子曰：地形有通者①，有挂者②，有支者③，有隘者④，有险者，有远者。我可以往，彼可以来，曰通；通形者，先居高阳，利粮道，以战则利。可以往，难以返，曰挂；挂形者，敌无备，出而胜之；敌若有备，出而不胜，难以返，不利。我出而不利，彼出而不利，曰支；支形者，敌虽利我，我无出也；引而去之，令敌半出而击之，利。隘

①地形有通者：地形，地理形状、山川形势；通，通达，指广阔平坦、四通八达的地区。②挂者：悬挂、牵阻。此处指前平后险、易入难出的地区。③支者：支撑、支持。④隘者：狭窄、险要之地。

形者，我先居之，必盈之以待敌[⑤]；若敌先居之，盈而勿从，不盈而从之。险形者，我先居之，必居高阳以待敌；若敌先居之，引而去之，勿从也。远形者，势均，难以挑战，战而不利。凡此六者，地之道也；将之至任，不可不察也。

故兵有走者，有弛者，有陷者，有崩者，有乱者，有北者。凡此六者，非天之灾，将之过也。夫势均，以一击十，曰走；卒强吏弱，曰弛[⑥]；吏强卒弱，曰陷[⑦]；大吏怒而不服，遇敌怼而自战，将不知其能，曰崩[⑧]；将弱不严，教道不明，吏卒无常，陈兵纵横，曰乱；将不能料敌，以少合众，以弱击强，兵无选锋，曰北。凡此六者，败之道也；将之至任，不可不察也。

夫地形者，兵之助也。料敌制胜，计险厄远近，上将之道也。知此而用战者必胜，不知此而用战者必败。

故战道必胜，主曰无战，必战可也；战道不胜，主曰必战，无战

⑤必盈之以待敌：一定要动用充足的兵力堵塞隘口，来对付来犯的敌军。盈，满、充足的意思。⑥弛：涣散、松懈的意思。这里指将吏软弱无能，队伍涣散难制。⑦陷：陷没。⑧崩：土崩瓦解，比喻溃败。

可也。故进不求名，退不避罪，唯人是保，而利合于主，国之宝也。

视卒如婴儿，故可与之赴深溪[9]；视卒如爱子，故可与之俱死。厚而不能使，爱而不能令，乱而不能治，譬若骄子，不可用也[10]。

知吾卒之可以击，而不知敌之不可击，胜之半也；知敌之可击，而不知吾卒之不可以击，胜之半也；知敌之可击，知吾卒之可以击，而不知地形之不可以战，胜之半也。故知兵者，动而不迷，举而不穷。故曰：知彼知己，胜乃不殆；知天知地，胜乃可全。

孙子说：地形可以分为“通”、“挂”、“支”、“隘”、“险”、“远”六类。凡是我可以去，敌人可以来的，叫作“通”；在“通形”地区，应抢先占据地势高而向阳的地方，并保持粮道畅通，这样与敌交战就有利。凡是可以去，而不易返回的地方，叫作“挂”；在“挂形”地区，敌军如无防备，就要出击战胜它。如果敌有防备，

⑨深溪：溪，山涧河沟。深溪，极深的溪涧，指危险地带。⑩譬若骄子，不可用也：此句言为将者，仅施仁爱而不济以威严，只会使士卒成为骄子而不能使用。

我出击不能取胜，就难以返回，对我不利。凡是我出击不利，敌出击也不利的地方，叫作“支”；在“支形”地区敌人虽然以利诱我，也不要出击；最好是带领部队假装离去，诱使敌军前出一半时，我突然发起攻击，这样有利。在“隘形”地区，我如先敌占据，就要用重兵堵塞隘口，等待敌人来攻；如果敌军已先我占据隘口，并以重兵据守，就不要进击，如敌人没有用重兵据守隘口，就迅速攻取它。在“险形”地区，如我先敌占领，要占据地势高而向阳的地方待击敌人；如果敌人先占领，就主动撤退，不要进攻它。在“远形”地区，双方势均力敌，不宜挑战，勉强求战，于我不利。以上六点，是关于利用地形的原则；这是将帅的重要责任，是应该认真考虑的。

作战失败的情况有“走”、“弛”、“陷”、“崩”、“乱”、“北”六种。这六种，不是自然灾害，而是由将帅的错误造成的。敌我力量相当，却只用一部兵力去攻击十倍于我的敌人，因而失败的叫“走”；士兵强悍，但将领懦弱，致使军政废弛，导致失败的，叫作“弛”；将帅本领高强，但士兵怯弱，缺乏训练，导致失败的，叫作“陷”；部将怨怒而不服从指挥，如遇到敌人忿然擅自出战，主将又不了解他的能力加以控制，因而失败的，叫作“崩”；主将懦弱号令不严，教导无方，没有纪律，行阵混乱，导致失败的，叫“乱”；主将不能正确判断敌情，以少击众，以弱击强，部队又没有精锐的骨干力量，导致失败的，叫“北”。以上六种情况，必然导致军队的失败，这是将帅的重大责任，是值得深思的。

地形是用兵的辅助条件。正确判明敌情，制定取胜计划，研究地形的险易，计算道路的远近，这些都是将帅必须做到的。懂得这些并能用来指导作战的就必然胜利，不懂得这些，不能用来指导作战的就必然失败。

因此，如果根据战场实情确有必胜把握，即使国君命令不要打，也可以坚决地打；如果根据战场实情不能取胜，即使国君命令打，也可以不打。作为一个将帅，应该进不贪求战胜的功名，退不回避违抗君命的罪责，只求使民众和士卒得以保全，符合国君的根本利益，这样的将帅才算是国家最宝贵的人才。

将帅对士兵能像对待婴儿一样体贴，士兵就可以跟随将帅赴汤蹈火；将帅对士兵能像对待自己的“爱子”一样，他们就可以与将帅同生死。但是，对士兵如果过分厚养而不能使用，一味溺爱而不能令使，违犯了纪律也不严肃处理，这样的军队，就好比“骄子”一样，是不能用来打仗的。

只了解我军善战，不了解敌军不可击，等于一半的胜利；只了解敌军可以打，不了解我军不能打，取胜的可能性也只有一半；了解敌军可以打，也了解我军能打，不了解地形不可以打，取胜的把握仍然只有一半。所以真正懂得用兵的将帅，在实际作战中，目的明确而不失误，他所采取的措施变化无穷而不呆板。因此，了解敌人，了解自己，就能必胜不败；懂得天时，懂得地利，才能确保胜利。

南燕之战

东晋淝水之战后，前秦政权为姚苌、姚兴建立的后秦所取代。北方原在前秦控制下的各族上层又建立起十几个割据政权，出现了再度分裂的局面。它们互相争夺，战乱不已。这些割据政权主要有后燕、西燕、南燕、北燕、大夏、西秦、北魏、南凉、后凉、西凉、北凉等。南燕慕容德原是后燕的范阳王，久镇邺城（河北临漳西南）。公元396年北魏军南下，后燕被分割为南北两部。南部的慕容德屡被魏军所困，于公元398年迁往滑台建立南燕，又因滑台四面受敌，于次年将都城迁往广固（今山东益都县西北）。在这些割据政权中，比较强大的政权是北魏，与东晋连壤的是南燕和后秦。东晋在淝水之战后收复了保、兖、青、司、豫、梁六州，但不久因东晋内部争权夺利，这些地方得而复失，为南燕、后秦占领。在不久爆发的孙恩起义、桓玄叛乱中，平民出身的刘裕因镇压起义和平息叛乱而官至车骑将军，掌握了东晋朝廷的军政大权。

刘裕当权后，在政治上实行排除异己，强化自己势力的措施；经济上，他迫于农民起义的压力，实行了减轻征税、徭役、田租以缓和阶级矛盾；军事上以恢复中原为号召，训练军队，积极准备北进。这些措施的实行，使刘裕在东晋政权中的地位得到巩固，东晋的经济实力也逐渐增强。这时，刘裕开始酝酿北伐战争的战略。刘裕将北伐战争的第一个目标列为南燕，欲一举灭南燕，收复失地，进一步提高自己的声望。在灭南燕之战中，刘裕准确地判断敌情，慎重选择北伐的路线，利用地形之变灵活地变换战术，取得了北伐的胜利。

公元409年，南燕主慕容超派将军慕容兴宗率骑兵攻陷东晋的宿豫，俘宿豫的阳平太守和济阴（今山东定陶西北）太守而去。不久又派将军公孙归陷济南，俘太守及百姓男女千余人而去。彭城以南的广大民众纷纷筑坞堡自卫，抗击南燕军。刘裕为争取广大民众的支持，提高自己的威望，决定北伐南燕，恢复故地。

刘裕进攻南燕的主张，除得到左仆射孟昶、车骑司马谢裕等少数人的支持外，多数朝臣对灭燕的信心不足。刘裕分析了南燕国土幅员较小、政治腐败及没有长远的战略眼光等弱点，决心北

伐灭燕。刘裕制订了沿途筑城、分兵留守、巩固后方、主力长趋北进的作战方针。同年4月11日，刘裕率兵十余万从建康出发，由水路过长江，由淮水至泗水前进。5月，刘裕抵达下邳留下航船辎重，率步骑向琅琊进发。刘裕在所过之处沿途筑建城堡，分兵留守，以防南燕骑兵的袭击。不久，晋军到达南燕境内的琅琊。晋军到达时，南燕已风闻晋国北伐军将至，急忙将莒城、梁父的守军撤走。晋军继续向前开进，欲从琅琊至广固直捣南燕都城。当时，从琅琊至广固有三条路：一条由琅琊经莒城，越大岘山南趋临朐、广固。这是条捷径，水路运输比较方便。但大岘山很险峻，山高七十丈，周围二十里，其上关口仅能通过一车，号称"齐南天险"；二是向东北经莒城、东武入潍水北上，再转而西趋广固。但这条路比较迂远，劳师费时；三是向北越泗水经梁父，转而向东北到达广固。这条路山路过长，不利行军，运输困难。刘裕根据南燕鲜卑人战前曾利用其骑兵优势两次攻入东晋岭北地区，仅仅掳掠而去而不攻城占地的事实，判断南燕首领一定是没有远计的贪婪之徒，又从南燕弃守莒城、梁父等要地的情况，判断燕军是不准备在大岘山以南作战，而意在让晋军主力深入南燕腹地，以便依托临朐、广固等坚城，在平坦地区同晋作战，以发挥他们的骑兵优势。刘裕通过对南燕的分析，决定走第一条线路。刘裕手下的部将有些疑虑，提出："如果南燕军峙大岘山之险伏击我军，或坚壁清野绝我粮资，我军孤军深入，恐怕不仅无法灭燕，而且还将败无归路。"刘裕向他们解释道："我已经谨慎考虑过了。鲜卑人贪得无厌，不知深谋远虑，进则专思抢掠，退则吝惜禾苗，他们一定以为我孤军深入，不能持久；他们进不会过临朐，退不会守广固，我敢断定，他们绝不会守险清野。"刘裕的解释，坚定了部将北越大岘山，直捣南燕腹地同燕军作战的决心。

在南燕，慕容超听说东晋军北上，便召群臣商议与晋作战的对策。征虏将军公孙五楼向慕容超提出上、中、下三策。他认为，晋军远道而来，利在速战，我军不要与之争锋，宜扼守大岘，阻其深入；旷日持久，挫其锐气；然后选精骑沿海南下，绝其粮道，另命兖州之兵缘山东下，腹背夹击，这是上策。命令各地郡守依险固守，坚壁清野，毁掉田里的庄稼，使晋军无粮可掠，求战不得，旬月之间即可获胜，这是中策。纵敌入岘，然后出城抗战，此为下策。公孙五楼的上策是比较可取的，如采取这一方略，燕军可凭险固守，阻晋军进入南燕腹地，即使退却，也有利于发挥燕军骑兵的作用。这一计策可谓是可攻可守，可以坚持较长时间的作战。但是，慕容超没有采纳他的意见。他认为东晋远道而来，一定疲惫，势不能久。而自己踞五州之地，拥富庶之民，铁骑万群，麦禾布野，为何先除苗徒民，使自己受损失呢？慕容超采纳了公孙五楼的下策，不听手下将领的谏阻，调回莒城梁父的守军，修筑广固城池，整顿兵马以待晋军。

6月12日，晋军到达东莒，接着兵过大岘山。刘裕见晋军已过险地，高兴地对左右说："现在我们已顺利通过了危险地带，士卒深入敌人腹地，应该拼死作战；原野上到处是成熟的庄稼，我军无缺粮之忧，可以说，胜利离我们不远了。"不久，晋军临近临朐。南燕、东晋军交相争夺水源，展开了激烈的争夺战。晋军以死力争，

夺取了水源。晋军夺得水源后，刘裕布置军队准备与南燕军争夺临朐。6月18日，晋军主力到达临朐城南附近。慕容超出主力骑兵夹击晋军。刘裕针对南燕骑兵在平川作战时所具有的优势，布置晋军以车兵四千名在步兵的两翼，以骑兵在车后机动，组成一个步、骑、车兵相互配合的阵势。这种阵势有效地抵御了燕军骑兵的进攻。双方激战半日，未见胜负。参军胡藩向刘裕建议出奇兵走偏僻的小道去袭击临朐城。刘裕接受了他的建议，派兵奇袭临朐。临朐守城兵力薄弱，被晋军一举攻下。慕容超惊慌失措，率领余部逃到了广固城中，晋军首战告捷。

晋军在临朐取胜后，连夜乘胜发起追击，直逼广固城下。广固城四周绝涧，一时难以攻取。刘裕命晋军修筑长墙围困敌军，同时就地取粮，停止了从后方运送粮草。但此时的慕容超不是积极防御，而是一心指望后秦的援兵到来，消极地等待援兵。晋军一方面对敌展开了强有力的政治攻势，瓦解敌军，一方面利用敌降将张纲善于制造攻城器具的特长，让他设计出新的攻城器具。公元410年2月初，晋军四面攻城，尚书悦寿开门迎降。慕容超率数十名骑兵突围逃走，后被晋军追获，送建康城斩杀。至此，东晋灭南燕之战以晋胜燕亡而结束。

刘裕在这次战争中，不仅“料敌制胜，计险厄远近”，而且做到了孙子所说的“动而不迷，举而不穷”。他根据敌情制订相应的作战措施，采取灵活的战术、战法来战胜敌人。刘裕根据南燕骑兵善于在平川地形作战，而晋军步兵在平川作战又容易被骑兵冲垮的情况，将车阵这一古老的作战队形与战法运用到作战中，组成了一个步、骑、车兵相结合的阵势，刘裕及时运用奇兵袭击敌人薄弱的后方，有力地打击了敌人，为取得最后胜利奠定了基础。

反观燕军之所以失败，除了慕容超目光短浅与骄横自负外，另一重要原因还在于慕容超不懂得如何利用地形的便利克敌制胜。孙子在《孙子兵法·地形篇》说：“隘形者，我先居之，必盈之以待敌。”“险形者，我先居之，必居高阳而待敌。”慕容超违背了孙子所说的这些原则，弃大岘山之险不守，放弃了能有力地阻击敌人进攻的地形而过早与敌军决战，结果首战失败，丧失了战场的主动权，军队的士气也受到严重的影响，因而导致了最终失败。这一历史教训，值得后人认真总结。

眉批：**九地篇**

孙子研究兵法，没有陷入单纯军事观点，纵观《孙子兵法》，他都很讲政治，他研究政治条件、人心向背，研究战场上作战人员的心理变化规律等等。

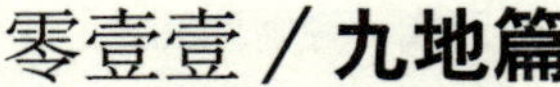

零壹壹／**九地篇**

阅读提示：孙子根据作战特点而划分出九地。他指出，将帅在正确利用九种地形的基础上，对敌人要先“夺其所爱”，使其处于不利的形势。对自己的军队可用“置之死地而后生”的办法，迫使其全力应战。

孙子曰：用兵之法，有散地，有轻地，有争地，有交地，有衢地，有重地，有圮地，有围地，有死地。诸侯自战其地，为散地。入人之地而不深者，为轻地。我得则利，彼得亦利者，为争地。我可以往，彼可以来者，为交地。诸侯之地三属，先至而得天下之众者，为衢地。入人之地深，背城邑多者，为重地。山林、险阻、沮泽，凡难行之道者，为圮地。所由入者隘，所从归者迂，彼寡可以击吾之众者，为围地。疾

战则存，不疾战则亡者，为死地。是故散地则无战，轻地则无止，争地则无攻，交地则无绝，衢地则合交[1]，重地则掠[2]，圮地则行，围地则谋，死地则战。

所谓古之善用兵者，能使敌人前后不相及，众寡不相恃，贵贱不相救，上下不相收，卒离而不集，兵合而不齐。合于利而动，不合于利而止。敢问："敌众整而将来，待之若何？"曰："先夺其所爱，则听矣。"兵之情主速，乘人之不及，由不虞之道[3]，攻其所不戒也。

凡为客之道，深入则专，主人不克；掠于饶野，三军足食；谨养而勿劳，并气积力；运兵计谋，为不可测。投之无所往，死且不北，死焉不得，士人尽力。兵士甚陷则不惧，无所往则固，深入则拘，不得已则斗。是故其兵不修而戒，不求而得，不约而亲，不令而信，禁祥去疑，至死无所之。吾士无余财，非恶货也；无余命，非恶寿也。令发之日，士卒坐者涕沾襟[4]，偃卧者涕交颐[5]。投之无所往，诸、刿之

①衢地则合交：合交，结交。在衢地上要加强外交活动，结交诸侯盟友，以为己援。②重地则掠：掠，掠取、抢掠。在敌方之腹地，不可能从本国往复运粮，要就地解决军队的补给问题，故『重地则掠』。③由不虞之道：由，经过、通过；不虞，不曾料想。④士卒坐者涕沾襟：坐着的士卒热泪沾满衣襟。涕，眼泪；襟，衣襟。⑤偃卧者涕交颐：躺着的士卒则泪流面颊。偃，仰倒；颐，面颊。

勇也[⑥]。

故善用兵者，譬如率然[⑦]；率然者，常山之蛇也。击其首则尾至，击其尾则首至，击其中则首尾俱至。敢问："兵可使如率然乎？"曰："可。"夫吴人与越人相恶也，当其同舟而济，遇风，其相救也，如左右手。是故方马埋轮，未足恃也；齐勇若一，政之道也；刚柔皆得，地之理也。故善用兵者，携手若使一人，不得已也。

将军之事：静以幽，正以治。能愚士卒之耳目，使之无知。易其事，革其谋，使人无识；易其居，迂其途，使人不得虑。帅与之期，如登高而去其梯；帅与之深入诸侯之地，而发其机，焚舟破釜；若驱群羊，驱而往，驱而来，莫知所之。聚三军之众，投之于险，此谓将军之事也。九地之变，屈伸之利，人情之理，不可不察。

凡为客之道：深则专，浅则散。去国越境而师者，绝地也；四达者，衢地也；入深者，重地也；入浅者，轻地也；背固前隘者，围地也；无所往者，死地也。是故散地，吾将一其志；轻地，吾将使之属；争地，吾将趋其后；交地，吾将谨其守；衢地，吾将固其结[⑧]；重地，吾将继其食；圮地，吾将进其途；围地，吾将塞其阙；死地，吾将示之以不活。故兵之情：围则御，不得已则斗，过则从。

是故不知诸侯之谋者，不能预交；不知山林、险阻、沮泽之形者，不能行军；不用乡导者，不能得地利。四五者，不知一，非霸、王之兵也。夫霸、王之兵，伐大国，则其众不得聚；威加于敌，则其交不得合。是故不争天下之交，不养天下之权，信己之私，威加于敌，故其城可拔，其国可隳[⑨]。施无法之赏，悬无政之令，犯三军之众，若使一人。犯之以事，勿告以言；犯之以利，勿告以害。投之亡地然后存，陷之死地然后生。夫众陷于害，然后能为胜败。故为兵之事，在于顺详敌之意，并敌一向，千里杀将，此谓巧能成事者也。

是故政举之日，夷关折符，无通其使，厉于廊庙之上，以诛其事。敌人开阖，必亟入之。先其所爱，微与之期。践墨随敌[⑩]，以决战事。是故始如处女，敌人开户，后如脱兔，敌不及拒。

孙子说：根据作战法则，战地可分为散地、轻地、争地、交地、衢地、重地、圮地、围地、死地等九类。诸侯在自己的领地内与敌作战，这样的地区叫作"散地"。进入敌境不深的地区作战，这样的地区叫作"轻地"。我先占领对我有利，敌先占领对敌有利的险

⑥诸、刿之勇也：像专诸、曹刿那样英勇无畏。诸，专诸，春秋时吴国的勇士。公元前515年，专诸在吴公子光（即阖庐）招待吴王僚的宴席上，用藏于鱼腹的剑刺死吴王僚，自己也当场被杀；刿，曹刿，春秋时期鲁国的武士。在齐鲁柯地（今山东东阿）会盟上，他劫持齐桓公，迫使齐同鲁订主盟约，收回为齐所侵的鲁国土地。⑦率然：古代传说中的一种蛇。⑧衢地，吾将固其结：遇上衢地，我们要巩固与诸侯国的结盟。⑨隳：毁坏、摧毁之意。⑩践墨随敌：践，是遵守、遵循的意思；墨，意为原则。

要地区，叫作“争地”。我军可以去，敌军可以来的平坦地区，叫作“交地”。诸侯之地，三面连接邻国，先至其要冲，据其形势，结交诸侯国并取得多数支持的，叫作“衢地”。进入敌境纵深，越过许多敌国城邑的地区，叫作“重地”。山林、险阻、沼泽等凡是道路难行的地区，叫作“圮地”。进入的道路狭隘，退出的道路迂回，敌人以少数兵力能击败我众多兵力的地区，叫作“围地”。迅速奋战则能生存，不迅速奋战就会被消灭的地区，叫作“死地”。在“散地”不要交战；在“轻地”应该深入，不可停留；遇“争地”应先敌占领，不可强攻，延误时机；在“交地”各部队要互相连接，不可断绝，以防敌人截击；在“衢地”应结交邻国；在“重地”则应夺取物资，就地补给；在“圮地”则应速行而去；在“围地”则应巧用计谋；在“死地”要顽强奋战，死中求生。

古代所谓善于用兵的人，能使敌人前后无法相顾及，大部队与小部队无法相依持，官兵无法相救援，上下隔断，无法收拢，士兵溃散，无法聚集，即使聚合，也不能再整齐。坚持有利就行动，不利就停止的原则。试问：“敌军众多而且阵势齐整，将向我进攻，该如何对待呢？”回答是：“先夺取敌人的要害之处，这样，敌人就会被迫听从我的摆布了。”用兵之法，贵在神速，乘敌人措手不及之时，走敌人意料不到的道路，攻击敌人不加戒备的地方。

所有进入敌国作战的原则：深入敌境则军心专一，敌军无法胜我；在富饶地区夺取粮食，保障三军有充足的粮食给养；注意休养士兵，勿使劳苦，提高士气，积蓄力量；用兵作战，巧设计谋，使敌人无法预测。把部队置于无路可走的危地，死也不会败退；既然死都不怕，怎么会不得士卒尽力作战呢？士兵深陷危地，就无所畏惧；无路可走，军心就能稳固；深入敌国，就人心专一而不涣散；势不得已，就会拼死战斗。因此，这样的军队不待整治就能加强戒备，不待苛求就自得一心，不待约束就能亲近相助，不待号令就能信守纪律。禁止占卜之类的迷信，消除疑惑谣言，即使战死也不退避。我军士兵把财物毁弃无余，并不是厌恶财物；不怕牺牲生命，并不是憎恶生命。当作战命令颁发的时候，坐着的士兵们的泪水沾湿了前襟，躺着的士兵们泪流满颊。把军队置于无路可走的境地，就都会像专诸、曹刿那样勇敢了。

因此，善于用兵打仗的人，就像“率然”一样。“率然”是常山的一种蛇，打它的头，尾巴就来救应，打它的尾，头就来救应，打它的中部，头尾就都来救应。请问："军队可以使它像率然一样吗？"回答是："可以。"吴国人与越国人历来互相仇视，可是，当他们同船渡河时，遇到大风，也能互相救援，像左右手一样。因此，想用系联马匹、埋起车轮的办法稳定军心，那是不可靠的。要使全军力齐气勇、万众如一，在于军政得法；要使强弱都各得其用、各尽其力，在于恰当地利用地形。善于用兵的人，使用三军之众就像提携一人之手那样，这是由于把士卒置于死地而不得已造成的。

指挥作战这种事情，要沉着冷静，幽深莫测，严肃认真而有条不紊。能蒙蔽士兵的耳目，使他们不能识破；驻军常改变驻地，进军迂回绕道，使人们无法推断行动意图。将帅对士卒约束、告诫，要像使其登高而抽去梯子一样，使他们有进无退。率领军队深入诸侯国土，要像击发弩机一样，使其一往直前。烧掉船只，砸烂军锅，表示必死决心，像驱赶羊群一样，赶过去，赶过来，使他们不知道到底要到哪里去。聚集全军将士，置于危险的境地，使他们拼死奋战，这便是将军的责任。根据不同地形地势采取不同的作战方针，适应情况，伸缩进退，择其所利，掌握士兵在不同的情况下的情绪变化。这些，都是值得认真研究的。

出国作战的原则，进入敌境越深，士兵就越团结一心，越浅，士卒越容易离散。离开本国进入敌国作战的地区，叫作"绝地"；四通八达于旁国的地区，叫作"衢地"；进入敌国纵深的地区，叫作"重地"；进入敌国不深的地区，叫作"轻地"；背后险固前路狭窄的地区，叫作"围地"；无处可走的地区，叫作"死地"。因此，在"散地"（战则易散之地），我就要统一意志坚守；在"轻地"，我就要使部队紧密连接；遇"争地"（险阻必争之地），我就要迅速出兵到敌人的后面，做到后人发、先人至；在"交地"（往来交通之地），我就要谨慎防守；在"衢地"，我就要巩固与诸侯国的结交；在"重地"，我就要保证军队食粮的不断供应；在"圮地"（塌坏难行之地），我就要迅速通过这条路；在"围地"，我就要堵塞缺口；在"死地"，我要昭示死战的决心。所以士卒的心情状态，被包围就会协力抵御，势不得已就会拼死战斗，深陷危险的境地，就会听从指挥。

所以说不了解诸侯的计谋，就不能与它们结交；不熟悉山林、险阻、沼泽等地形的，就不能行军；不使用向导的，就不能得地利。对于“九地”的利害，有一种不了解，就不能算是“霸王”的军队。“霸王”的军队，攻打大国，能使其军民不得会聚；兵威凌压敌国，可使其结交的国家不得前来相援救。因此，不必争着和别的诸侯国结交，也不必在别的诸侯国培植自己的权势，只要依靠自己的力量，把威力加之于敌，就能拔取其城邑，毁灭其国家。施行超出常法的将赏，颁发打破常规的号令。使用三军之众如同使唤一个人一样。驱使士兵执行战斗任务，而不告诉他们的意图；驱使士兵，只告诉他们有利一面，而不告诉他们其中有什么危害；把士兵投入危地，然后各自为战而得存，把士兵陷入“死地”，然后人皆奋勇而得生。士兵陷于患害的境地，才能取得胜利。指挥作战，在于假装顺从敌人意愿，只要有机可乘，便集中兵力指向

敌人一点，这样做，即使长驱千里，也可斩杀敌将，这就是所谓以巧而能成事的意思。

当决定战争行动的时候，就要夷塞关口，废除通行凭证，停止与敌人的使节往来，廊庙上君臣上下严厉对待，以责成军机不可外泄的事。一旦发现敌人有隙可乘，就要乘机行动。要夺取敌人最关紧要的地方，而不要同敌人约期交战。实施计划要随着敌情的变化而不断改变，以求战争的胜利。因此，一开始应像处女一样沉静，以示其弱，使敌人产生误解，开启可攻之门后，应像脱兔一样迅速，使对方无还手之力。

李朔雪夜袭蔡州

唐朝在安史之乱后，国家开始从鼎盛走向衰弱，各地出现了藩镇割据的局面。各地节度使割据一方，独揽军政、财政大权，营造自己的独立王国，并在实力雄厚时抗拒朝廷。藩镇割据势力的发展，进一步削弱了唐王朝的统治。唐王朝为了维护统一的局面，恢复中央集权，并在国家财力比较丰厚和边疆形势缓和的情况下，开始致力于削平藩镇割据。公元807年，唐宪宗顺利地平定了西川、夏绥、镇海三镇的叛乱，开始向淮西、成德的割据势力讨伐。李朔奇袭蔡州就是唐朝廷军队平定淮西节度使吴元济割据势力的战例。在这场奇袭战中，李朔针对士兵因屡战屡败而产生的厌战心理，制订了利用险峻的地形和恶劣的天气袭击敌人的策略，以此稳定士兵的情绪，坚定他们殊死作战的决心。最后，他的军队在雪夜攻下蔡州城，活捉了吴元济。这场战斗的胜利，对平定淮西、成德的藩镇割据势力起了决定性的作用。

公元814年，淮西节度使吴少阳病死，其子吴元济自己承袭了吴少阳之职，拒纳唐朝吊祭使者，并且发兵在今河南舞阳、叶县、鲁山一带四处烧杀掳掠。唐宪宗决定对他用兵讨伐。朝廷调集军队从四面进攻淮西，其中南、北方向的军队曾稍有些进展；东、西路军则被淮西军击败。公元815年至816年间，唐廷曾多次调整淮西的东、西路军的统帅。朝廷派唐邓节度使高霞寓接任原西路军将领严绥，而高霞寓在朗山的一次战斗中击败淮西军后，不久就在铁城大败。其后，再换袁滋接替高霞寓，在仍没有什么进展的情况下，公元816年，宪宗任命李朔代替袁滋，继续担负从西面进攻淮西的任务。可以说，李朔是在四路军屡战屡败的情况下上任的。

公元817年正月，李朔到达蔡州。当时，唐军在连败之后，士气低落，士兵都十分惧怕作战。李朔上任后对士兵说："天子知道我李朔柔懦，能忍受战败之耻，所以派我来安抚你们。至于攻城进取，那不是我的事。"士卒们听了李朔的这些话，才稍稍安下心来。

李朔针对官兵们的这种心理状态，首先做了许多安定军心的工作。他亲自慰问士卒，抚恤伤病者。当地由于战乱频繁，大批老百姓逃往他乡。李朔派人安抚当地百姓，用他的军队保护他们。在军中，李朔也不讲究长官的威严，不强调军政的严整。他的这些行动，一方面安抚了士兵，另一方面也是向敌人表示无所作为。他的行动果然麻痹了吴元济，吴元济对这位上任前名位不高，也没有什么名的唐军将领放松了戒备。

在将士情绪稍稳定一些后，李朔着手修理器械，训练军队，提高军队的战斗力。他制订并实行了优待俘虏及降军家属的政策，在先后俘获了吴元济手下的将领丁立良、陈光洽、吴秀琳、李佑等人后，对他们给予信任，并且委以官职，并通过他们逐渐摸清了淮西军的险易虚实。

同年5月，李朔攻占了蔡州的一些外围要点并占领了蔡州以南的白狗、汶港、楚城等地，切断了蔡州与附近申州、光州的联系。5月26日，李朔派兵攻打朗山，淮西军队前来救援，唐军遭到内外夹击而失利。他手下诸将都懊丧不已，但李朔并不气馁，他说："我如连战皆胜，敌必戒备。此次败北，正可麻痹敌军，为以后攻其不备奠定基础。"他在战后招募了敢死的士兵三千人，早晚亲自训练，以增加军队的突击力，为袭击蔡州作准备。

9月28日，李朔经过周密准备，率军出其不意地攻占了吴房（今河南遂平）外城，淮西军千余人被歼，其余人退到内城坚守。李朔命军队佯退诱敌，淮西军以骑兵五百追击唐军，官兵受惊欲退，李朔下令道："敢后退者斩。"于是唐军又回军力战，击退敌军。将士们要乘胜追击攻取其城，李朔不同意，他认为，如不取此城，敌人必分兵守之，而敌人兵力分散，正好利于夺取蔡州，因此他下令还营。这时，降将李佑向李朔建议："蔡州的精兵都在洄曲及周围据守，蔡州城内都是些老弱兵卒，可以乘虚直抵蔡州城，等外边的叛军听到消息，吴元济已经被擒了。"李佑的意见，正好与李朔的想法不谋而合。

10月，李朔见袭击蔡州的条件已经成熟，便开始部署袭击蔡州计划：李朔命随州刺史史旻镇守文城栅；命降将李佑、李忠义率三千士兵为前驱，自己率三千人为中军，李进诚率三千人为后军，奇袭蔡州。为严守行动秘密，军队从文城栅出发时，李朔不告诉他们行动的目的地，只命令说：往东前进。这一天天气阴晦，风雪交加，军队东行六十里后，到达张柴村。李朔率军迅速袭破了这个村子，全歼淮西军布置在这里的守军及通报紧急情况的烽火兵，抢占了这一要地。李朔命令士兵稍事休息，吃点干粮，并布置留下五百

人截断桥梁，以防洄曲方面的淮西军回救蔡州，另留五百人警戒朗山方向的救兵。布置完毕后，李朔亲自带领部队乘夜冒雪继续向东急进。将领们请示去哪里，李朔告诉他们：去蔡州城捉拿吴元济！将士们听了都大惊失色，以为此去必死无疑。这夜的天气异常寒冷，大风夹着大雪，旌旗也被风撕裂，沿路都可看见冻死的兵士和马匹，军队所经的道路非常险峻，尽是从未走过的。因为李朔宣布了严格的军纪，因而没有人敢违抗。军队继续行进了七十里，赶到蔡州时，天还没亮。近城处有个鹅鸭地，李朔命令惊打鹅鸭以掩盖军队行进的声音，分散淮西军的注意力。

自从吴少阳抗拒朝廷以来，唐军不到蔡州城下已有三十多年了，因此蔡州城的戒备松弛，淮西军未作防范。李朔的军队很快进入蔡州城并占领了战略要地。天明雪止之时，有人告诉吴元济说，唐军已至并占领了蔡州。这时，吴元济根本不相信唐军会来得如此迅速，后来听到李朔的号令，才仓促率兵亲登上牙城（内城）应战。蔡州民众帮助唐军火烧内城南门，唐军破门擒获吴元济。当时，吴元济的部将董重质拥有精兵一万据守洄曲，李朔派人厚抚董重质的家属，叫董重质之子前往招降董军，使这部分淮西军归降朝廷。唐廷北路军此时也占据洄曲。申、光二州的守兵见蔡州已破，也先后投降，淮西平定吴元济之战至此宣告结束。

淮西藩镇平定后，成德方面的割据势力慑于唐军的压力，也先后上表归顺朝廷。淮西、成德为唐代藩镇割据势力中的强镇，这两个藩镇的削平与归顺，使唐王朝又获得了暂时的统一。

从李朔奇袭蔡州而取胜的过程可以看出，李朔不仅通晓孙子所说的一些重要的用兵原则，如示弱惑敌、速战速决、避实击虚等等，而且他还善于根据士兵的心理状态，利用地形、气候等作战条件对士兵心理的影响，确保军队战斗力的充分发挥。这就是《孙子兵法·九地篇》所说的"投之亡地然后存，陷之死地然后生"。李朔很清楚他所率领的是一支多次战败、士气受到影响的军队，要想让这支军队有战斗力，就必须将士兵置于恶劣的环境中，那时，"士兵甚陷则不惧，无所往则固，深入则拘，不得已而斗"。因此，他选择了风雪严寒之夜，让士兵"由不虞之道，攻其所不戒"，最后一举成功。李朔的因势利导、因情用兵以及他将兵法原则与地理条件相结合的出色作战指挥，奠定了其在中国军事史上的地位。

眉批：**火攻篇**

谈论火攻，不能不涉及天文，而天文在中国文化中是最早发达起来的。历代著名军事家无不深谙天文知识，最早把天文知识运用于战争的杰出代表，孙子是其中之一。

零壹贰 / **火攻篇**

阅读提示：本篇讲述了火攻的目的、种类、条件及实施方法。在古代战争中，火攻是一种特殊有效的作战手段。

孙子曰：凡火攻有五：一曰火人，二曰火积，三日火辎，四曰火库，五曰火队。行火必有因，烟火必素具[①]，发火有时，起火有日。时者，天之燥也；日者，月在箕、壁、翼、轸[②]也。凡此四宿者，风起之日也。

凡火攻，必因五火之变而应之。火发于内，则早应之于外。火发而其兵静者，待而勿攻，极其火力，可从而从之，不可从而止。火可

①烟火必素具：烟火，指火攻的器具燃料等物；素，经常的意思；具，准备妥当。②箕、壁、翼、轸：中国古代星宿之名称，是二十八宿中的四个。

发于外，无待于内，以时发之。火发上风，无攻下风。昼风久，夜风止。凡军必知有五火之变，以数守之。

故以火佐攻者明，以水佐攻者强。水可以绝，不可以夺。

夫战胜攻取，而不修其功者凶，命曰费留[3]。故曰：明主虑之，良将修之。非利不动，非得不用[4]，非危不战。主不可以怒而兴师，将不可以愠[5]而致战。合于利而动，不合于利而止。怒可以复喜，愠可以复悦；亡国不可以复存，死者不可以复生。故明君慎之，良将警之；此安国全军之道也。

孙子说：火攻有五种，一是烧敌人员，二是烧敌储备，三是烧敌辎重，四是烧敌仓库，五是烧运输设施。实施火攻必须具备一定的条件，火攻器材必须事先准备。火攻要看天时，放火要选日子。所谓天时是指干燥的季节。日子，就是指有风的日子。

凡是进行火攻，必须根据上述五种火攻目标而派遣适当兵力配合作战。如果从敌人内部放火，就应预先派兵从外部策应。如果火已烧起而敌军仍然很镇静，就要等待一下，不能立即进攻，让火势烧到猛烈的时候，再根据情况可攻就攻，不可攻就停止。火可以在敌营外面放，那就不必等待内应，只要时机和条件成熟就可以放火。在上风放火，不要从下风进攻。白天风吹久了，夜晚风就会停止。军队必须懂得火攻方法的灵活运用，要根据气象的条件来实施。

用火辅助进攻，效果显著；用水辅助进攻，威力强大。但水只能断绝敌人的联系，却不能夺取敌军的实力。

凡是攻占城池，而不能取得成功，那是很不利的，那就叫作“费留”。因此，有聪明才智的君主要慎重地考虑这个问题，优秀的将帅要认真地处理这个问题。如果形势不利就不要行动，没有胜利把握就不要出兵，不到危急关头就不要作战。国君切不可因一时恼怒而兴兵，将帅也不可因一时愤恨而交战。符合我们的利益就行动，不符合我们的利益就停止。因为恼怒可以恢复到欢喜，愤恨可以恢复到高兴，然而国亡就不能复存，人死就不能复生。所以英明的君主对战争要慎重考虑。优秀的将帅对战争也要警惕，不能因一时的怒气而去交战。这是安定国家保存军队的基本原则。

③命曰费留：指若不及时赏赐，将士不用命，致使战事拖延或失败，军费将如流水般逝去。命，命名；费留，吝财、不及时论功行赏。④非得不用：不能取胜就不要用兵。⑤愠：恼怒、怨愤。

赤壁之战

曹操在公元200年的官渡之战中击败袁绍后，分别于公元204年、207年取得了攻取邺城、北征乌桓的胜利，一举消灭了袁绍集团的残余势力，占领了徐、兖、豫、并、青、冀、幽，统一了北方。接连而来的胜利，增强了曹操早日统一天下的雄心，他开始积极准备南下消灭南方的割据势力，统一全国。曹操咄咄逼人的攻势，促成了南方两个主要割据势力——东吴孙权与荆州刘备的联合。孙、刘联军精确地分析了曹军的兵力、作战的特点及长短处、战场条件等客观情况，找出了曹军不善水战的致命弱点，决定采取以长去短、以火助攻的作战方针，出其不意地以火攻击败曹军，促成了三国鼎立形势的形成，同时也创造了一个以火攻战胜强敌的典型战例。

公元208年春，曹操在邺城训练水军，准备向南方进军，同时

派人到凉州拉拢马腾及其子马超，分别授予他们卫尉和偏将军之职，以避免南下进军时他们父子作乱，使其侧后受到威胁。

曹操南下进攻的目标是荆州的刘表和东吴的孙权。荆州刘表年老多病，无所作为，只求偏安一方。其子刘琦、刘琮为争夺继承权而相互争斗，内部不稳。在官渡之战时投奔袁绍的刘备这时投奔了刘表，刘表让他屯兵新野、樊城，为自己据守阻止曹军南下的门户。这时的刘备虽寄人篱下，但仍是雄心勃勃。他乘此机会积极扩充军队，访求人才，争取荆州地主集团的支持。当时他已经拥有了诸葛亮、关羽、张飞、赵云等谋士、猛将，想在时机成熟时取代刘表，占据荆州，夺取全国统治权。曹操南下进攻的另一重要目标是东吴的孙权，孙权当时占有扬州的吴郡、会稽、丹阳、庐江、豫章、九江等六郡，势力较强。孙权拥有精兵十万，在周瑜、鲁肃、张昭、程普、黄盖等人的辅助下，其统治基础牢固，内部也比较团结，加上他们拥有长江天险，因此成为曹操统一天下的主要障碍。

当曹操还在忙于消灭袁氏势力时，孙权的手下鲁肃便提出应乘曹操忙于北方战争的时机去消灭江夏太守黄祖，占领荆州，以控制长江流域。公元203年，孙权按照鲁肃的建议，开始讨伐黄祖。黄祖退守夏口，孙权围攻不克。至公元208年，孙权突破黄祖防线，打败了黄祖，占领了江夏。这时，曹操怕荆州被孙权抢先占领，遂出兵荆州。这年7月，曹操率步骑数十万大举南下。8月，刘表病死，其子刘琮继位。当曹军逼境时，刘琮不战而降。

这时，刘备正在樊城训练军队，准备应战。他听到刘琮投降的消息时，曹操的军队已经到达宛城，离樊城很近了。刘备自知自己的力量抵挡不了声势浩大的曹军，便率领随行人员向江陵退却。曹操怕江陵被刘备占领，便亲率轻骑五千日夜兼程猛追，一昼夜行三百余里，在长坂坡追上刘备。刘备猝不及防，被曹操打败，仅同诸葛亮、张飞、赵云等几十骑向夏口方向退却，与刘表长子刘琦会合。这时，他们仅有水兵、步兵各一万，退守在长江南岸的樊口。

曹操顺利地占领了江陵，除获得刘表的降兵八万外，还获得了大量的军事物资。曹操意欲顺流而下，占领整个长江以东地区。这时他的谋士贾诩建议利用荆州的丰富资源，休养军民，巩固新占地区，然后再以强大优势迫降孙权。曹操由于一路进展顺利，滋长了轻敌情绪，没有听取贾诩的意见，坚持继续向江东进军。

曹操占领江陵后，不仅刘备感到了即将被吞没的危险，东吴的孙权也感到了战火即将烧到他的身边。局势的发展，迫使刘备、孙权都产生了联合抗曹的意向。这时，东吴派鲁肃以为刘表吊丧为名，急切地前往荆州探听虚实。鲁肃到达夏口时，听到刘琮投降、刘备南撤的消息。鲁肃在当阳遇见刘备，建议刘备与孙权联合抗击曹操，刘备欣然同意，并派诸葛亮同鲁肃一起去拜见孙权。

诸葛亮见到孙权后，看出孙权对刘备的实力有所怀疑，便说服孙权，刘备虽然在长坂坡战败，但是还有关羽、刘琦率领的水陆精锐两万多人。曹军远道而来，经过长途跋涉，已经很疲乏了，几战之后，已经是强弩之末，没有多大劲头了，而且北方人不习惯水上作战；荆州民众也不是真心归附曹操，如果孙、刘两家能同心协力，联合抗曹，一定能击败曹军，造就三足鼎立的形势。孙权听了诸葛亮的分析后增强了联合抗曹的信心，决定与刘备合作，携手抗曹。

但是东吴内部在如何对付曹操的问题上，存在着两种不同的态度。以张昭为代表的东吴官员主张不抵抗曹军，而鲁肃等人则坚决反对投降。鲁肃劝孙权将周瑜从鄱阳召回商讨对策。周瑜赶回来后，和鲁肃一起力劝孙权坚定抗曹决心。他认为，曹操虽然统一了北方，但是他的后方局势并不稳定。现在曹操舍弃北方军队善于骑战的长处，与我们作水上争斗，是以其短击我之长；况且现在适值隆冬，曹军必然会出现给养不足；北方士兵远涉江湖之间，水土不服，必生疾病。这些都是用兵的大忌。曹操不顾忌这些不利因素，必然会导致失败。针对曹操的兵力情况，周瑜也作了分析。周瑜说：曹操号称拥有水陆兵力八十万，但都已经疲惫不堪；所得刘表的军队，最多七八万，他们心存疑惧，没有斗志。这样的军队，人数虽多但并不可怕。周瑜请求孙权给他精兵五万，便足以打败曹操。孙权听完周瑜对曹军兵力、作战特点、战场条件的分析，决定与刘备联合抗击曹操。孙权拨精兵三万，任命周瑜、程普为左右都督，鲁肃为赞军校尉，率领军队逆江而上，和刘备军队会合，共同抗击曹操。

这时在夏口的刘备面对日益逼近的曹军，心中非常焦急，每天派人探听孙权军队的消息。公元208年10月的一天，他得到了孙权水军到来的报告，就急忙派人慰劳，并且亲自乘船迎接周瑜。刘、孙联军会合后，继续沿长江西上，到赤壁与曹军的先头部队遭遇。联军击败了曹军的先头部队，曹军退回江北的乌林与主力会合，双方在赤壁一带隔江对峙。

曹军的情况正如周瑜、诸葛亮所预料的那样，正流行着疾病，同时曹军多半不习水性，受不了江上风浪的颠簸。曹操针对这一情况，命令手下将战船用铁索联结在一起，在船上铺上木板，以减少船身的摇晃。这样做船确实平稳多了，但却彼此牵制，行动不便。曹军铁索连船的弱点，被周瑜部将黄盖发现了，他向周瑜建议说：我军兵力少，不宜与曹军长期相持，必须设法破敌。现在曹军把战船首尾连接，我们可以采用火攻的方法将他们击败。黄盖的建议使周瑜受到启发，他制订了以黄盖假降接近曹营，然后放火奇袭曹军战船以乱曹军的作战计划。他要黄盖写了封降书，派人送到江北曹营。曹操接到降书后深信不疑，还与送信人约定了投降的时间与信号。黄盖带领十艘大船，向北岸急驶而去，船上装满干柴草，里面浸上油液，外面用布裹上伪装，插上约定的旗号，同时预备好快船系在大船之后，以便放火后换乘。快接近曹军水寨时，黄盖命士兵举火，并齐声呼喊："黄盖来投降了！"曹军以为真的是黄盖来投降了，纷纷走出船舱观望。这时，黄盖的船只已经靠近了水寨，十艘大船的士兵同时放火，冲向曹军水寨，然后跳上小艇退去，这时的天空正刮着猛烈的东南风，顷刻间，曹军的战船都燃烧起来。火势一直蔓延到了岸上，曹营的官兵被这突如其来的大火烧得惊慌失措，在一片慌乱之中，曹军士兵被烧死、溺死、互相踩死的不计其数。孙、刘联军乘势猛杀过来，将曹军杀得人仰船翻。曹操被迫率领残兵败将从陆路经华容道向江陵方向撤退。在泥泞的道路上，曹军战马陷入泥潭之中，曹操派人到处寻找枯枝杂草垫路，才使骑兵勉强通过。孙、刘联军水陆并进实行追击，一直追到南郡（今湖北江陵境内）。曹操留曹仁、徐晃驻守江陵，乐进驻守襄阳，自率残余部队退回北方。赤壁之战以孙权、刘备的胜利和曹操的失败而告结束。

纵观赤壁之战全过程，可见曹操的失败绝非偶然。曹操依仗其兵力优势，在一路进展顺利的情况中难以保持清醒的头脑，产生了骄傲轻敌的情绪，以己之短击敌之长，使自己的优势丧失；在受降的过程中又疏于戒备，面对奇袭惊慌失措，猝不及防，最终导致了失败。而孙、刘联军则善于利用自己的有利条件，在发现敌军的弱点时，果断实施火攻，一举战胜强敌。在实施火攻过程中，周瑜、刘备完全遵循了《孙子兵法·火攻篇》中提出的实施火攻的原则、步骤与方法，即事先准备好火具，选择干燥有风的天气。放火之后，乘敌混乱之时以配合进攻敌军，做到了“火发于内，则早应之于外”。赤壁之战的以弱胜强，为《孙子兵法·火攻篇》作了成功的史证。

零壹叁／**用间篇**

阅读提示：本篇主要讲述间谍在战争中的作用。孙子指出，先

了解敌情“不可取于鬼神，不可象于事，不可验于度，必取于人，知敌之情者也”。他十分注重战前的侦察工作，认为对胜负有直接作用。

孙子曰：凡兴师十万，出征千里，百姓之费，公家之奉，日费千金。内外骚动，怠于道路，不得操事[1]者，七十万家。相守数年，以争一日之胜，而爱爵禄百金，不知敌之情者，不仁之至也，非人之将也，非主之佐也，非胜之主也。故明君贤将，所以动而胜人，成功出于众者，先知也。先知者不可取于鬼神，不可象于事，不可验于度[2]，必取于人，知敌之情者也。

故用间有五：有因间[3]，有内间，有反间，有死间，有生间。五间俱起，莫知其道，是谓神纪，人君之宝也。因间者，因其乡人而用之；内间者，因其官人而用之；反间者，因其敌间而用之；死间者，为诳事于外，令吾间知之，而传于敌间也；生间者，反报也。

故三军之事，莫亲于间，赏莫厚于间，事莫密于间。非圣智不能用间，非仁义不能使间，非微妙不能得间之实。微哉！微哉！无所不用间也！间事未发，而先闻者，闻与所告者皆死。

凡军之所欲击，城之所欲攻，人之所欲杀，必先知其守将、左右、谒者、门者、舍人之姓名，令吾间必索知之。

必索敌人之间来间我者，因而利之，导而舍之，故反间可得而用也。因是而知之，故乡间、内间可得而使也；因是而知之，故死间为诳事，可使告敌；因是而知之，故生间可使如期。五间之事．主必知之，知之必在于反间，故反间不可不厚也。

昔殷之兴也，伊挚在夏[4]；周之兴也，吕牙在殷。故惟明君贤将，能以上智为间者，必成大功。此兵之要，三军之所恃而动也。

孙子说：凡是动兵十万大军，出征千里，百姓的耗费，国家的开支，每天要花费千金。全国内外动荡不安，在道路上疲惫地奔走，而不能操持耕作的有七十万家。敌我相持几年，以争取胜利的一天，如果因为吝惜官爵、俸禄和金钱，导致不能了解敌情，那就是“不仁”了，他就不是军队的好将帅，不是国君的好助手，也不是胜利的主宰者。英明的国君，优秀的将帅，都有战胜敌人，超出一般人的预知力，因为他能事先了解敌人的情况。要事先了解敌人的

①操事：指操作农事。②不可验于度：指不能用验证日月星辰运行位置的办法去求知敌情。验，应验、验证；度，指日月星辰运行的度数（位置）。③因间：间谍的一种，即本篇下文所说的『乡间』。指依赖与敌人的乡亲关系，获取情报，或利用与敌军官兵的同乡关系，打入敌营从事间谍活动，获取情报。④伊挚在夏：伊挚，即伊尹。原为夏之臣，后归附南汤，南汤任用他为相，在灭夏过程中，伊尹发挥了很大的作用；夏，夏朝，大禹之子夏后所建立的中国历史上第一个奴隶制王朝，共传十七世，至夏桀时为商汤所灭。

情况，不能向鬼神卜问，也不能类比揣测，更不能用观察星象来判定。必须向了解敌情的人去索取。

使用间谍有五种：有因间，有内间，有反间，有死间，有生间。五种间谍一齐使用，会使敌人莫测高深，这种神妙的方法，是法宝。所谓因间，即利用同乡或土著为间谍；所谓内间，就是诱使敌方官吏为我所用；所谓反间，就是诱使敌方间谍为我所用；所谓死间，就是有意散布假情报于外，使我方间谍知道，而传给敌间；所谓生间，就是使我方间谍能够活着回来报告敌情。

因此军中没有比间谍更亲近的，奖赏没有比间谍更优厚的，事情没有比用间更秘密的。因此不是英明圣智的人不能使用间谍，不是仁慈慷慨的人不能利用间谍，不是精微巧妙的人不能取得间谍的真实情报。微妙呀！微妙到无处不用间谍了解情况。派

遣间谍的计划还没有执行，就被泄露的话，间谍和知道的人都要被处死。

凡是我军想要攻击的目标，想夺取的城邑，想杀掉的敌方人员，必须事先了解守城的将帅，及其左右亲信、掌管传达通报的官员、守门官吏、左右亲近官员等的姓名，务必令我方间谍探听清楚。

务必查出敌方派来侦察我军情况的间谍，进行收买利用，劝服并放他回去，这样他就成为反间，为我所用了。由于反间了解敌人内情，因而乡间、内间等就可以利用了；由于反间了解敌人内情，因而死间传播的假情报，就可通过他去告诉敌人；由于反间了解敌人内情，因而生间也可以照预定时间回来报告。五种间谍的使用，君主都必须懂得，其关键在于利用反间。所以对反间不可不给予优厚的待遇。

商朝的兴起，由于伊尹曾在夏朝很久；周朝的兴起，由于姜尚曾在殷朝很久。所以英明的君主，贤能的将帅，能用最有智慧的人去做间谍，必定能成大业。这是用兵作战的条件，部队都要靠他们所取得的情报而决定采取何种行动。

石勒用间

东汉以来，我国大西北一带的各少数民族逐渐向长城以内迁徙，开始在辽西、幽州、并州以及关陇等地生活。到了西晋时期，这些少数民族贵族已经与汉族人民犬牙交错地生活在一起，许多少数民族贵族深受汉族文化的影响，不同程度地走上了封建化道路。西晋统治集团建立在剥削与压榨人民基础上的腐蚀统治，激化了当时的阶级矛盾与民族矛盾。随后不久爆发的“八王之乱”，使得汉族与少数民族人民的生活更加处于水深火热之中，人民纷纷起来反抗西晋政权的统治。这一时期，四川爆发了流民爆动，流民起义的队伍在公元304年占领了成都；北方一些少数民族的首领这时也趁西晋政权摇摇欲坠之时而起兵反晋。匈奴贵族刘渊便是在流民占领成都的同年起兵的。当时他已自立为汉王，集结军队，立志要创立如冒顿单于一般的事业。与他几乎同时起兵的还有汉人王弥、羯人石勒。他们共同推举刘渊为主，给西晋统治者以有力的打击；同时，他们也各自拥有自己的割据势力，想在打败晋军的同时，发展自己的势力，以便有朝一日取代西晋王朝的统治。他们当中的石勒后来吞并了王弥，战胜了拥兵幽州的西晋大臣王浚，摆脱了刘氏集团自立为赵王，成为中国北方出现的十多个少数民族政权之一。石勒用间智取王浚发生在他自立为赵王之前。

石勒字世龙，羯族人，其家族世为部落小帅，到石勒这一代，部落小帅已无什么待遇可言，为了生活，石勒给商人与地主当过田客。后被西晋并州刺史司马腾捉住并送到冀州，贩卖到一个叫师欢的地主家里当耕奴。师欢见这个二十几岁的胡人相貌不俗，善于骑射，又勇敢有谋，怕他鼓动其他耕奴造反，就把他放了。石勒离开师欢家，投奔了晋朝廷养马地——马牧的小头目汲桑，并在茌平县一带组成“十八骑”。他们常常出入于专门繁殖名马赤龙、骐骥的场地，到远处劫掠珍宝，拿回来贿赂汲桑。

当成都王司马颖扶持晋惠帝失败被废后，他的部将公师藩等起兵赵、魏，要为司马颖报仇。石勒和汲桑就率牧人乘马场马匹数百骑前往响应。公师藩攻打邺城失败被杀，石勒与汲桑逃回马牧。他们在马牧劫掠郡县，释放囚犯，集山泽亡命之徒，其势力得到扩充。石勒、汲桑在一次战斗中失败，汲桑被晋军杀死，于是石勒带领自己的队伍投奔已在左国城称汉王的刘渊。

石勒投奔刘渊后，在三四年时间内东征西讨，攻城夺地，为汉国立下汗马功劳，成为维护汉国统治的一支劲旅。石勒的势力也在征战中不断发展、扩大。投奔刘渊的王弥在其势力得到扩大后，密谋要杀掉石勒，想吞并他的势力。石勒知道后，设计杀掉王弥，合并了他的全部人马。随着实力的不断增加，石勒称王的野心渐起。但是他表面上仍然遵从汉王，同时在他的统治范围中实行优待汉族地主及汉族知识分子的政策，把一批富有统治经验的汉族地主及汉族知识分子吸收到自己麾下。他的军师张宾就是其中之一，张宾为石勒建立“后赵”政权起到了极其重要的作用。

石勒合并王弥后，将攻击目标转向了西晋幽州刺史王浚。王浚在与石勒交战失败后，曾求助于鲜卑、乌桓人的支持，但鲜卑、乌桓人没有响应。这时，军师张宾分析了王浚兵势衰弱的境况，指出如果石勒现在表示归顺王浚，那么他一定会喜出望外。因此，张宾建议石勒智取王浚，而不要硬拼。张宾要石勒写一封词语谦恭的信，表示与他和好的诚意，并愿意隶属他，扶助他当皇帝。等到王浚对石勒疏于防备时，再乘其麻痹一举消灭他的势力。石勒同意了他的建议，并且马上开始依计行事。

石勒派他的门客王子春、董肇等人带书信和许多珍宝，去见王浚。石勒在信中推崇王浚为天子，而自己只是一无名小卒，“我所以投身于兴义除暴乱的事业，正是要为您扫除障碍。所以诚心希望您顺应天意民心，登基称帝。我石勒崇敬拥戴您就像对待自己的父母一样，您也应明察我的诚意苦心，将我像儿子一样看待”。在给王浚上书献宝的同时，石勒还要王子春以重金笼络了王浚的心腹枣嵩。王浚见石勒归顺于他十分高兴，把王子春等人

封为列候。并派使者以地方特产答谢他。王浚的司马游统密谋叛变，派使者骑马向石勒请降，石勒杀了使者，并送给王浚，以此表示自己的诚实无欺。王浚此时便更加信任石勒，不再存有什么疑心。

不久，王子春等人与王浚的使者一同回来，石勒下令隐藏起强壮的精兵和武器，显示出仓库空虚而军队软弱的样子，面向北拜见王浚的使者，接受王浚的书信。王浚送给石勒拂尘，石勒装做不敢拿，把它挂在墙上，每天早、晚都要敬拜这拂尘。石勒还派董肇向王浚上书，约定日期亲自到幽州去奉上皇帝的号。王浚的使者到幽州，就其所见陈述了石勒将寡兵弱和对王浚诚心不二的情况。王浚大喜，认为他确是可信任的。

石勒见王浚已相信了自己，便开始准备袭击王浚。他先叫回王子春，打听幽州的情况。子春说："幽州自从去年遭到了大水灾后，人民吃不到一粒粮食，而王浚却把百万粮食屯聚在仓里，不用来救济百姓。他的刑罚政治又极为苛刻残酷，对百姓征税纳赋十分频繁，残害贤臣良将，诛杀排斥进谏的谋士，下属因不能忍受，逃亡叛变的很多。鲜卑、乌桓人在外与他离心离德，枣嵩、田娇在内贪婪横暴，人心忧惧而动摇，军队虚弱而疲敝，而王浚却还要高筑台阁，大言不惭地说汉高祖、魏武帝都不足与他并论。"石勒听了王子春谈的情况，决定发兵袭击幽州，但他又怕并州刺史刘琨从背后袭击他。于是他与张宾商量如何应付刘琨。张宾建议石勒利用刘琨与王浚的矛盾，写信与刘琨讲和，请求刘琨允许他以讨伐王浚来将功补过。石勒按张宾所说，办妥了这件事，稳定了刘琨，解除了后患。

公元314年，石勒发兵袭击幽州。石勒率领轻兵日夜兼程向幽州进发。石勒军到达易水时，王浚的督护孙纬立即派人给王浚送消息，请求准备抵抗，王浚对他们说："石公到这儿来，正是要拥戴我当皇帝的，谁再说抗击的话，立刻杀头！"于是，王浚设筵等待石勒的到来。石勒在早晨赶到蓟县，喝叱守城的人开门。石勒因怀疑城内有埋伏，就先驱赶几千头牛羊，声称是献给王浚的礼品，实际上是堵塞街巷，使王浚的军队不能出战。王浚这时才意识到大势不好，开始坐卧不宁了。石勒派手下抓住了王浚，将他送回襄国杀死。石勒占据了幽州，吞并了王浚的军队，为不久以后自立为赵王奠定了基础。

石勒吞并王浚的过程，实际上也就是连续用间的过程。石勒的门客王子春作为生间，被石勒派往王浚营中，一方面投书结好王浚，一方面侦察王浚在幽州的政治、军事情况；石勒还以重金笼络、收买了王浚的心腹枣嵩，枣嵩作为石勒的内间，巩固了王浚对石勒的信任，使王浚对石勒的归顺更加深信不疑；石勒在王浚使者来访时，制造了一些假象让使者回去报告王浚。由于石勒较成功地连续用间，使得王浚完全陷入了错误的认识与判断之中。石勒则因用间而比较全面地掌握了敌军的情况，把握战机，为他最后的出奇制胜奠定了基础。从石勒战胜王浚的史实中可见，孙子所说的用间的重要性、要领以及方法，石勒都能熟练掌握并灵活运用于战争的实践之中，正因为如此，石勒才取得了幽州之战的胜利。

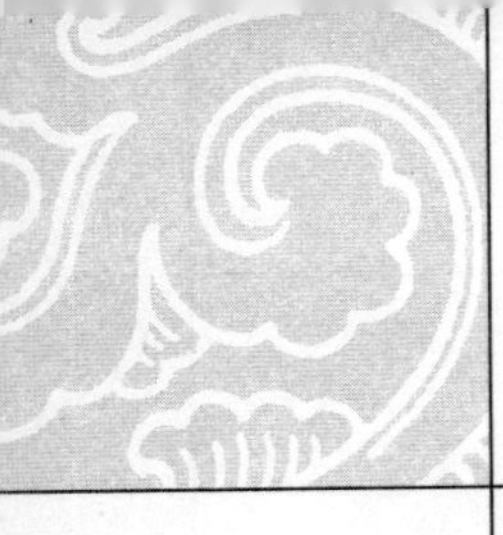

眉批：**瞒天过海**

东汉末年太史慈瞒天过海解救孔融，靠的是智勇兼备。

零零壹 / **瞒天过海**①

阅读提示：本篇主旨就在于运用假象迷惑对方，使其失去警觉。它的关键词就是“隐瞒”的“瞒”，使对方不知自己的真相、意图。在特定而复杂的情况下，这个“隐瞒者”还需要付出足够努力，这样才能让对方落入你指点的“迷津”。

备周则意怠②，常见则不疑。阴③在阳④之内，不在阳之对。太阳⑤，太阴。

如果对某种事情设防得太周密，结果会使意志松懈；平常看惯了的事情，就不容易引起疑心。阴谋藏在公开的行动之中，而不是与公开行动相对立的。最公开的行动当中往往隐藏着最秘密的计谋。

①瞒天过海：计名出自《永乐大典·薛仁贵征辽事》：薛仁贵瞒着不愿渡海的唐太宗，使其在不知不觉中乘船渡海。『瞒天过海』一计，至今还常见于报端、文学书籍中。②意怠：意志松懈。③阴：阴与阳相对。代表阴柔的与阴暗的心理，泛指柔、暗、邪、静、寒、虚等。④阳：阳与阴相对。代表阳刚的与阳明的心理，泛指刚、明、正、动、暑、实等。⑤太阳：本指日头、日光，这里指人为的阳谋。看似坦荡光明，实则埋藏杀机。

眉批：**借刀杀人**

借刀杀人之计大可与孙子“用间”法互参。

零零贰／**围魏救赵**

阅读提示：此计出自战国时代孙膑“围魏救赵”的故事。

共敌①不如分敌，敌阳②不如敌阴③。

攻打兵力集中的正面之敌，应该先用计谋分散它的兵力，然后再各个击破。与其主动出兵攻打敌人，不如迂回到敌后虚弱的地方，伺机歼灭敌人。

零零叁／**借刀杀人①**

阅读提示：借刀杀人，即是为了保存自己的实力而巧妙地利用矛盾的策略。《兵经百字·借字》有云：“报于力则借敌之力，难于诛则借敌之刃。”借刀有明暗之分，有强借诱俗之别，能不费吹灰之力制敌手于死地且毫无蛛丝马迹方是高手。可借人力、物力、财力、势力，等等。此计是阴谋而非阳谋，平常之时，不可不防，非常之时，不可不用。

敌已明，友未定，引友杀敌，不自出力。以损②推演。

敌我力量相差悬殊，这是很清楚的，盟友的态度尚未确定所以要动员盟友，并指引它先去作战，打头阵，自己作它的后盾，那么自己就不会受到重大损失。这是从损卦推演出的计策。

零零肆／**以逸待劳①**

阅读提示：以逸待劳，以己之逸养我方之锐气，耗敌方之士气。“一鼓作气，再而衰，三而竭。”敌方既已懈怠，我方士气正盛，谋划已成，倾力出击，故能克敌。逸，必先能避开与敌对峙之势，躲其锋芒，寻求安定或相对安定之环境，以图自强，又必

①共敌：指兵力集中的强敌。②敌阳：古代兵法把先发制人的战略叫『敌阳』。③敌阴：古代兵法把伺机进击、后发制人的战略叫『敌阴』。

①借刀杀人：此计出自明代戏剧《三祝记》。该剧说的是北宋时期，范仲淹的政敌密谋策划，让没有打仗经验的范仲淹领兵征讨西夏，其目的是借兵强马壮的西夏军队这把『刀』除掉范仲淹。

②损：指《易经》中的损卦。

①以逸待劳：此计名出自《孙子兵法·军争篇》：『以近待远，以佚（同逸）待劳，以饱待饥，此治力者也。』

眉批：**声东击西**

声东击西之策与《孙子兵法》“攻其不备”的思想一脉相承。

能选择最恰当之时机，当己最盛之时而敌方则日益低迷之际，一战而决。

困敌之势，不以战；损刚益柔[②]。

如果使敌人处于困难的境地，不应直接出兵攻打，而应采取“损刚益柔”的办法，使敌由强盛转入衰弱。

零零伍／**趁火打劫[①]**

阅读提示：敌方发生混乱之情形不外乎有三种：一是内忧；二是外患；三是内外交害。这些混乱就是敌方之“火”，我方应抓住机会，乘势“打劫”，则敌人之势必大大削弱。“趁火打劫”的含义有：明助暗夺，入伙分利，乘危取利，落井下石。“打劫”的方法应值得注意，如套用不当，就会引火烧身。

敌之害大，就势取利，刚决柔也[②]。

如果发现敌方出现危难时，就应乘机进攻夺取胜利。这是强大者利用优势，抓住战机，制伏弱敌的策略。

零零陆／**声东击西[①]**

阅读提示：声东击西就是制造假象，扰敌视听，使其作出错误判断，然后趁其不备，攻其要害，夺取胜果。此计一般用于我方主动进攻之时。“声东”是虚，“击西”是实，使敌方以虚为实，然后避虚就实便是“声东击西”。

敌志乱萃[②]，不虞[③]，坤下兑上之象。利其不自主而取之。

敌人乱得像丛生的杂草一样，危机四伏，预料不到所发生的事

②损刚益柔：《六十四卦经讲·损》中说：『损刚益柔有时说的是损与益之间相互联系、相互转化的道理。』

①趁火打劫：此计名出自明代吴承恩的小说《西游记》，原意是乘别人家里发生火灾，处于一片混乱之时，乘机偷抢人家的财物。

眉批：**无中生有**

无中生有的“无”并非绝对没有，而是无中有“妙有”。

情，这是《易经》萃卦中所说的那种混乱溃败的象征。所以，应该利用敌人不能自主的时机，机动灵活地运用时东时西，似打似离，不攻而示他以攻，欲攻而又示之不攻等战术。进一步造成敌人错觉，出其不意地一举夺胜。

零零柒／**无中生有**①

阅读提示：“无”是迷惑敌人之假象，“有”是我方欲实现的真实意图。同时，“无”亦可指没有条件，“有”指创造出的条件，“无”既可直接生“有”，亦可间接生“有”，关键是要无破绽。无中生有一计有三种含义：凭空捏造、以假代真、无事生非。

②刚决柔也：这里指强大者乘机征服弱小者。

①声东击西：此计名出自唐代杜佑编纂的《通典》：『声言击东，其实击西。』《百战奇谋》中说：『声东而击西，声此而击彼；使敌人不知其所备，则我所攻者，敌人所不守也。』②萃：指丛生的野草，引出下文的萃卦。③不虞：意料不到。

①无中生有：此计出自《老子》第四十章『天下万物生于有，有生于无』。此计可指凭空捏造，栽赃陷害，广义上指采取虚实相交、真假相间的手段，用假象欺骗敌人，使其产生判断失误和行为错误的计谋。

诳也，非诳也，实其所诳也。少阴，太阴，太阳[2]。

利用假象欺骗敌人，但不是弄假到底，而是巧妙地由虚变实。这就是说，开始时用小的假象，接着用大的假象，最后使假象突然变成真相。

零零捌／**暗度陈仓[1]**

阅读提示："暗度陈仓"与"声东击西"相比只是目标暴露更明确、更单一，只求将敌人引至此地而非使之混乱。"明修栈道"者，掩敌耳目之用也，使敌人相信我方必沿栈道而攻并集结兵力把守，而令我方欲度之"陈仓"空虚，即时出击，敌方便难

②少阴、太阴、太阳：参见瞒天过海之计的注释。这里将三者并列说明阴阳相互过渡、相互转化的道理。

①暗度陈仓：《史记·高祖本纪》中记载：楚汉相争时，韩信攻打章邯，明里修从汉中到关中的山间栈道，暗中从陈仓小路杀出，使章邯大败。故得此计名。

于应付，遂可取胜。

示之以动，利其静而有主，益动而巽②。

故意暴露我方的行动，以牵制敌人在某地集结固守，然后再迂回到敌人的背后，发动突然袭击，攻敌不备，出奇制胜。

零零玖／**隔岸观火①**

阅读提示：使用此计的先决条件是“火”和“岸”：无“火”即无混乱局面，便无可“观”；无“岸”相隔作为凭依，也有风险。一般在自己不宜出战或无力出战之时，皆可采取“隔岸观火”之策。此计有三层含义：一要能坐得住，不轻举妄动；二是坐看敌人受损；三是坐收渔人之利。

阳乖序乱，阴以待逆。暴戾恣睢②，其势自毙。顺以动，豫；豫，顺以动。

在敌人内部矛盾激化、分崩瓦解之时，我方应静待敌方形势的恶化。敌人横暴凶残，相互仇杀，必将自取灭亡。我方要采取顺应的态度，相机行事，坐收渔利。

零壹零／**笑里藏刀①**

阅读提示：此计是典型的表里不一的两面派手法，面善而心毒。恶者善用此计，善者亦不必避而不用，我方力量相对较弱，敌我双方矛盾尚未明朗之时宜用。“笑”之分寸是此计一大关键，凡是计谋，一般都是要迷惑敌人，而此计更是如此，能使敌人毫不怀疑地接受便是适当。“笑”是为了“藏刀”，而“刀”终是要杀敌的，出“刀”要迅速果断、干净利落。

②益动而巽：充分发挥军事行动的灵活性，像风一样乘虚而入，迂回偷袭。

①隔岸观火：源自《孙子·军争篇》：『以治待敌，以静待哗。』此计原意是指在河的这边看对岸失火。比喻在别人出现危难时，袖手旁观，待其自毙，以便从中谋利。②暴戾恣睢：这里指横暴凶残，相互仇杀。

①笑里藏刀：此计的计名可追溯到唐代诗人白居易的诗作《天可度》：『看不见李义府之辈笑欣欣，笑中有刀潜杀人。』

眉批：**顺手牵羊**

人们做事，总是企求事半功倍，甚至取得一箭双雕的效果。那些投机取巧的人可要克服“顺手牵羊”的毛病啊！

信而安之，阴以图之；备而后动，勿使有变。刚中柔外[②]也。

设法使敌方相信我方是友好善意的，从而对我方不加戒备。我方则暗中策划，积极准备，待机而动，不要让敌方有所察觉而采取应变的措施。这是一种暗藏杀机、外示柔和的计谋。

零壹壹／**李代桃僵**[①]

阅读提示：此计中“李”指做出牺牲的一方，“桃”指受保全方。“桃”“李”必能相互替代，而“桃”比“李”更具重要性。李代桃僵原意是指李树代替桃树受虫蛀，用来比喻兄弟间的友爱互助，后广泛指相互替代、代人受过等行为。

势必有损，损阴以益阳[②]。

当局势发展到会有损失时，应该以牺牲局部来换取全局的胜利。

零壹贰／**顺手牵羊**[①]

阅读提示：顺手牵羊原指乘便牵走人家的羊。也就是瞅准空子，顺势“捞一把”的意思。喻在实现主要任务的过程中，伺机取利，得到意外收获。此计要点有二：一是不能放弃主要目的，不能以牺牲主要目的为代价，羊只是意外的猎物；二是“顺手”，倘若利益很难得到，那么最好还是做完了主要的再说。

微隙在所必乘，微利在所必得。少阴[②]，少阳[③]。

我方要善于捕捉时机，伺隙捣虚，变敌方小的疏漏而为我方小的得利。

②刚中柔外：这里指内藏杀机、外示柔和之意。

①李代桃僵：此计语出自《乐府诗集·鸡鸣》：『桃生露井上，李树生桃旁。虫来啮桃根，李树代桃僵。树木身相代，兄弟还相忘？』②损阴以益阳：阴指局部，阳指全局。意思是以局部为代价来换取全局的胜利。

①顺手牵羊：此计名出自关汉卿《单鞭夺槊》：『我也不听他说，被我把右手带住他马，左手揪着他眼札毛，顺手牵羊一般拈了他来了。』②少阴：阴之初始，比喻敌人的小漏洞。③少阳：阳之初始，比喻我方的小胜利。

零壹叁／**打草惊蛇**[1]

阅读提示：打草惊蛇作为一条计谋，指的是在敌情不明或敌情可疑时，先进行试探性的佯攻，诱使敌人将真实情况暴露出来。在充分了解敌情之后再采取行动，以防落入敌人圈套。“草”是蛇生活栖身的场所，与蛇最相关，动草蛇必知，打草必然惊蛇。以草观蛇，既伤不到自身又可明了敌情。

疑以叩[2]实，察而后动；复[3]者，阴之媒也。

发现可疑情况就应该弄清实情，只有在侦察清楚之后才能行动；反复了解和分析敌方的情况，这是发现阴谋的方法。

①打草惊蛇：此计名出自唐人段成式的《酉阳杂俎》，说的是唐代当涂县令王鲁贪赃敛财，搜刮民脂民膏。一天，当地百姓联名告发他手下的一个人受贿。王鲁见了状子，十分恐慌，生怕自己的不法行径也被揭露出来，便不由自主地在状子上批了八个字：『汝虽打草，吾已惊蛇。』②叩：询问，寻求。③复：《易经·复》：『往而复。』

对某些爱玩弄权术的人采用“借尸还魂”计谋，可是要当心啊！

零壹肆 / **借尸还魂**[1]

阅读提示：此计一般在处于被动或不利局面时使用，是一种无为而用的谋略，名为“借尸”，实际上是为了“还魂”。大凡已经有作为的事物，难以驾驭或控制，不可以加以利用；凡是尚没有作为的事物，往往要寻求依附而存在，便可以利用。

有用者，不可借；不能用者，求借。借不能用者而用之，匪[2]我求童蒙[3]，童蒙求我。

有作为的人，不会求助别人；无所作为的人，会求助于人。利用无所作为，并顺势控制它，不是我受别人支配，而是我支配别人。

①借尸还魂：此计名出自元代岳伯川杂剧《吕洞宾度铁拐李岳》中一则道教神仙故事。『借尸还魂』指假借外力或其他条件来恢复自身生机，东山再起。②匪：通『非』。③童蒙：《六十四卦经解·蒙》中说：『喻童子弱昧，必依附先生以强立，故曰童蒙。』童蒙即年幼无知的小孩，这里指受支配者。

零壹伍 / **调虎离山**①

阅读提示：智者引虎出山，于平阳捕之。良将审时度势，明察战局，诱敌以利，驱散以害，或用智谋激怒敌人使之阵脚混乱，行动错误，自蹈死地。

待天以困之，用人以诱之，往蹇来返②。

等待自然条件对敌人不利时再去围困敌人，用人为的假象去诱惑敌人，使他离开驻地，丧失优势，从而寸步难行，而我方则出其不意而致胜。

①调虎离山：《西游记》七十六回：「……正中了我的「调虎离山」之计。」「虎」喻强敌，「山」喻敌有利之地形、时机等条件，虎于山中则难以制伏，敌人在有利的条件下就难以战胜。

②往蹇来反：《易经·蹇》中说：「蹇，难也，险在前也，见险而能止，知矣哉。」

零壹陆 / **欲擒故纵**[①]

阅读提示：纵敌并非要使之日益强大，而是要消耗其体力，瓦解其斗志，以便在缓和的局势之中，顺利征服敌手。诸葛亮七擒孟获是为使之心悦诚服，永不悔叛。而项羽于鸿门宴上放走刘邦则终被其逼死乌江。当纵则纵，不当纵时切不可放过。

逼则反兵，走则减势。紧随勿迫，累其气力，消其斗志，散而后擒，兵不血刃。需，有孚，光[②]。

如果把敌人逼得走投无路，它就会拼命反扑；让敌人逃跑则可

①欲擒故纵：此计名出自《老子》第三十六章：『将欲歙之，必固张之；将软弱之，必固强之；将欲废之，必固兴之；将欲夺之，必固与之。』②光：光明。这里指战局前途光明。

以消减它的气势。对逃跑之敌应紧紧跟随，不能过于逼迫，借以消耗其体力，瓦解其斗志。等敌人士气低落、军心涣散时再去围攻它，这样就会避免不必要的流血牺牲。所以，不进逼敌人，并让其相信这一点，就能赢得战争的胜利。

零壹柒 / **抛砖引玉**①

阅读提示："抛砖"就是利用敌人爱占便宜的弱点，先给一些甜头，引诱其上钩，慢慢麻痹对方，使其付出更大代价，亦即"引玉"。抛砖引玉是一种先予后取的策略，甲方付出较少代价，却得到较多好处；做出较小牺牲，却赢得较大胜利。

类②以诱之，击蒙也。

用类似的东西诱惑敌人，使敌人上当受骗。

零壹捌 / **擒贼擒王**①

阅读提示：一军之中统帅是灵魂，地位举足轻重，擒得贼首，自然贼兵必败。凡事都有许多方面，每个方面的作用与重要性必有不同，能抓住关键的方面，其他方面也就迎刃而解。具体实行时可从三方面着手：一是擒其首领，群龙无首，必乱作一团；二是击其要害，抓住关键，就会事半功倍；三是提纲挈领，纲举目张，理清头绪，抓其主干，方可掌握全局。

摧其坚，夺其魁，以解其体。龙战于野，其道穷也②。

摧毁敌人的主力，擒住它的首领，就可以瓦解它的整体力量。就好像龙离开大海到陆地面临的绝境一样。

①抛砖引玉：此计名出自《传灯录》中的一个故事。相传唐代诗人常建非常钦佩赵嘏的诗才。有一次，常建听说赵嘏要去苏州灵隐寺，便事先在寺前一个显眼的地方写了两句意犹未尽的诗。赵嘏看后，果然在这两句诗的后面续了两句，成了一首完整的绝句诗。赵嘏续的两句比常建所写的两句诗要好，后人称常建这种做法为『抛砖引玉』。②类：同类，类似。

①擒贼擒王：此计语出自唐代诗人杜甫的九首《前出塞》诗之六：『挽弓当挽强，用箭当用长。射人先射马，擒贼先擒王。』②龙战于野，其道穷也：此语出自《易经·坤》，在这里比喻敌人面临绝境。

眉批：**釜底抽薪**

对很多社会中的恶劣现象，如欲根治，非治本不可，只有“釜底抽薪”才有实效。

零壹玖 / **釜底抽薪**①

阅读提示：在战争中，运用此计是在双方互相对垒、剑拔弩张的时候，避免正面的主力攻击，而从对方的背后和薄弱处去下工夫，断其后援，拆其后台，从而达到战胜对手的目的。

不敌其力②，而消其势③，兑下乾上之象④。

不直接攻打敌人最强的部位，而是间接地瓦解敌人的气势。也就是说用以柔克刚的办法转弱为强。

①釜底抽薪：此计系从北齐魏收所写的《为侯景叛移梁朝文》中一句『抽薪止沸，剪草除根』演绎而来，用来比喻处理一件事时，治标不如治本的意思。②不敌其力：敌，攻打；力，最坚强的部位。③势：气势。④兑下乾上之象：《易经》六十四卦中，履卦为『兑下乾上』，上卦为乾为天，下卦为兑为泽。又，兑为阴卦，为柔；乾为阳卦，为刚。兑在下，从循环关系和规律上说，下必冲上，于是出自『柔克刚』之象。此计正是此象理推衍之。

零贰零／混水摸鱼[①]

阅读提示：此计用于军事，是当混乱无主时，乘机夺取胜利的谋略。在混浊的水中，鱼儿辨不清方向，在复杂的战争中，弱小的一方经常会动摇不定，这里就有了可乘之机。更多的时候，这个可乘之机不能只靠等待，而应主动去创造。

乘其阴[②]乱，利其弱而无主。随，以向晦入宴息[③]。

趁敌人内部处于混乱之际，利用其虚弱而无主见的条件，迫使敌人随从我方的意志，就像人到了夜晚一定要入室休息一样。

①混水摸鱼：此计出自《三国志·蜀志先主传》，原意是指在混浊的水中，鱼晕头转向之时乘机摸鱼，可以得到意外的好处。②阴：内部。③随，以向晦入宴息：随，随从、顺从；晦者，冥也，暮夜也；宴，安也。意思是说，人随从天时而作息，夜晚灭烛要进入寝室去休息。

眉批：**金蝉脱壳**

看《三国演义》，诸葛亮第六次出祁山，病死五丈原军中。他死后，却秘不发丧，留个“壳”在那里，吓得魏军止步不前。这就是金蝉脱壳计的一次妙用。

①金蝉脱壳：此计语出自元代《元曲选·朱砂担》第一折。②巽而止蛊：此语见《易经·蛊》。巽，退让；蛊，顺事。这里可解为暗中转移兵力，安然躲过战乱之危。

零贰壹／**金蝉脱壳**[1]

阅读提示：“金蝉脱壳”是一种比喻，本意是指寒蝉在蜕变时，本身脱离皮壳飞去，只留下一个空壳在枝头。施诸于谋略，是指在危急存亡关头，用伪装、掩蔽或欺骗的手段瞒住对方，以求暗里逃遁。“金蝉脱壳”也是三十六计中“走为上计”中的一种“走”的方式。施用此计，往往是在形势处于极端不利的情况下，拼不得，退不成，不得不施谋用计突出重围，以求东山再起。所以是一种权宜之计。

存其形，完其势，友不疑，敌不动。巽而止，蛊[2]。

保留阵地原有外形，保持原有气势，使友军没有疑心，敌人不

敢轻举妄动。我军却秘密转移主力，稳住敌人，乘敌不惊疑之际脱离险境。

零贰贰 / **关门捉贼**①

阅读提示：这里所说的“贼”，是指那些善于偷袭的小部队，它的特点是行动诡秘，出没不定，行踪难测。它的数量不多，破坏性很大，常会乘我方不备，侵扰我军。所以，对这种“贼”，不可让其逃跑，而要断他的后路，聚而歼之。当然，此计运用得好，决不只限于“小贼”，甚至可以围歼敌主力部队。

小敌困之。剥，不利有攸往②。

对于弱小之敌，应包围起来歼灭。小股敌人力量虽弱，但行动灵活，不宜穷追猛打。

零贰叁 / **远交近攻**①

阅读提示：“远交近攻”之计属于制造和利用矛盾，分化瓦解敌方联盟，实行各个击破的战略。其关键是：当军事目标受到地理条件限制时，利于先攻取就近的敌人，不利于越过近敌去攻取远处的对手。如果能够同远处的对手取得暂时的联合，更利于各个击破。实行“远交近攻”之计，有助于集中力量应对眼前的敌人，并且将其置于孤立无援的境地。

形禁②势格③，利以近取，害以远隔。上火下泽④。

地理位置受到限制，形势发展受到阻碍时，攻击近处之敌对己有利，攻击远处之敌对己有害。火焰是向上蹿的，泽水是向低处流的，相互离违，矛盾，万事万物的发展变化都是这样，也就是使敌相互矛盾，而我方正好各个击破。

①关门捉贼：此计依据《草芦征略·游兵》，是指对弱小的敌军要采取四面包围、聚而歼之的谋略。如果让敌得以脱逃，情况就会十分复杂。穷追不舍，一怕它拼命抵抗，二怕中敌兵之计。②剥，不利有攸往：《易经·剥》中说：『剥，剥也；柔变刚也。不利有攸往，小人长也。』剥，裂开之意；攸往，所往之意。全句意思是对小股敌人要即时围困消灭，而不应去远袭。

①远交近攻：此计语出自《战国策·秦策三》：『王不如远交而近攻，得寸则王之寸，得尺亦王之尺也。』②形禁：形，地形；禁，禁止。③势格：势，形势；格，阻碍。④上火下泽：指《易经》中的睽卦。

零贰肆 / **假道伐虢**[1]

阅读提示："假道伐虢"是以借路渗透、扩展军事力量，从而不战而胜的谋略。其关键在于：对处于敌我双方中弱小的第三方，当敌人胁迫它屈服时，我方要立即出兵援救，借机把军事力量扩展出去。对处在窘迫状况下的第三方，光空谈而不付诸行动，是不会被其信任的。应抓住其侥幸图存的心里，乘机渗透，以便控制局势，将其吞并。此计有三种含义：一是借水行舟；二是借机渗透；三是一箭双雕。

两大之间，敌胁以从，我假以势。困，有言不信[2]。

位于敌我两个大国之间的小国，当敌方胁迫它屈服的时候，我

①假道伐虢：此计语出自《左传·僖公二年》：『晋荀息请以屈产之乘，与垂棘之璧，假道于虞以灭虢。』②困，有言不信：语出《易经·困》。《周易姚氏学》这样解释：『处困之时，不见信于人，故有言不信。』

方要立即出兵援助，并借机把自己的势力渗透进去。对于处于困境的国家，只讲空话而无实际行动，是不能取得信任的。

零贰伍／**偷梁换柱**[①]

阅读提示：偷梁换柱，指用偷换的办法，暗中改换事物的本质和内容，以达到蒙混欺骗的目的。“偷天换日”、“偷龙换凤”、“调包计”都是同样的意思。在军事上，联合对敌作战时，反复变动友军阵线，借以调换其兵力，等待友军有机可乘、一败涂地时，将其全部控制。此计本意是乘友军作战不利，借机兼并他的主力为我方所用。此计中包含尔虞我诈、乘机控制别人的权术，所以也往往用于政治谋略和外交谋略。

频更[②]其阵，抽其劲旅，待其自败，而后乘之。曳[③]其轮也。

频繁地变动友军的阵容，调动友军的精锐兵力，等待它自行败退，然后乘机取胜。这就好像拖住了大车的轮子，也控制了大车的前进一样。

零贰陆／**指桑骂槐**[①]

阅读提示：“指桑骂槐”意为指桑树骂槐树。很久以来，它已成为含沙射影、拐弯抹角骂人的代名词。此计的比喻意义应从两方面理解，就是要运用各种政治和外交谋略，“指桑”而“骂槐”，施加压力配合军事行动。对于弱小的对手，可以用警告和利诱的方法，不战而胜。对于比较强大的对手也可以旁敲侧击威慑他。

大凌小者，警以诱之。刚中而应，行险而顺[②]。

当强者慑服弱小者时，要用警戒的方法加以诱导。威严适当，

①偷梁换柱：『偷梁换柱』与『偷天换日』或『偷龙换凤』意思相同，语见《渔家乐传奇》：『愿将身代入金屋，做个偷天换日。』②频更：不断变化。③曳：拖，拉。

①指桑骂槐：此计语见于《红楼梦》第十六回：『凤姐道：「你是知道的，咱们家所有的这些管家奶奶，哪一个是好缠的，错一点儿，他们就笑语打趣，偏一点儿他们就指桑骂槐……」』②刚中而应，行险而顺：《易经·师》中说：『刚中而应，行险而顺，以此毒（治）天下，而民从之。』

眉批：**假痴不癫**

假痴不癫，难得糊涂，都是至上的高明。读一读司马懿假痴不颠，诈病曹爽的故事，你会享受到玩幽默的愉悦。

才能获得拥护。手段高明，才能使人服从。

零贰柒 / **假痴不癫**①

阅读提示：古人认为“谋出于智，成于密，败于露”。当进攻的机会未到时，应镇静待机，切勿冒失行动，否则就会暴露战机，引起猜疑，导致失败。“假痴不癫”之计的关键在于：宁可伪装成糊涂而不行动，也不要自作聪明而轻举妄动。冷静沉着，不露机锋，好像风雷蓄而不发一样。

宁伪作不知不为，不伪作假知妄为。静不露机，云雷屯也。

①假痴不癫：此计是指表面上装聋作哑、装疯扮傻，实际上心里却非常清楚明白的一种愚弄人的行为。是一种老成持重的谋略。

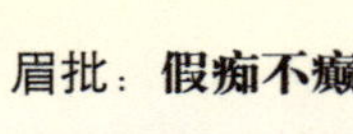

宁愿假装糊涂而不采取行动，也绝不假冒聪明而轻举妄动。应沉着冷静，深藏不露，就像雷电在冬季蓄力待发一样。

零贰捌 / **上屋抽梯**①

阅读提示：军事上的“上屋抽梯”，是指诱敌深入，阻敌援兵，断其退路，使其束手待毙的策略。要“上屋抽梯”，先得“置梯”诱敌，故意露出破绽，给对手提供便利，引诱它冒进向前，然后断其前应和后援，使它陷入孤立无援的境地之后再加以围歼。

假之以便，唆之使前，断其援应，陷之死地。遇毒，位不当也。

巧妙地设梯子，引诱对手登梯上房，然后抽走梯子，断其后路，使之无法逃脱，任我摆布。这种方法，称为“上屋抽梯”。

零贰玖 / **树上开花**①

阅读提示：“树上开花”是一种借外界的力量来慑服敌人的谋略。在战术战略上就像树上的花朵借助树枝的宏势，可以令人眼花缭乱，鸿雁横空列阵，凭借丰满的羽翼来助长气势一样。

借局布势，力小势大。鸿渐于陆，其羽可用为仪也②。

借外界的局势布成有利的阵局，纵使原来的兵力弱小，也会显示出强大的阵容，从而收到异乎寻常的效果。

零叁零 / **反客为主**①

阅读提示：此计的原意是主人不会待客，反受客人的招待。引

①上屋抽梯：此计见于《三国志·蜀志》：『刘表爱少子琮，不爱长子琦。暗求自安之术于诸葛亮，亮辄拒之。琦乃偕亮游园，上楼去梯，曰：「今日上不至天，下不至地，出于口而入吾耳，可以言未？」』

①树上开花：『树上开花』是由『铁树开花』一词转变而来的。《碧岩录》：『休去歇去，铁树开花。』按此借俗语为样语，不可强解。②鸿渐于陆，其羽可用为仪也：语出《易经·渐》。鸿，大雁；渐，进；仪，仪表。

①反客为主：此语曾见于《三国演义》第七十一回，此计根据《唐太宗李卫公问答》。

眉批：**美人计**

世间很多人把坏事都怪在女人头上，其实男人不好色，美人计焉能得逞。

①美人计：语出《六韬·文伐》：『养其乱臣以迷乏，进美女建声以惑之。』②扼：控制。③主机：首脑机关，要害。④渐之进也：见《易经·渐》，循序渐进之意。

申为在处于被动地位时，想办法争取主动，变客位为主位。在军事上，争取主动是用兵的最高原则。被动意味着挨打，居于客位意味着受人支配。只有摆脱被动局面，处于主人地位，才能控制对方，稳操胜券。

乘隙插足，扼[2]其主机[3]，渐之进也[4]。

乘着空隙插足进去，设法控制敌人的要害，这必须循序渐进。

零叁壹／**美人计**[1]

阅读提示：此计意思是，对于用军事行动难以征服的敌方，要

使用“糖衣炮弹”，先从思想意志上打败敌方的将帅，使其内部丧失战斗力，然后再行攻取。就像本计正文所说，对兵力强大的敌人，要制服它的将帅；对于足智多谋的将帅，要设法去腐蚀他，将帅斗志衰退，部队肯定士气消沉，从而失去了作战能力。

兵强者，攻其将；将智者，伐其情。将弱兵颓，其势自萎。利用御寇，顺相保也[②]。

如果敌人的兵力强大，应设法打击将领；如果敌人的将领足智多谋，就应挫败他的意志。敌人将领斗志衰弱，士气低落，敌军的战斗力就会丧失殆尽。充分利用敌人弱点进行控制和分化瓦解，就能保存自己，扭转战局。

②利用御寇，顺相保也：见《易经·渐》。御，控制；寇，仇敌。

零叁贰／**空城计**[①]

阅读提示：军事上指在敌众我寡的情况下，为解燃眉之急使用。它不是用实力战胜敌人，而是通过研究敌人主帅的心理活动，以谋胜敌。其诀窍是：兵力空虚再显示空虚而没有设防，使敌人疑上加疑，在敌众我寡的紧急关头，大胆运用这种策略，更显得奇之又奇，无法揣摸。

虚者虚之，疑中生疑。刚柔之际[②]，奇而复奇。

如果兵力空虚，就应故意显示出更加空虚的样子，使敌人在疑惑之中更加疑惑。在敌强我弱的情况下，运用这种策略会收到奇妙莫测的效果。

零叁叁／**反间计**[①]

阅读提示：反间计是间谍战中的一种谋略，指的是利用敌方内部的间谍为我方所用，反去刺探敌方的情报，从而使自己不受损失，争取主动的思想。行“反间计”的办法千变万化，关键在于用厚礼收买敌方间谍，为我所用；或装疯卖傻，故意供给对方假的情报，使之间接为我所用。

疑中之疑。比之自内，不自失也[②]。

在敌人给我方布置的疑阵中再反设一层疑阵。如果利用敌入内部的策应去争取胜利，那么我方就不会遭受损失。

零叁肆／**苦肉计**[①]

阅读提示：此计其实是一种特殊的离间。运用此计，“自害”是真，“他害”是假，以真乱假。己方要造成内部矛盾激化的假象，

①空城计：此计依据孙子《虚实篇》中的论述，而见于《三国志·蜀·诸葛亮传》。『空城计』实质上是一种心理战术。②刚柔之际：见《易经·解》。这里指敌强我弱，敌众我寡之际。

①反间计：此计出自孙子《用间篇》：『反间者，因其敌间而用之。』用间有五，有乡间、有内间、有反间、有死间、有生间。②比之自内，不自失也：见《易经·比》。比，原意是相亲相辅。

①苦肉计：此计语见于《三国演义》瑜拜谢之曰：『君若肯引此苦肉计，则江东之万幸也。』

再派人装作受到迫害，借机钻到敌人心脏中去进行间谍活动。

人不自害，受害必真。假真真假，间以得行。童蒙之吉，顺以巽也[2]。

人们通常不会自己伤害自己。如果受到伤害必定不受怀疑。我方以假做真，让敌人信假为真，这样离间的计谋就能实现。要像欺骗幼童那样迷惑敌人，再顺势进行活动。

零叁伍 / **连环计[1]**

阅读提示：连环计，指多计并用，计计相连，环环相扣，一

②童蒙之吉，顺以巽也：见《易经·蒙》。意思是幼童蒙昧无知，只要顺从他，他就会由你摆布。

①连环计：此计语见于《三国演义》第八回标题『王司徒巧使连环计』，又见四十七回标题『庞统巧授连环计』。

计累敌，一计攻敌，任何强敌，无攻不破。此计正文的意思是如果敌方力量强大，就不要硬拼，要用计使其互相牵制，借以削弱敌方的战斗力。战场形势复杂多变，对敌作战时，使用计谋，是每个优秀指挥员的本领，而双方指挥员都是有经验的老手，只用一计，往往容易被对方识破。

将多兵众，不可以敌；使其自累，以杀其势。在师中吉，承天宠也[2]。

如果敌人兵力强大，就不要去硬拼。应当运用计谋使他们自我牵制，借以削弱它的力量。主帅如能巧妙地运用计谋，克敌制胜就好像有天神相助一般。

零叁陆 / **走为上计[1]**

阅读提示："走为上"的意思并非说此计就是三十六计中最高明的计谋，而是说在处于劣势时不要硬拼，及时撤离乃是上策。这种"走为上"的策略与稍遇挫折，便就望风而逃的逃跑主义，是不可相提并论的。

全师[2]避敌[3]。左次无咎，未失常也[4]。

全军退却，应该避开强敌。以退为进，是为了待机破敌，这并没有违背正常的作战原则。

②在师中吉，承天宠也：见《易经·师》，这里意思是军中的主帅英明正确，就像有天神相助一般。

①走为上：此计语出自《南齐书·王敬则传》：『檀公三十六策，走为上计，父子唯应急走耳。』

②全师：师，古代建制，两千五百人为师。这里当作军队的意思。③避敌：避开敌人。全军退却，避开强敌。④左次无咎，未失常也：此语出自《易经·师》，是说军队在左边扎营，一般来讲不会有危险，因为这样的安排并没有违背行军的常规。

孙子兵家智慧一本通

六韬

文王将田，史编布卜曰：田于渭阳，将大得焉。非龙非螭，非虎非罴，兆得公侯，天遗汝师，以之佐昌，施及三王。文王曰：兆致是乎？史编曰：编之太祖史畴，为舜占，得皋陶，兆比于此。文王乃斋三日，乘田车，驾田马，田于渭阳，卒见太公，坐茅以渔。文王劳而问之，曰：子乐渔耶？太公曰：臣闻君子乐得其志，小人乐得其事，今吾渔甚有似也，殆非乐之也。田于渭阳，卒见太公，坐茅以渔。文王劳而问之，曰：子乐渔耶？太公曰：臣闻君子乐得其志，小人乐得其事，今吾渔甚有似也，殆非乐之也。田于渭阳，卒见太公，坐茅以渔。文王劳而问之，曰：子乐渔耶？太公曰：臣闻君子乐得其志，小人乐得其事，今吾渔甚有似也，殆非乐之也。

文韬

据《汇解》：『韬者，韬藏之义，此内虽有兵端，而本于道德，故曰《文韬》，谓文事先于武备也。』就是说，战争本于道义，政治先于军事。《文韬》主要讲的是天下是可以取得的。要取天下，必须收揽人心。收揽人心，在于爱民。接着又阐明了为君之道，君臣关系，对内对外关系，人事、经济决策等。

零零壹／文　师

阅读提示：本篇叙述文王访姜尚并立以为师的经过。其主题是姜尚暗示文王，商王朝即将烟消云散，而默默无声的周国“其光必远”。又说“天下非一人之天下”“同天下之利者得天下，擅天下之利者则失天下”。因此，应该以仁、德、义、道收揽人心，“以国取天下”。可以说，这一篇是周灭殷商的战略决策。

□ 文王打猎

文王[1]将田，史编布卜曰：“田于渭阳，将大得焉。非龙非彲[2]，非虎非羆[3]；兆[4]得公侯，天遗汝师；以之佐昌，施及三王[5]。”

①文王：姬姓，名昌，商纣时为西伯，亦称伯昌。曾被商纣囚于羑里（今河南汤阴北）。姬昌统治期间，国势强盛。他解决虞、芮两国争端，使两国归附；还攻灭黎（今山西长治西南）、邘（今河南沁阳西北）、崇（今河南嵩县北）等国，并建立酆邑（今陕西西安西南沣水西岸）作为国都，在位五十年。②彲：古代传说中的一种像龙的动物，色黄，无角。③羆：马熊，也叫棕熊。通称人熊。④兆：卜兆，古人灼龟甲以占吉凶。其裂痕叫作兆，预兆的意思。⑤三王：指文王后代子孙。

文王曰：“兆致是乎？”

史编曰：“编之太祖史畴为舜⑥占，得皋陶⑦，兆比于此。”

文王乃斋三日，乘田车，驾田马，田于渭阳，卒见太公⑧坐茅以渔。

文王劳而问之，曰：“子乐渔耶？”

太公曰：“臣闻君子乐得其志，小人乐得其事。今吾渔甚有似也，殆非乐之也。”

周文王将去打猎，史编占卜对他说：“你到渭水北岸打猎，将有巨大的收获，得到的既不是龙，也不是虎，而是预兆得到有公侯才干的人，他是天赐给你的老师，能辅佐你的事业日益昌盛，并将加惠于你的后代子孙。”

文王问：“占卜的预兆真有这么灵吗？”

史编说：“我的远祖史畴曾为舜占卜而得到皋陶，那时的预兆和今天的很相似。”

于是文王斋戒三天，然后乘猎车，驾猎马，到渭水北岸去打猎了，他见到太公正坐在长满杂草的岸边钓鱼。

文王询问：“你喜欢钓鱼吗？”

太公说：“我听说君子乐于实现自己的抱负，小人乐于做好自己的事情。我钓鱼的心态与这个道理很相似，我并不是喜欢钓鱼。”

□ 姜太公钓鱼

文王曰：“何谓其有似也？”

太公曰：“钓有三权：禄等以权，死等以权，官等以权。夫钓以求得也，其情深，可以观大矣。”

文王问：“相似之处在什么地方？”

太公说：“比方说君主收罗人才就和钓鱼一样，掌握三种权术：用厚禄收罗人才，好像用铒钓鱼一样；用重赏收买死士，好像用香饵钓鱼一样；将不同的官位给予不同的人，好像用不同的诱饵钓取不同的鱼一样。垂钓的目的都是为了得到鱼，钓鱼的道理也很深奥，从中可以看出很深奥的道理。”

⑥舜：底本作禹，疑误，从《汇解》校为舜。舜，传说中我国原始时代父系氏族社会后期部落联盟的领袖，姓姚，有简氏，名重华，史称虞舜。⑦皋陶：传说中东夷族的领袖，姓偃，舜曾任他为掌刑法的官。⑧太公：这里指周朝吕尚的称号。吕尚，周代齐国的始祖，姓姜名尚，其祖先封于吕，故也叫吕尚，字子牙，号太公。西周初年官太师（武官名）也称师尚父，辅佐武王灭商有功，封于齐，俗称姜太公。

□ 论仁德

文王曰："愿闻其情！"

太公曰："源深而水流，水流而鱼生之，情也；根深而木长，木长而实生之，情也；君子情同而亲合，亲合而事生之，情也。言语应对者，情之饰也；言至情者，事之极也。今臣言至情不讳，君其恶之乎？"

文王曰："惟仁人能受至谏，不恶至情。何为其然？"

太公曰："缗[①]微饵明，小鱼食之；缗调饵香，中鱼食之；缗隆饵丰，大鱼食之。夫鱼食其饵，乃牵于缗；人食其禄，乃服于君。故以饵取鱼，鱼可杀；以禄取人，人可竭；以家取国，国可拔；以国取天下，天下可毕[②]。

文王说："请讲讲这深奥的道理吧。"

太公说："泉水深，水流就不息，水流不息，鱼类就能生存，这

①缗：钓丝。②毕：古时田猎用的长柄网。用长柄网捕取禽兽也叫毕。《诗·小雅·鸳鸯》："鸳鸯于飞，毕之罗之。"引申为征服。

是自然规律；树根深枝叶就茂盛，枝叶茂盛，就能结出果实，这也是自然规律；君子情意相投意合，就会亲密合作，亲密合作，事业就能成功，这也是自然的道理。言语应付，是把真情掩饰起来，能说真情实话，才是最好的事情。现在我讲的都是至情之言，毫不隐讳，你恐怕会不乐意吧？”

文王说：“有仁德的人才能接受最直率的规劝，才不讨厌真情实话，我怎么会那样呢？”

太公说：“钓丝细微，鱼饵可见，小鱼会来上钩；钓丝适中，鱼饵味香，中鱼会来上钩；钓丝粗长，鱼饵丰富，大鱼就会来上钩。鱼如果贪吃香虾，就会被钓丝牵着；人如果食君奉禄，就会服从君主使用。所以用香饵钓鱼，鱼可供烹食；以爵禄取人，人可竭尽其力；以家为基础而取国，国可为你所有；以国为基础获取天下，天下就能全部征服。

□ 圣人收揽人心

“呜呼[①]！曼曼绵绵[②]，其聚必散；嘿嘿昧昧[③]，其光必远。微哉！圣人之德，诱乎独见[④]。乐哉！圣人之虑，各归其次[⑤]，而树敛[⑥]焉。”

“啊！幅员辽阔、历传多代的(商王朝)，它所积聚起来的东西，终归要烟消云散，不声不响，暗中准备的（周国），它的光辉必定会普照四方。微妙啊！圣人的德行，就在于独创地、潜移默化地收揽人心。欢乐啊！圣人考虑的事情，就在于使人各得其所，并建立起收揽人心的方法。”

□ 太公论仁爱

文王曰：“树敛何若而天下归之？”

太公曰：“天下非一人之天下，乃天下之天下也。同天下之利者则得天下，擅[①]天下之利者则失天下。天有时，地有财，能与人共之者，仁也。仁之所在，天下归之。免人之死，解人之难，救人之患，济人之急者，德也。德之所在，天下归之。与人同忧同乐，同好同恶者，义也。义之所在，天下赴之。凡人恶死而乐生，好德而归利，能生利者，道也。道之所在，天下归之。”

文王再拜曰：“允哉，敢不受天之诏[②]命乎！”乃载与俱归，立为师。

文王问：“制定什么样的方法才能使天下归顺呢？”

太公说：“天下不是一个人的天下，而是天下人的天下。能和天下人同享天下利益的，就可以取得天下，独占天下利益就会失掉天下。天有四时，地有财富，能和人民共同享受的，就是仁爱，谁有仁爱，天下就归顺谁。免除人们的死难，解决人们的困难，消除人们的祸患，解救人们危急的，就是恩德，谁施恩德，天下就归顺他。与民同乐，同好同恶的，就是道义，谁讲道义，天下就归谁。人们都厌恶死亡而乐于生存，欢迎恩德而追求利益，能使天下人都获得利益的，就是王道，谁推行王道天下就归谁。”

文王再次拜谢之后，说：“先生讲得太好了，我怎能不接受上天的旨意呢！”于是，文王把太公请上车一起回到国都，并拜他为师。

①呜呼：叹词，表示感慨的意思。②曼曼绵绵：曼曼，同漫漫，形容距离远时间长。这里形容幅员广大。杨雄《甘泉赋》：『指东西之漫漫。』李善注：『漫漫无涯际之貌也。』绵绵，形容连续不断的意思。曼曼绵绵，在这里是暗指幅员广大、历传多代的商王朝。③嘿嘿昧昧：嘿，通『默』；嘿嘿，不声不响的意思；昧昧，昏暗不明的样子。嘿嘿昧昧，这里指暗中准备的意思。④诱乎独见：诱，诱导；乎，于；独见，独到的见解或独创的方法。⑤各归其次：次，停留或停留的地点。各归其次，各得其所的意思。⑥敛：收缩，收揽。

①擅：专，独揽，意为独占。②诏：特指皇帝颁发的命令文告之类的文书。

零零贰／**盈　虚**

阅读提示：本篇的主旨是论述天下的盈、虚、治、乱，全在于君主的贤与不贤，而不是天命注定的。做君主的要勤俭，要爱民，要公平正直，顺乎自然，无为而治。

文王问太公曰："天下熙熙，一盈一虚，一治一乱，所以然者何也？其君贤不肖不等乎？其天时变化自然乎？"

太公曰："君不肖，则国危而民乱；君贤圣，则国安而民治。祸福在君，不在天时。"

文王曰："古之贤君可得闻乎？"

太公曰："昔者帝尧[①]之王天下也，上世所谓贤君也。"

文王曰："其治如何？"

①帝尧：传说中我国原始社会父系氏族社会后期部落联盟的领袖，史称唐尧。

太公曰：“帝尧王天下之时，金银珠玉不饰，锦绣文绮不衣，奇怪珍异不视，玩好之器不宝，淫佚之乐不听，宫垣屋室不垩，甍[②]、桷[③]、椽、楹[④]不斫[⑤]，茅茨偏庭不剪，鹿裘御寒，布衣掩形，粝粱之饭，藜藿[⑥]之羹，不以役作之故害民耕绩之时，削心约志，从事乎无为[⑦]。吏忠正奉法者尊其位，廉洁爱人者厚其禄。民有孝慈者爱敬之，尽力农桑者慰勉之。旌别淑慝[⑧]，表其门闾[⑨]；平心正节，以法度禁邪伪。所憎者，有功必赏；所爱者，有罪必罚。存善天下鳏、寡、孤、独[⑩]，赈赡祸亡之家。其自奉也甚薄，其赋役也甚寡，故万民富乐而无饥寒之色。百姓戴其君如日月，亲其君如父母。”

文王曰：“大哉！贤君之德也！”

文王对太公说：“天下纷乱，时而强盛，时而衰弱，时而安定，时而混乱，为什么这样，是什么原因？是君王贤与不贤的关系呢？还是天命变化的结果呢？”

太公说：“君主不贤则国家危亡而人民变乱，君王贤明则国家太平而人民安定。所以说国家祸福在于君王贤与不贤，不在于天命的变化。”

文王说：“能把古代圣贤君主的事迹讲给我听吗？”

太公说：“从前帝尧统治天下，上古的人都称他是贤君。”

文王说：“他是怎样治理国家的？”

太公说：“帝尧为君主时，不用金银珠宝装饰，不穿锦绣华丽的服装，不观赏珍贵稀奇的物品，不珍藏古玩宝器，不听淫佚的音乐，不粉饰宫廷墙垣，不雕饰屋脊和椽柱，不修剪庭院茅草，以鹿裘御寒，以布衣遮体，吃粗粮饭，喝野菜汤，不因劳役而误农时，约束心志而从事清静无为。官吏中忠正守法的就升迁爵位，廉洁爱民的就增加俸禄。尊敬孝敬父母，抚爱幼小的人，尽力从事农桑的就慰勉他。区别善恶良莠，表彰善良人家，提倡公正节操，以法制禁止奸邪诈伪。对厌恶的人有功必赏，对喜爱的人有罪必罚。赡养鳏寡孤独的人，救济祸患伤亡的家。但帝尧自己的生活却很节俭，征用赋税劳役很少，因此天下万民富足安乐而没有饥寒。百姓爱戴他就像景仰日月一样，亲近他就像亲近父母一样。”

文王说：“伟大呀！帝尧这位贤德的君王。”

②甍：屋脊，屋栋。③桷：方的椽子。④楹：厅堂前部的柱子。⑤斫：大锄。引申为砍、削、斩。这里指雕饰。⑥藜藿：藜，灰菜；藿，豆叶。藜藿，指野生粗劣的菜。⑦无为：道家的哲学思想，即顺应自然变化的意思。⑧淑慝：淑，善良；慝，底本作『德』，据《汇解》校改，邪恶。⑨闾：里巷的大门。⑩鳏、寡、孤、独：鳏，老而无妻叫鳏；寡，老而无夫叫寡；孤，幼而无父叫孤；独，老而无子叫独。

零零叁／国　务

阅读提示：本篇的主旨是讲国务，中心内容是爱民。其目的是争取人心归向和培养国力。国务，是指治理国家的大事。

文王问太公曰："愿闻为国之大务，欲使主尊人安，为之奈何？"

太公曰："爱民而已！"

文王曰："爱民奈何？"

太公曰："利而勿害，成而不败，生而勿杀，与而勿夺，乐而勿苦，喜而勿怒。"

文王曰："敢请释其故！"

太公曰："民不失务则利之；农不失时则成之；省刑罚则生之；薄赋敛[①]则与之；俭宫室台榭[②]则乐之；吏清不苛扰则喜之。民失其务则

①敛：征收。②台榭：台，高而平的建筑物，一般供望远或游观用，如瞭望台、亭台、楼阁；榭，建筑在高土台上的敞屋，如水榭等。

害之；农失其时则败之；无罪而罚则杀之；重赋敛则夺之；多营宫室台榭以疲民力则苦之；吏浊苛扰则怒之。

"故善为国者，驭民如父母之爱子，如兄之爱弟。见其饥寒则为之忧，见其劳苦则为之悲。赏罚如加于身，赋敛如取己物：此爱民之道也。"

文王问太公道："我想听治国的道理，想使君主受到尊敬，人民得到安宁，应该怎么办呢？"

太公说："只有爱民。"

文王说："应该怎样爱民？"

太公说："要为人民谋利益而不去损害他们，要促进人民生产而不去破坏他们，要保护人民的生命而不去杀害他们，要给予人民实惠而不去掠夺他们，要使人民安乐而不使他们受苦，要使人民喜

悦而不使他们愤怒。”

文王说：“请你解释一下其中的道理！”

太公说：“不让人民失业，就是为人民谋利益；不耽误农时，就是促进人民生产；不惩罚无罪的人，就是保护了人民的生命；少收赋税，就是给予人民实惠；少建宫室台榭，就能使人民安乐；官吏清廉不苛扰盘剥，就能使人民喜悦。如果使人民失业，就是损害了他们的利益；如果耽误农时，就是破坏了他们的生产；人民无罪而妄加惩罚，就等同杀害；对人民横征暴敛，就是掠夺；到处修建宫室台榭，就会增加人民的痛苦；官吏贪污苛扰，就会使人民愤怒。

“因此，善于治国的君主，统驭人民要像父母爱护子女，兄长爱护弟妹那样，见他们饥寒就为他们忧虑，见他们劳苦就为他们悲痛。施行赏罚就像自己身受赏罚一样，征收赋税就像夺取自己的财物一样。这就是爱民的道理。”

零零肆／大　礼

阅读提示：本篇论述了君臣之礼、君主应有的气质、如何听取意见以及如何洞察一切等四个问题。

□ 君臣之间的礼法

文王问太公曰：“君臣之礼如何？”

太公曰：“为上惟临①，为下惟沉②。临而无远，沉而无隐。为上惟周③，为下惟定。周则天也，定则地也。或天或地，大礼乃成。”

文王对太公说：“君主与臣民之间的礼法怎样呢？”

太公说：“作为君王最重要是能洞察下情，作为臣民，最重要的是能谦恭驯服。君主要洞察下情，就不能疏远臣民。要谦恭驯服，就不能隐瞒意见。君主应普施恩德，臣下应安分守职。普施恩德，要像天空那样覆盖万物，安分守己，要像大地那样稳重厚实。君主效法天，臣下就效法地，这就构成了君臣之间的礼法。”

□ 君主临朝

①临：居高临下，为洞察下情的意思。②沉：深沉，隐伏，为谦恭驯服的意思。③周：普遍，普及，周密。

文王曰：“主位如何？”

太公曰：“安徐而静，柔节先定，善与而不争。虚心平志，待物以正。”

文王问：“君主应该如何临朝执政？”

太公说：“君主要安详稳健而气质宁静，要柔和有节而胸有成竹，要善于与臣民协商问题而不固执己见，对人应谦虚无私，处事要公正不偏。”

□ 听取意见

文王曰：“主听如何？”

太公曰：“勿妄而许，勿逆而拒。许之则失守[①]，拒之则闭塞。高山仰止[②]，不可极也，深渊度之，不可测也。神明之德[③]，正静其极[④]。”

①守：操守，如『失其守者，其辞屈』。《汇解》：『守，吾心之执守也。』即是自己心里的主见。②高山仰止：仰慕、效法的意思。③神明之德：《汇解》：『应酬万变者神也，辨别众理者明也。』即英明正确的意思。④极：准则。

文王问：“君主应该如何倾听意见？”

太公说：“不要轻率接受，不要简单拒绝。轻率接受，容易丧失主见，正面拒绝，容易闭塞言路。君主要像高山那样，使人仰慕效法，应像深渊那样，使人莫测其深。英明正确，镇静公正，就是准则。”

□ 君主怎样观察事物

文王曰：“主明如何？”

太公曰：“目贵明，耳贵聪，心贵智[①]。以天下之目视，则无不见也；以天下之耳听，则无不闻也；以天下之心虑，则无不知也。辐凑[②]并进，则明不蔽矣。”

文王问：“君主如何才能洞察一切呢？”

太公说：“眼睛贵在能看清事物，耳朵贵在能听到消息，大脑贵在能考虑问题。如果能使天下人的眼睛都去看，就没有看不见的事物；如果能使天下人的耳朵都去听，就没有听不到的消息；使天下人的心思都去考虑，就没有考虑不周的事情。四面八方的情况都汇集到君主那里，君主自然就能洞察一切，就不会受蒙蔽。”

零零伍 / **明　传**

阅读提示：本篇论述为君之道，阐明先圣的至理名言其所以能推行，所以被废弃的原因，以及义、欲、敬、怠与国家盛衰兴亡的关系。

文正寝疾[①]，召太公望，太子发[②]在侧。曰：“呜呼！天将弃予，周之社稷[③]将以属汝。今予欲师至道之言，以明传之子孙。”

太公曰：“王何所问？”

文王曰：“先圣之道，其所止[④]，其所起[⑤]，可得闻乎？”

太公曰：“见善而怠，时至而疑，知非而处：此三者，道之所止也。柔而静，恭而敬[⑥]，强而弱，忍而刚：此四者，道之所起也。故义胜欲

①智：智慧，聪明。引申为思虑周密的意思。②辐凑：辐，车轮上的辐条；凑，许多辐条集中在车轮中心的圆木上。辐凑，比喻人或物聚集在一起。

①寝疾：卧病。②太子发：文王之子，名发。文王死，发继位。③社稷：古代帝王、诸侯所祭的土神和谷神。古时用作国家的代称。④止：停止。这里可理解为废弃。⑤起：开始，发动，兴盛。这里可理解为推行。⑥敬：不怠惰，不苟且。

则昌，欲胜义则亡；敬胜怠则吉，怠胜敬则灭。”

文王卧病在床，召见太公望，太子发也在场。文王叹息说：“唉！上天将要抛弃我了，周国的社稷，就托付给您。现在我想请您讲些至理名言，以便传给子孙。”

太公问：“您要问什么呢？”

文王说：“先圣治国的至理名言，为什么被废弃，为什么能推行？其原因何在呢？”

太公说：“见到善事却怠惰不为，时机到来又迟疑不决，知道不对能泰然处之，这三种情况就是先圣治国之理被废弃的原因。能柔能静以待已，能恭能敬以待人，能强能弱以接物，能忍能刚以待机，这四种就是先圣治国之道能推行的原因。因此，正义胜过私欲，国家就昌盛；私欲胜过正义，国家就衰亡；勤恳胜过懈怠，国家就吉祥；懈怠胜过勤恳，国家就会灭亡。”

零零陆／六　守

阅读提示：本篇论述君主选拔任用人才的六项标准（六守）和国家经济的三大支柱（三宝）——大农、大工、大商。

文王问太公曰："君国主民者，其所以失之者何也？"

太公曰："不慎所与[①]也。人君有六守[②]、三宝[③]。"

文王曰："六守何也？"

太公曰："一曰仁，二曰义，三曰忠，四曰信，五曰勇，六曰谋：是谓六守。"

文王曰："慎择六守者何？"

太公曰："富之，而观其无犯；贵之，而观其无骄；付之，而观其无转[④]；使之，而观其无隐；危之，而观其无恐；事之，而观其无穷。富之而不犯者，仁也；贵之而不骄者，义也；付之而不转者，忠也；使之而不隐者，信也；危之而不恐者，勇也；事之而不穷者，谋也。人君无以三宝借人，借人则君失其威。"

文王曰："敢问三宝？"

太公曰："大农、大工、大商，谓之三宝。农一[⑤]其乡[⑥]则谷足，工一其乡则器足，商一其乡则货足。三宝各安其处，民乃不虑。无乱其乡，无乱其族。臣无富于君，都[⑦]无大于国[⑧]。六守长，则君昌；三宝完，则国安。"

①与：给予，付托。②六守：守，遵守，这里指国君挑选任用臣属的标准。六守，就是挑选任用人才的六项标准。③三宝：宝，贵重的东西，这里指国家经济的命脉。三宝，就是关系国家经济命脉的农、工、商三件大事。④无转：这里指坚定不移的意思。⑤一：统一，专一。此处可理解为聚集。⑥乡：区域，泛指城市以外的地方，相传周代以一万二千五百家为乡。⑦都：城邑。古代有宗庙的城邑叫都。⑧国：古代君主居住的城邑叫国。

文王对太公说："统治国家和人民的君主为何会失去他的国家和人民呢？"

太公说："那是用人不慎的缘故。人君应当选拔具备六项德行标准的人才和抓住三件重大的事情。"

文王说："什么是具备六项标准的人才呢？"

太公说："一是仁爱，二是正义，三是忠实，四是诚信，五是勇敢，六是智谋：这些就是具备六项标准的人才。"

文王问："如何选拔符合六项标准的人才呢？"

太公说："使他富裕，看他能否不违反礼法；给他高位，看他能否不骄不傲；给予他重大任务，看他是否能坚定不移地去完成；让他去处理问题，看他是否能不隐瞒欺骗；让他身临危

难，看他能否临危不惧；让他处理突然事变，看他是否能应付自如。富裕而不逾越礼法的人，是仁爱的人；尊贵而不骄傲的人，是正义的人；能坚定不移地去完成重大任务的人，是忠实的人；处理问题能不隐瞒欺骗的人，是诚信的人；能临危不惧的人，是勇敢的人；能对突然事变应付自如的人，是有智谋的人。君主不能把处理三件大事的权力交给别人，否则君主就会丧失自己的权威。”

文王问：“你指的哪三件大事呢？”

太公说：“这三件大事就是大农、大工、大商。把农民组织起来，聚居一乡，互助合作，粮食自然会充足；把工匠组织起来，聚居一乡，互相协作，用具自然会充足；把商人组织起来，聚居一乡，互通有无，财货自然会充足。三种行业，各得其所，人民无忧无虑。不要打乱这种区域经济，不要拆散他们家族组织。臣民不得富于君主，城邑不得大于国都。重用具备六项标准的人，国君的事业就会繁荣昌盛，三种经济事业完善，国家就能长治久安。”

零零柒／守　土

阅读提示：本篇论述守卫国土的策略。对内是“无疏其亲，无怠其众”；对外是“安抚近邻，控制远方”。具体要做到事权专一，不失时机，防微杜渐，民殷国富。以仁义团结宗亲，收揽民心。

文王问太公曰：“守土奈何？”

太公曰：“无疏其亲①，无怠其众；抚其左右，御其四旁。无借人国柄，借人国柄则失其权。无掘壑而附丘②，无舍本而治末。日中必彗，操刀必割，执斧必伐。日中不彗③，是谓失时；操刀不割，失利之

①亲：这里指宗亲，即宗室宗族。②无掘壑而附丘：壑，深沟；附，增益；丘，土山。无掘壑而附丘，据《汇解·会参》：『壑，深溪也。丘，高山也。掘之附之，则深者深，高者益高，不几于损下益上者等哉？』全句意思是不要损下益上。③彗：曝晒。

期；执斧不伐，贼人将来[④]。涓涓[⑤]不塞，将为江河；荧荧[⑥]不救，炎炎奈何；两叶[⑦]不去，将用斧柯[⑧]。是故人君必从事于富，不富无以为仁，不施无以合亲。疏其亲则害，失其众则败。无借人利器，借人利器[⑨]则为人所害，而不终其正也。”

王曰：“何谓仁义？”

太公曰：“敬其众，合其亲。敬其众则和，合其亲则喜，是谓仁义之纪。无使人夺汝威。因其明，顺其常。顺者任之以德，逆者绝之以力。敬之勿疑，天下和服。”

文王对太公说：“应该怎样守卫国土呢？”

太公说：“不可疏远宗族，不可怠慢民众；安抚近邻，控制四方。治国大权不可旁落，大权旁落，君主就会失去威信。不要损下益上，不要舍本逐末。太阳到了正午，要抓紧时机曝晒；拿起刀子

④贼人将来：贼，毁坏、杀害。泛指作乱叛国或外来侵犯的人。贼人将来，指将会招来祸患的意思。⑤涓涓：指长流的细水。⑥荧：灯烛的小光。荧荧：微弱的火光。⑦两叶：这里指树木发芽时的两片嫩叶。⑧斧柯：指斧头。⑨利器：据《汇解·直解》：『利器，国柄也。』即统治国家的权力。

就要抓紧时机收割；拿起斧子就要抓紧时机砍伐。到了中午不曝晒就会丧失时机；拿起刀子不收割也会丧失时机；拿起武器不杀敌，反会被敌所害。细小的水流不堵塞，将会扩展成江河；微弱的火星不扑灭，将会酿成熊熊大火；刚发芽的两片嫩叶不撷除，将来就必须用斧头去砍。君主必须讲求富国之道，国不富就谈不上行仁政，不行仁政就不能团结宗亲。疏远宗亲就会受害，失去人心就会失败。不要把统御国家的权力托给别人，大权旁落，自己就会为人所害而身死国亡。"

文王问："什么是仁义呢？"

太公说："所谓仁义就是尊重民意，团结宗亲。尊重民意就能得到人民的拥护，团结宗亲就能得到他们的爱戴。这就是行仁义的准则。不要让人篡夺了你的权力，要根据自己的观察，顺乎常理去处理事情。对于顺从你的人，要给予恩德而信任他，对于反对你的人要用武力消灭他。遵循上述原则，天下就会顺从你。"

零零捌／守　国

阅读提示：本篇名为守国，实为发动战争以安天下的意思，并提出了"发之以其阴，会之以其阳，为之先唱，天下和之。极反其常，莫进而争，莫退而让"的策略。

□ 保卫国家

文王问太公曰："守国奈何？"

太公曰："斋，将语君天地之经[①]，四时所生，仁圣之道，民机[②]之情。"

王即斋七日，北面[③]再拜而问之。

太公曰："天生四时，地生万物。天下有民，仁圣牧[④]之。故春道生，万物荣；夏道长，万物成；秋道敛，万物盈；冬道藏，万物寻[⑤]。盈则藏，藏则复起，莫知所终，莫知所始。圣人配之，以为天地经纪。

文王问太公："怎样保卫国家呢？"

太公说："请先行斋，然后再告诉你关于天地间事物运动的规

①经：常道，规律。②机：一切事物发动的缘由。③北面：古代学生敬师的礼节。④牧：古时把官吏治民比作牧养牲畜。⑤寻：探求，生长，寻求再生的意思。

律，四季万物生长的变化，圣人治国的道理，民心转变的根源。”

文王斋戒七天，以弟子礼再次拜太公。

太公说：“天有四时，地生万物。天下有人民，圣王治理天下。春天的规律是滋生，万物都欣欣向荣；夏天的规律是成长，万物都繁荣茂盛；秋天的规律是收获，万物都饱满成熟；冬天的规律是收藏，万物都潜藏不动。万物成熟就应收藏起来，收藏起来明年又播种生长，循环没有终点的，也没有起点。圣人可以参照这个规律，作为治理天下的普遍原则。

□ 圣人的作用

“故天下治，仁圣藏；天下乱，仁圣昌：至道其然也。

“所以天下大治，仁人圣主就隐而不露；天下大乱，仁人圣主就拨乱反正，建功立业：这是必然的规律。

□ 圣人处在天地之间

“圣人之在天地间也，其宝[①]固大矣。因其常而视之[②]，则民安。夫民动而为机，机动而得失争矣。故发之以其阴，会之以其阳[③]为之先唱，天下和[④]之。极反其常，莫进而争，莫退而让。守国如此，与大地同光。”

“圣人处在天地之间，他的地位作用是很大的。他按照常理教育人民，使人民安居乐业。民心不安，是动乱发生的原因。动乱一旦发生，天下就有权力得失之争。这时圣人就秘密地发展力量，时机成熟公开地进行讨伐。倡导除暴安民，天下必然响应。当形势已恢复正常时，既不要进而争功，也不要退而让位。这样守国，他的威望就可与天地共存了。”

零零玖／**上　贤**

阅读提示：本篇主要论述王者应该“上贤，下不肖，取诚信，去作伪，禁暴乱，止奢侈”，特别要防止“六贼”、“七害”。

文王问太公曰：“王人者何上何下？何取何去？何禁何止？”

太公曰：“王人者，上贤，下不肖；取诚信，去诈伪；禁暴乱，止奢侈。故王人者有‘六贼’、‘七害’。”

文王曰：“愿闻其道！”

太公曰：“夫六贼者：

“一曰，臣有大作宫室池榭，游观倡乐者，伤王之德；

“二曰，民有不事农桑，任气游侠[①]，犯历法禁，不从吏教者，伤王之化；

“三曰，臣有结朋党，蔽贤智，鄣主明者，伤王之权；

“四曰，士有抗志高节，以为气势，外交诸侯，不重其主者，伤王之威；

“五曰，臣有轻爵位，贱有司，羞为上犯难者，伤功臣之劳；

“六曰，强宗侵夺，陵侮贫弱者，伤庶人之业。

“七害者：

①宝：指圣人的地位和作用。②因其常而视之：因，遵循；常，常理；视，教导，《仪礼·乡射礼》：“北面命释获者设中，遂视之。”郑玄注：“视之，当教之。”全句意思是：按照常理教育人民。③发之以其阴，会之以其阳：发，发展；阴，秘密；会，时机；阳，光明正大。全句意思是隐蔽秘密地发展力量，抓住时机，正大光明地进行讨伐。④和：附和。这里是响应的意思。

①游侠：古指轻生重义、勇于救人急难的人，但他们也往往“以武犯禁”。（见《史记·游侠列传》）这里就是指他们“违法犯禁”的一面。

“一曰，无智略权谋，而以重赏尊爵之故，强勇轻战，侥幸于外，王者慎勿使为将；

“二曰，有名无实，出入异言，掩善扬恶，进退为巧，王者慎勿与谋；

“三曰，朴其身躬，恶其衣服，语无为以求名，言无欲以求利，此伪人也，王者慎勿近；

“四曰，奇其冠带[②]，伟其衣服，博闻辩辞，虚论高议，以为容美，穷居静处，而诽时俗[③]，此奸人也，王者慎勿宠；

“五曰，谗佞苟得，以求官爵，果敢轻死，以贪禄秩[④]，不图大事，得利而动，以高谈虚论，说[⑤]于人主，王者慎勿使；

“六曰，为雕文刻镂，技巧华饰[⑥]，而伤农时，王者必禁之；

“七曰，伪方奇技[⑦]，巫蛊左道[⑧]，不祥之言，幻惑良民，王者必止之。

②冠带：冠和带，也指戴帽束带子。这里泛指穿着打扮。③穷居静处，而诽时俗：《汇解·纂序》：『所居穷陋，所处静僻，而好为诽谤时俗之行。』意思是处在简陋僻静地方，喜欢诽谤时俗。④禄秩：禄是古代官吏的俸给，秩是官吏的职位或品级。⑤说：同『悦』。⑥雕文刻镂，技巧华饰：用金石竹木雕刻成各种花纹的形象，以巧妙的方法和技术装饰各种用品使它华丽美观。⑦伪方奇技：方指方士，即旧时方术之士。方术也称方技，指医卜星相与养生炼丹之类的技术。⑧巫蛊左道：巫是巫师，蛊是毒害人的东西。巫蛊，古人认为，巫师可以用符咒等法术去害人。

“故民不尽力，非吾民也。士不诚信，非吾士也。臣不忠谏，非吾臣也。吏不平洁爱人，非吾吏也。相不能富国强兵，调和阴阳[9]，以安万乘之主，正群臣，定名实，明赏罚，乐万民，非吾相也。夫王者之道如龙首[10]，高居而远望，深视而审听，示其形，隐其情。若天之高，不可极也；若渊之深，不可测也。故可怒而不怒，奸臣乃作；可杀而不杀，大贼乃发；兵势不行，敌国乃强。”

文王曰：“善哉！”

文王问太公：“作为君主，应当推崇什么人，抑制什么人，任用什么人，除去什么人，严禁什么，制止什么呢？”

太公说：“作为君王，应当推崇德才兼备的人，抑制无德无才的人，任用忠诚信实的人，除去奸诈虚伪的人。严禁暴乱的行为，制止奢侈的风气。所以君主用人时，应当警惕六种坏事和七种坏人。”

文王说：“请讲讲这些道理。”

太公说：“所谓六种坏事就是：

“第一，大臣中如有大修宫室池榭，喜欢游玩观赏，歌舞行乐的，就会败坏君主政体；

“第二，人民中如有不从事农事，意气用事，仿效游侠，违犯禁令，不服从官吏教导的，就会败坏君主教化；

“第三，群臣中如有营私结党，排挤贤人，蒙蔽君主耳目的，就会损害君主权威；

“第四，士民中如有自高自大，气焰嚣张，里通外国，不尊重君主的，就会损害君主威严；

“第五，群臣中如有轻视爵位，藐视上级，并以替君主冒险犯难为耻辱的，就会打击功臣的积极性；

“第六，强宗大族争相掠夺，欺压贫弱，就会破坏人民生活。

“所谓七种坏人就是：

“第一，没有智略权谋，为了获得重赏高官，强横恃勇，轻率应战，企求侥幸立功的，君主切勿用他做将帅；

“第二，有名无实，当面一套，背后一套，掩人之善，扬人之恶，到处投机钻营的，君主必须慎重，不能与他共谋大事；

“第三，外表朴素，衣着粗劣，自称‘无为’，实是沽名，自称

⑨调和阴阳：阴阳，中国古代哲学的一对范畴。古代思想家看到一切现象都有正反两方面，就用阴阳这个概念来解释自然界两种对立和相互消长的物质势力。⑩王者之道如龙首：龙首即龙头。《汇解》：『王汉若曰：龙最变化莫测，其首则尤阳刚而无其形。』全句意思是作君主的，既要高居于万众之上，又要使人莫测高深，就像龙头那样，高居于九天之上，隐约于云雾之中，使人可仰而不可即，可望而不可测。

无欲，实是图利，这是虚伪的人，君主不应亲近他；

“第四，冠带奇特，衣着讲究，博闻善辩，空谈高论，以此装点门面，处在简陋僻静的地方，专门诽谤世俗，这是奸诈的人，君主切不可宠幸他；

“第五，谗言谄媚，不择手段，以求官爵；鲁莽拼命，不计后果，贪取俸禄；不顾大局，见利就行，高谈阔论，取悦人主，对于这种人君主切不要任用他；

“第六，凡从事雕文刻缕、技巧华饰的奢侈工艺而妨害农业生产的人，君主必须加以禁止；

“第七，用骗人的方术，奇特的技艺，巫蛊左道，符咒妖言，迷惑善良人的，君主必须禁止。

“所以说农民不尽力去务农，就不是好农民；士不忠诚，就不是好士兵；臣不直谏，就不是好臣；官吏不公平廉洁，就不是好官吏；宰相不能富国强兵，妥善处理各项问题，确保君权的稳固，整饬群臣的纲纪，核查名实，严明赏罚，使万民乐业，这就不是好宰相。做君主的方法要像龙头一样，高瞻远瞩，洞察一切，深刻地观察问题，审慎地听取意见，仪表庄严肃穆，衷情隐而不露。使人觉得他像天那样高而不可穷极，像渊那样深而不可测量。所以，君主对应该斥责的人不加斥责，奸臣就会兴风作浪；该杀的不杀，就会发生乱子，应用兵讨伐而不讨伐，敌国就会强大起来。”

文王说：“很好啊！”

零壹零／举　贤

阅读提示：本篇论述用人唯贤，举贤唯用。主张排除选贤干扰，提出了“实当其名，名当其实”的举贤之道。

文王问太公曰：“君务举贤而不获其功，世乱愈甚以致危亡者，何也？”

太公曰：“举贤而不用，是有举贤之名，而无用贤之实也。”

文王曰：“其失安在？”

太公曰：“其失在君好用世俗之所誉，而不得真贤也。”

文王曰：“何如？”

太公曰：“君以世俗[1]之所誉者为贤，以世俗之所毁者为不肖，则多党[2]者进，少党者退。若是，则群邪比周[3]而蔽贤，忠臣死于无罪，奸臣以虚誉取爵位。是以世乱愈甚，则国不免于危亡。”

文王曰：“举贤奈何？”

太公曰：“将相分职，而各以官名举人。按名督[4]实，选才考能，令实当其名，名当其实，则得举贤之道也。”

文王问太公说：“君主注重选用贤能，又收不到实效，社会反而会混乱，以致国家陷于危亡，这是什么原因呢？”

太公说：“选拔出贤能但不加以任用，这是有举贤的虚名，而无用贤的实效！”

①世俗：指当时一般人的平庸见解。②党：即党羽。这里指恶势力集团的附和者。③比周：与坏人勾结，结党营私。《荀子·臣道》：『朋党比周，以环主图私为务。』④督：观察，察看。

文王说："产生这种过失的原因在哪里呢？"

太公说："其过失在于君主喜好用一般人所称赞的人，因而就得不到真正的贤人了。"

文王说："为什么呢？"

太公说："如果君主认为一般人所称赞的是贤人，一般人所诋毁的是不贤的人，那么党羽多的就会被任用，党羽少的就会被排挤。这样奸邪势力就会结党营私而埋没贤人，忠臣无罪而被置于死地，奸臣用虚名骗取爵位，所以社会愈加混乱，国家就不能避免危亡了。"

文王说："怎样举贤呢？"

太公说："将相分工，根据各级官吏应具备的条件选拔贤能，再根据各种官职应具备的条件考核在职人员，甄别其才智的高低，考查其能力的强弱，使其德才与官位相称，官位与德才相当。这就掌握着举贤的原则与方法了。"

零壹壹／**赏　罚**

阅读提示：本篇论述奖惩贵在"赏信罚必"。太公认为赏罚分明就是一种诚信，诚信可以上通天，下通地。

文王问太公曰："赏所以存劝，罚所以示惩。吾欲赏一以劝百，罚一以惩众，为之奈何？"

太公曰："凡用赏者贵信，用罚者贵必。赏信罚必于耳目之所闻见，则所不闻见者莫不阴化矣。夫诚畅于天地，通于神明，而况于人乎！"

文王问太公说："奖赏是为了鼓励好人好事，惩罚是为了惩戒坏人坏事。我想奖赏一人以鼓励百人，惩罚一人以警戒众人，应该怎么去做？"

太公说："用赏贵在守信，用罚责在必行。如能对你所见、所闻的事都做到赏信罚必，那么，那些你所未见未闻的事，也都自然

会潜移默化了。赏信罚必就是诚信，诚信可以畅行于天地，上达于神灵，何况对人呢！”

零壹贰 / **兵　道**

阅读提示：本篇论述用兵的规律：一是统一意志，二是兵不厌诈，三是乘敌之隙。

☐ 用兵之道

武王问太公曰：“兵道如何？”

太公曰：“凡兵之道，莫过乎一①。一者，能独往独来②。黄帝③曰：

①凡兵之道，莫过乎一：《汇解·指南》：『……兵道变化多端，而总不外乎一心之运用。』即岳飞所说的『运用之妙，存乎一心』的意思。对于『一心』二字，历来有两种解释：一种是『一心者一众心也』，意思是『统一意志』，也就是《孙子·计篇》所谓『令民与上同意』的意思。第二种解释是：一心，即事权专一，也就是《尉缭子·兵谈第二》中『上不制于天，下不制于地，中不制于人』的意思。②独往独来：谓犹行无不得也。③黄帝：传说中我国中原各族的共同祖先，号轩辕氏，有熊氏，少典之子。相传炎帝扰乱各部落，他得到各部落的拥戴，在阪泉（今河北涿鹿东南）打败炎帝。后蚩尤扰乱，他又率领各部落在涿鹿击杀蚩尤。

‘一者，阶[5]于道[6]，几[7]于神[8]。’用之在于机，显之在于势，成之在于君。故圣王号兵为凶器，不得已而用之。

“今商王[9]知存而不知亡，知乐而不知殃。夫存者非存，在于虑亡；乐者非乐，在于虑殃。今王已虑其源，岂忧其流乎！”

武王问太公：“用兵的法则是什么呢？”

太公说：“一般用兵的法则，没有比统一意志更为重要的了，军队能统一意志，行动就能所向无敌。黄帝说：‘军队意志统一就基本符合了战争的规律，就能用兵如神。’运用统一意志的力量在于不失时机，发挥这种力量在于因势利导，能否具有这种力量，都在于君主的所作所为。所以古代圣王把战争称为凶器，在不得已时才使用它。

“当今商王只知道其国家还存在，而不知他已面临危亡；只知

⑤阶：因由，由来之道。凡渐进以成其事者都叫阶。⑥道：规律，道理。⑦几：差不多，将近。⑧神：奇异莫测，异乎寻常。⑨商王：商，朝代名。公元前十五世纪商灭夏后建立的奴隶制王朝，建都于亳（今河南郑州城东二里岗），后盘庚迁都于殷（今河南安阳市西北小屯村），因而又称殷商。商王，这里指商代最后一个君主帝辛，名纣。公元前十一世纪，周武王伐纣，在牧野（今河南汲县西南）一战，纣军大败，纣王自焚。

纵情享乐，而不知他已面临祸殃。国家能否长存，在于能否居安思危；君主能否长乐，在于能否乐不忘忧。现在你已思虑到存亡的根本问题，还忧虑什么其他问题呢？”

□ 如何作战

武王曰：“两军相遇，彼不可来，此不可往，各设固备，未敢先发。我欲袭之，不得其利，为之奈何？”

太公曰：“外乱而内整，示饥而实饱，内精而外钝。一合一离，一聚一散。阴其谋，密其机，高其垒，伏其锐士，寂若无声，敌不知我所备。欲其西，袭其东。”

武王曰：“敌知我情，通我谋，为之奈何？”

太公曰：“兵胜之术，密察敌人之机，而速乘其利，复疾击其不意。”

武王说：“两军相遇，敌人不能来攻我，我也不能去攻打他，双方都坚守阵地，都不敢率先行动，我想袭击他，又没有有利的条件，这时该怎么办呢？”

太公说：“在这种情况下要外面假装混乱，而内部实际严整。表面伪装缺粮，而实际储备充足，实际战斗力强，而装出战斗力弱。使军队或合或离（假装没有节制），或聚或散（假装没有纪律）。要隐匿计谋，秘密企图，高筑壁垒，埋伏精锐，隐蔽静肃，使敌不知道我的企图，以便声东击西。”

武王说：“敌人若已知道我的情况，了解我的计谋，怎么办呢？”

太公说：“作战取胜的方法，在于周密察明敌情，抓住有利的时机，出其不意地打击它。”

武韬

第二篇

《武韬》论述了修德安民等问题。它主要阐述了用兵不可轻举妄动，要察明敌情，看准时机，力求不战而屈人之兵。为此，要与『天下共其生』，要顺乎人心，要进行『文伐』，要能攻强、离亲、散众。

零零壹／发　启

阅读提示：本篇论述以民伐罪、以国取天下的策略。主要是修德惠民以观形势；收揽民心与民同利；秘密准备待机而动。

□ 论天道

文王在酆[1]召太公，曰："呜呼！商王虐极，罪杀不辜。公尚[2]助予忧民，如何？"

太公曰："王其修德，以下贤惠民，以观天道[3]。天道无殃，不可先倡；人道[4]无灾，不可先谋。必见天殃，又见人灾，乃可以谋。必见其阳，又见其阴，乃知其心；必见其外，又见其内，乃知其意；必见其疏，又见其亲，乃知其情。

文王召见太公，说："唉！商纣王暴虐到了极点，乱杀无罪之

①酆：古都邑名，在今陕西西安市西南，沣河西岸。周文王伐崇侯虎后筑酆邑，自岐迁此。②公尚：指太公吕尚。③天道：指自然的规律，古时也指天命，也就是指吉凶祸福的征兆。④人道：指人事。

人，我想拯救天下人民，你看如何办呢？”

太公说：“君主应该先修德，要礼贤下士，应该施惠于民，要善于观察天道的吉凶。当天道还没有灾害征兆的时候，不可先倡导征伐。人道没有出现祸乱的时候，不可先策划出兵。必须看到既出现了天灾，又发生了人祸时，才可以策划征伐。必须既要看到他公开的言行，还要看到他秘密的活动，才能知道他的想法；既要看到他表面的行动，又要看到他内部的谋划，才能了解他的意图；既要看到他疏远什么人，也要看到他亲近什么人，才能掌握他的情感倾向。

□ 从政法则

“行其道[1]，道可致[2]也；从其门[3]，门可入也；立其礼[4]，礼可成也；争其强，强可胜也。

“推行吊民伐罪的政治主张，就可取得成功；按照统一天下的路线前进，目的就可达到；顺应民意以建立军队和国家的制度，新的制度就能建立起来；争取建立优势兵力，就可战胜强大的敌人。

□ 什么是战争

“全胜不斗，大兵无创[1]，与鬼神通。微哉！微哉！

“战争获得全胜而不必经过战斗，使全军没有伤亡，真可以说是用兵如神了。微妙啊！微妙啊！

□ 胜利之本

“与人同病相救，同情相成，同恶相助，同好相趋。故无甲兵[1]而胜，无冲机[2]而攻，无沟堑而守。

“能与人同甘苦就能互相救援，能与人同理想就能互相成全，能与人同憎恶就能互相帮助，能与人同爱好就有共同的追求。这样，就是没有军队也能取胜，没有冲车、机弩也能进攻，没有沟垒也能防守。

①行其道：道，规律、法则、政治主张或思想体系。行其道，指执行吊民伐罪的政治主张。②致：达到，这里可理解为取得成功。③门：门径。《汇解·直解》：『门，王天下之门也。』可以理解为路线。④礼：《汇解·直解》：『军国之制度也。』就是军队和国家的度。

①大兵无创：众多的军队都没有伤亡，即《孙子》中『全军为上』之意。

①甲兵：铠甲和兵器，意指军队。②冲机：冲，指冲车；机，机弩，是古代一种装有发射机的弓箭。冲机，泛指良好的兵器。

□ **大智之人**

“大智不智，大谋不谋，大勇不勇，大利不利。利天下者，天下启[①]之；害天下者，天下闭[②]之。天下者，非一人之天下，乃天下之天下也。取天下者，若逐野兽，而天下皆有分肉之心；若同舟而济，济则皆同其利，败则皆同其害：然则皆有启之，无有闭之也。

“有大智的人不夸耀他的智慧，有计谋的人不暴露他的谋略，有大勇的人不凭血气之勇，图大利的人不顾自己的利益。为天下谋利益的，天下人都欢迎他；使天下人受害的，天下人都反对他。天下不是一个人的天下，而是天下人的天下。想取得天下的人，就像猎取野兽一样，天下人都有分享猎物的心；也好像同船渡河一样，渡过了大家就达到了共同的目的，失败了大家都受害。这样做，天下人都只有欢迎他的理由而没有反对他的理由了。

□ **赢得人民拥护**

“无取于民者[①]，取民者也[②]；无取于国者，取国者也；无取于天下者，取天下者也。无取民者，民利之；无取国者，国利之；无取天下者，天下利之。故道在不可见[③]，事在不可闻，胜在不可知。微哉！微哉！

“不掠夺人民利益，就可以得到人民的拥护；不掠夺别国利益，就可以获得别国的拥护；不掠夺天下利益的，就可以取得天下的拥护。不掠夺人民利益的人，人民归向你，这是人民给你的利益；不掠夺别国利益的，别国归向你，这是别国给你的利益；不掠夺天下利益的，天下人归向你，这是天下人给你的利益。所以这种方法妙在使人看不见，妙在使人不可闻，胜利妙在使人不可知。真是微妙呀！微妙呀！

□ **藏而不露**

“鸷鸟[①]将击，卑飞敛[②]翼；猛兽将搏[③]，弭[④]耳俯伏；圣人将动，必有愚色。

“猛禽将要袭击目标时，必定要敛翅低飞；猛兽将要捕捉猎物，

①启：打开。②闭：关闭。此处为拒绝、反对的意思。

①无取于民者：《汇解·直解》：『取于民者，夺民之利也。』无取于民者，就是不夺取人民利益的人。②取民者也：《汇解·直解》：『取民者得民心之归也。』即取得人民拥护的意思。③道在不可见：《汇解·直解》：『道不可见者，取民在于不取也。』意思是用不夺取人民利益的方法去取得人民的拥护，这种方法是人所看不见的。

①鸷鸟：凶猛的鸟，如鹰之类。②敛：收缩。③搏：攫取，搏斗。④弭：平息。引申为收敛，服帖。弭耳，把翘着的耳朵平帖下来。

必先贴耳伏地；圣人将要采取行动，先示人以愚钝的样子出现。

□ 商朝亡国征兆

“今彼殷商，众口相惑，纷纷渺渺[1]，好色无极：此亡国之征也。吾观其野，草菅[2]胜谷；吾观其众，邪曲[3]胜直；吾观其吏，暴虐残贼，败法乱刑，上下不觉：此亡国之时也。

“现在的商朝人民，疑虑相告，政治混乱，商王却荒淫无度：这是亡国的征兆。我观察他的田地里，野草盖过了禾苗；我观察他的群臣，荒诞邪僻的压倒了公平正直的；我观察他的官吏，都是暴虐残酷，违法乱刑，他们上下还执迷不悟：这是该亡国的时候了。

□ 圣人的德操

“大明[1]发而万物皆照，大义[2]发而万物皆利，大兵发而万物皆服。

①纷纷渺渺：纷纷，混乱貌；渺渺，水远貌，无穷的意思。②草菅：野草。③邪曲：邪，妖异，怪诞；曲，邪僻。

①大明：指日成月或兼指日月。以日月的光辉比喻圣人的道德。②大义：光明正大，正义的行动。可理解为吊民伐罪、除暴安民的行动。

大哉圣人之德，独闻独见，乐哉！”

“日月高挂当空就能普照万物，采取正义的行动就对人民有利，大军出动就能使天下降服。伟大啊，圣人的德操，独到的见地，人所不及，乐在其中！”

零零贰／**文　启**

阅读提示：这里的文启就是以文德启发教育人民。本篇太公论述“无为而治”的政治思想。

□ 圣人治理天下的原则

文王问太公曰："圣人何守？"

太公曰："何忧何啬[1]，万物皆得；何啬何忧，万物皆遒。政之所施，莫知其化；时之所在，莫知其移。圣人守此[2]而万物化，何穷之有，终而复始。

文王问太公："圣人治理天下应该遵循什么原则呢？"

太公说："圣人不会去忧虑什么，也不会去制止什么，万物自然会各得其所；不去制止什么，不去忧虑什么，万物自然会繁荣滋长。政令的推行，要使人们在不知不觉中潜移默化，就像时间在不知不觉中自然流动一样。圣人遵循无为而治的原则，万物被他潜移默化，就像四季更替一样，周而复始，永无穷尽。

□ 无为而治的思想

"优之游之[1]，展转[2]求之；求而得之，不可不藏；既以藏之，不可不行[3]；既以行之，勿复明之。夫天地不自明，故能长生；圣人不自明，故能名彰。

"君主必须反复探索，从容悠闲、无为而治的思想既然探索到了，那就不可不存之于心中；既然存于心中，那就不可不在政治上去实行，既然实行了，也就不需明告于天下。因为天地并不需宣告自己的规律，而万物就自会按其规律生长；圣人也不需宣告无为而治的思想，而自会显示出其辉煌的成就。

□ 圣人治国的方略

"古之圣人，聚人而为家，聚家而为国，聚国而为天下，分封贤人以为万国，命之曰大纪。陈[1]其政教，顺其民俗，群曲[2]化直，变于形容。万国不通，各乐其所，人爱其上，命之曰大定。呜呼！圣人务静[3]之，贤人务正之，愚人不能正，故与人争。上劳则刑繁，刑繁则民忧，民忧则流亡。上下不安其生，累[4]世不休，命之曰大失。

"古时圣人把人们聚集起来组成家庭，把许多家庭组成国家，把许多国家组成天下。分封贤人为各国诸侯，把这种制度叫做大纪。然后宣扬政教，顺应民俗，把邪僻行为化为正直的风气，以移

①何忧何啬：忧，忧虑。啬，吝惜。何忧何啬，这里是指无需去忧虑什么，也无需去制止什么，听其自然，无为而治的意思。②此：指上文所述的听其自然、无为而治的思想。

①优之游之：从容不迫的样子。②展转：形容卧不安席，翻来覆去的样子。③既以藏之，不可不行：以，通『已』；藏之，《汇解·直解》：『存之于心也。』行，实行。全句的意思是，既已把探索到的道理，存之于心了，就不可不将其付诸实行。

①陈：宣扬。②曲：不公正，邪僻。③静：平静，安详。④累：屡，数。此处可理解为长期的意思。

①常形：指春生、夏长、秋收、冬藏等四时变化的现象。②常生：指农业上春耕、夏耘、秋收、冬息等经常从事的事业。③生：生活。④从政：从，顺从；政，政令。从政，即服从政令的意思。

风易俗。各国之习俗虽不相同，但各自都喜爱本土，人人都敬其长上，这叫做大定。唉，圣王用清静无为的政治来治理天下，贤君用正己正人的规范来治理国家，愚君既不能正己又不能正人，所以与民相争。君主政令繁多，就会使用多种刑罚，刑多人民就会恐惧，民惧就会流散逃亡。上下不安生业，长期动乱不休，这叫做大失。

☐ 治理天下的原则

“天下之人如流水，障之则止，启之则行，静之则清。呜呼，神哉！圣人见其所始，则知其所终。”

文王曰：“静之奈何？”

太公曰：“天有常形①，民有常生②，与天下共其生③，而天下静矣。太上因之，其次化之，夫民化而从政④。是以天无为而成事，民无与而自富，此圣人之德也。”

文王曰：“公言乃协予怀，夙夜念之不忘，以用为常。”

“天下人心像流水一样，阻塞它就停止，开放它就流动，不搅动它就保持清澈。哦！真是神妙莫测！只有圣人看到它的萌芽，就能推断它的结果。”

文王说：“怎样使天下安静呢？”

太公说：“天有一定的变化规律，人有经常从事的事业，能与人民共安乐，天下就会安静。最好的政治是顺应人心来治理人民，其次是宣扬政教以感化人民。人民被潜移默化而服从政令，上天无为却能生长万物，人民也不需要施与，生活就能富裕，这就是圣人的德政。”

文王说：“你说得很好呀，我一定朝思夕念，用它作为治理天下的原则。”

零零叁／文　伐

阅读提示：文伐，据《汇解》：“文伐者，以文事伐人也。”意思是用非军事手段打击敌人。本篇提出了十二种“文伐”之法，都是采用权谋诡诈的手段，利用敌人内部矛盾，促使其激化，借以分化、瓦解、削弱敌人，为军事进攻创造有利条件。

□文伐的方法

文王问太公曰："文伐之法奈何？"

太公曰："凡文伐有十二节：

"一曰，因其所喜，以顺其志，彼将生骄，必有奸[1]事；苟能因之，必能去之。

文王问太公："文伐的方法如何？"

太公说："文伐的方法有十二种：

"一是依照敌人的喜好，顺从他的心愿，使他滋长骄傲情绪，必会去做些邪恶的事情，我再巧妙地加以利用，就一定能除掉他。

①奸：底本作『好』，疑误。

①奸节乃定：其奸邪行为一定会发展下去。

①严：尊敬。②置代：置是弃置；代是替代。置代，更换使命的意思。

□ 亲其所爱

“二曰，亲其所爱，以分其威，一人两心，其中必衰；廷无忠臣，社稷必危。

“二是拉拢敌君的近臣，以削弱敌国的力量。他们既然怀有二心，其忠心程度必然降低；敌人朝中没有了忠臣，它的国家就必定处于危亡的境地。

□ 贿赂近臣

“三曰，阴赂左右，得情甚深；身内情外，国将生害。

“三是贿赂敌国的近臣，和他们建立深厚的情谊；他们身居国内而心向国外，敌国就必将发生祸害。

□ 纵情享乐

“四曰，辅其淫乐，以广其志，厚赂珠玉，娱以美人；卑辞委听，顺命而合：彼将不争，奸节乃定[①]。

“四是助长敌国君主过分的享乐行为，扩大他的荒淫之心。用大量珠玉贿赂他，赠送美女讨好他；言词卑下，曲意听认。顺从其命令，迎合其心意。这样，他就忘记与我作斗争而放肆发展其邪恶的行为了。

□ 略施小计

“五曰，严[①]其忠臣，而薄其赂；稽留其使，勿听其事，亟为置代[②]；遗以诚事，亲而信之。其君将复合之。苟能严之，国乃可谋。

“五是对敌国的忠臣要尊敬，少给他些礼物；他当使者前来交涉时，要故意拖延他，不要听从他的意见；极力促使敌人改派他人来替代，然后给他透露一些真实情况，表示亲近他信赖他以示友好。如能这样用不同的方法去对待敌国忠臣与奸佞，就可谋取他的国家。

☐ 收买大臣

“六曰，收其内，间其外；才臣外相[①]，敌国内侵，国鲜不亡。

“六是收买敌国君主左右的大臣，离间其驻边的将帅；使其有才干的大臣都帮助外国，再加以敌国内部互相倾轧，这个国家就很少有不灭亡的了。

☐ 迷惑敌人

“七曰，欲锢[①]其心，必厚赂之；收其左右忠爱，阴示以利，令之轻业，而蓄积空虚。

“七是要想使敌国君主对我深信不疑，就必须赠送他大量礼物；收买他左右亲信的大臣，暗中给他们好处，使其君臣忽视生产，造成其国家积蓄空虚。

①相：辅助，帮助。

①锢：禁锢，控制，这里是使敌国君主对我深信不疑。

□ 为我所用

“八曰，赂以重宝，因与之谋，谋而利之。利之必信，是谓重亲[①]。重亲之积，必为我用。有国而外，其地大败。

“八是赠送敌国国君以重宝，进而与他同谋别国，所图谋的又对他有利。由于对他有利，他必然信任我，这就密切了敌国君主与我的关系。关系越密切，敌国君主必为我所利用。他有自己的国家而被外国利用的祸患，其国必亡。

□ 夸耀国君

“九曰，尊之以名，无难其身；示以大势，从之必信。致其大尊，先为之荣；微饰圣人，国乃大偷[①]。

①重亲：据《汇解》：『重结彼此之亲好也。』即加深彼此的友谊。

①国乃大偷：《汇解·纂序》：『其国事必大见偷情而废弛矣。』意思是说，其国事必然大大地懈怠以致废弛了。

“九是用美名颂扬他，不让他受到危难；给他势倾天下的感觉，毕恭毕敬地顺从他。以至高无上的名位尊崇他，先夸耀他的功绩显荣，再恭维他的德操，这样他必然会狂妄自大而对于国事懈怠废弛了。

□取得信任

“十曰，下之必信，以得其情[①]。承意应事，如与同生。既以得之，乃微收之。时及将至，若天丧之。

“十是对他要表示恭顺诚信，以取得他的友情和信任。顺承他的意图办事，好像兄弟一般亲密。既已得到他的友情和信任，就进一步微妙地控制他。时机一到，就像上天叫他灭亡一样而把他消灭。

□ 收买他人

“十一曰，塞[①]之以道：人臣无不重贵与富，恶死与咎[②]；阴示大尊，而微输重宝，收其豪杰。内积甚厚，而外为乏。阴纳智士使图其计，纳勇士使高其气；富贵甚足，而常有繁滋[③]。徒党[④]已具，是谓塞之。有国而塞，安能有国。

“十一是闭塞敌国君主的视听：凡是臣民没有不渴望富贵，而厌恶危难与灾祸的；用暗中许给尊贵的官位，秘密送给大量财宝的方法，收买敌国的英雄豪杰。国内积蓄很多，外表却装作穷困。暗中收纳智士以制定谋略，收纳勇士以提高士气；要满足他们取得富贵的愿望，而不断发展壮大。结成自己的党徒，聚集起力量。这样做就能闭塞敌人的视听而秘密壮大自己了。敌人虽有国家在，但耳目已为人所闭塞，哪还能够保住他的国家呢！

□夺取天下

“十二曰，养其乱臣以迷之，进美女淫声以惑之，遗良犬马以劳之，时与大势以诱之。上察而与天下图之。

“十二是扶植敌国的乱臣以迷乱其君主的心智，进献美女淫声

①情：这里指取得他的友好和信任的感情。《开宗》：『此言与之相信好而密收之。』

①塞：此处可理解为闭塞其君主之心而瓦解其君臣的关系。②咎：灾祸。③繁滋：繁是多、盛；滋是培植，繁殖。可理解为滋生蔓延、发展壮大的意思。④徒党：此处可理解为聚集力量的意思。

以迷惑其君主的意志，送他良犬骏马使他沉溺在犬马游猎之中而神形疲惫，又常报以有利的形势使他高枕无忧。然后，观察有利时机夺取他的国家。

□ 举兵讨伐

“十二节备，乃成武事。所谓上察天，下察地，征已见，乃伐之。”

“以上十二种计谋能妥善运用，就可成全武事。所谓上察天时，下察地利，等到各种有利的征兆都已显露时，就可以出兵讨伐了。”

零零肆／**顺　启**

阅读提示：本篇论述夺取和治理天下的根本原则是要与人民的利益一致，即所谓“天下者非一人之天下，惟有道者处之”。

文王问太公，曰：“何如而可为天下？”

太公曰：“大[①]盖天下，然后能容天下；信盖天下，然后能约天下；仁盖天下，然后能怀天下；恩盖天下，然后能保天下；权盖天下，然后能不失天下；事而不疑，则天运[②]不能移，时变不能迁。此六者备，然后可以为天下政。

“故利天下者，天下启之；害天下者，天下闭之。生天下者，天下德之；杀天下者，天下贼[③]之。彻[④]天下者，天下通之；穷天下者，天下仇之。安天下者，天下恃之；危天下者，天下灾之[⑤]。天下者，非一人之天下，惟有道者处之。”

文王问太公：“具备什么条件才可以治理天下呢？”

太公说：“气量盖过天下，然后才能包容天下；诚信盖过天下，然后才能约束天下；仁慈盖过天下，然后才能怀柔天下；恩惠盖过天下，然后才能保全天下；权力盖过天下，然后才能不失天下；遇事果决不疑，就像天命不能改变，就像四时变化不能更替一样。具备这六个条件，就可以治理天下。

“为天下人谋利益的，人民就拥护他；使天下人受苦的，人民

①大：《汇解》指气量而言。②天运：犹天命，即谓天然的机运，不是人力所能勉强做到的。③贼：虐害，杀害，毁坏。③彻：贯通，遵循。⑤灾之：《汇解·直解》：『灾之，以为害我而远避之也。』

就反对他。关心天下人生存的，人民就怀念他；杀戮天下人的，人民就要毁灭他。顺应天下人意愿的，人民就归向他；造成天下人穷困的，人民就仇视他。使天下人安居乐业的，人民就依靠他；使天下人遭受危难的，人民就逃离他。天下不是一个人的天下，只有有道的人，才能做君主。”

零零伍／三　疑

阅读提示：本篇主要论述攻击强敌、离间敌人、瓦解敌军等策略。

□ 如何建功立业

武王问太公曰：“予欲立功，有三疑，恐力不能攻强、离亲、散众，

为之奈何？”

太公曰：“因之，慎谋，用财。夫攻强必养之使强，益之使张[1]，太强必折，太张必缺；攻强以强，离亲以亲，散众以众。

武王问太公：“我想建功立业，但有三点疑虑：担心力量不足以进攻强敌，担心不能离间敌人的亲信，担心不能瓦解敌人的军队。应该怎么办呢？”

太公说：“一是因势利导；二是慎用计谋；三是使用钱财。要进攻强敌，必先助长其恃强蛮横，使他更加猖狂自大。过于强横，必遭挫折；过于骄傲，必致失误。要进攻强大的敌人，必先助长它的强暴，要离间敌人的亲信，必先收买敌人亲信；要瓦解敌人的军队，必先收揽敌国民心。

①张：开弓拉紧。比喻骄傲自大的意思。

□ 离间之计

“凡谋之道，周密为宝。设[①]之以事，玩[②]之以利，争心必起。欲离其亲，因其所爱，与其宠人，与之所欲，示之所利，因以疏之，无使得志；彼贪利甚喜，遗疑乃止。

“运用计谋，周密最为重要。先给敌人一些好处，给敌人一些利益，使他们互相争夺。要想离间敌国君主所亲信的忠臣，应从他所宠爱的近臣入手，用他们所想得到的东西送他们，许给他们丰厚的利益。利用他们去搬弄是非，使其君主疏远忠臣，使这些忠臣不能得志。那些近臣因为得到我们给的利益很高兴，就会去制造敌人相互间的怀疑，从而达到离间他们的目的。

□ 如何攻击强敌

“凡攻之道，必先塞其明，而后攻其强，毁其大[①]，除民之害；淫之以色，啖[②]之以利，养之以味，娱之以乐。

“一般来讲攻击强大敌人的方法是：首先应蒙蔽敌国君主的耳目，然后才能进攻他强大的军队，摧毁他庞大的国家，以达到为民除害的目的；用女色腐蚀他，用厚利引诱他，用美味娇养他，用淫乐迷乱他。

□ 设计圈套

“既离其亲，必使远民，勿使知谋，扶而纳之，莫觉其意，然后可成。

“离间了他的亲信之后，必然会使他疏远人民，不让他发觉这是计谋，推推拉拉把他引入我们的圈套，而他还不明白我的意图，然后就可成事了。

□ 亲近他人的方法

“惠施于民，必无忧财；民如牛马，数餧[①]食之，从而爱之。

“施恩惠于人民，不要吝惜财物，人民和牛马一样，经常喂养

①设：这里是安排的意思。例如《汉书·赵充国传》：『设立以子女貂裘。』②玩：玩弄，引申为引诱。

①大：按《汇解》注：『大，大国也。』可理解为庞大的国家机器。②啖：吃。这里指引诱的意思。

①餧：喂养，即多次（经常）喂养它。

它们，就能使它们和你亲近。

□ 思考与智慧

“心以启[1]智，智以启财，财以启众，众以启贤；贤之有启，以王天下。”

“思考研究能产生智慧，智慧能产生财富，财富能养育民众，这样一来，民众中就可以涌现出贤才，大批贤才涌现出来，就可以辅佐君主统一天下。”

①启：《汇解》：『启，犹生也。』可理解为产生的意思。

龙韬

第三篇

《龙韬》主要论述军队的统率和指挥问题。包括统帅部的编成，选将、立将的方法，秘密通信的手段，如何造成有利的态势，怎样预见胜负等问题。

零零壹／王　翼

阅读提示：本篇主要讲述军队统帅部的组织和职能。

武王问太公曰："王者帅师，必有股肱羽翼①，以成威神，为之奈何？"

太公曰："凡举兵帅师，以将为命②，命在通达，不守一术；因能受职，各取所长，随时变化，以为纲纪。故将有股肱羽翼七十二人，以应天道。备数如法，审知命理③，殊能异技，万事毕矣。"

武王曰："请问其目。"

太公曰："腹心一人，主潜谋应卒，揆天④消变，总揽计谋，保全民命。

"谋士五人，主图安危，虑未萌，论行能，明赏罚，授官位，决嫌疑，定可否。

①股肱羽翼：股，大腿；肱，手臂从肘到脑的部分；羽翼，翅膀。②命：《汇解》：『为命，司三军之命也。』相当于现代的『司令』。③审知命理：据《汇解·直解》：『命，赋之于天者也，理，散之于事者也。』即天命、事理的意思，全句大意是说，详细而全面地掌握情况，正确处理各项事物。④揆天：揆，观测、揣度；天，天象，就是日月星辰的运行。

“天文三人，主司星历，候风气，推时日，考符[5]验，校灾异，知人心去就之机。

“地利三人，主三军行止形势，利害消息；远近险易，水涸山阻，不失地利。

“兵法九人，主讲论异同，行事成败，简练兵器，刺举非法。

“通粮四人，主度饮食、蓄积，通粮道，致五谷，令三军不困乏。

“奋威四人，主择材力，论兵革[6]，风驰电掣，不知所由。

“伏鼓旗三人，主伏鼓旗，明耳目，诡符节[7]，谬号令，暗忽[8]往来，出入若神。

“股肱四人，主任重持难，修沟堑[9]，治壁垒，以备守御。

“通材三人，主拾遗补过，应偶贵客，论议谈语，消患解结。

“权士三人，主行奇谲，设殊异，非人所识，行无穷之变。

“耳目七人，主往来听言视变，览四方之事、军中之情。

“爪牙五人，主扬威武，激励三军，使冒难攻锐，无所疑虑。

“羽翼四人，主扬名誉，震远方，摇动四境，以弱敌心。

“游士八人，主伺奸候变，开阖人情，观敌之意，以为间谍。

“术士二人，主为谲诈，依托鬼神，以惑众心。

“方士二人，主百药，以冶金疮，以痊万病。

“法算二人，主计会三军营壁、粮食、财用出入。”

武王问太公：“君主统帅军队必须有人辅佐，以造成他的威望，应该怎么办呢？”

太公说：“一般用兵时统帅军队都以将帅作为司令。司令，重在通晓和掌握全面情况，而不在于专精某项技术。他应该量才录用各种人才，发挥他们的专长，使他们根据情况变化处理各项事务，这是统帅军队的根本原则。所以将帅要有助手七十二人，以便集中各种人才的智慧。只有这样去设置助手，才能做到全面详细地掌握情况，作出正确抉择。使具有各种专门技术的人，都能发挥其智慧，各项任务也就可以圆满地完成。”

武王问：“请你再讲详细一点吧。”

太公说：“腹心一人。主管参赞谋略，应付突然事变，观测天象，消除祸患，总揽大计，保全民命。

“谋士五人。主管制定安定危局的措施，考虑尚未出现的形势

⑤符：瑞徽，古代以所谓天以祥瑞之事为受命之征兆。⑥论兵革：论，通『抡』，选择；兵革，革是用皮制成的甲，兵革是兵器衣甲的总称。⑦符节：古代传达命令或征调兵将用的凭证，各执一半，以验真假，如兵符、虎符，用金、玉、铜制成。古代门关出入所持的凭证，为符节的一种，用竹或木制成。⑧暗忽：忽，不注意、不重视。暗忽，形容不清楚。⑨沟堑：护城河。

变化，考察将士的品德才能，宣布赏罚，授予官位，处理疑难问题，裁定事情的可否。

“天文三人。主管观察天象，观测气候，推算时间，考察吉凶的征兆，查验灾害和意外事件，观察天意的迹象。

“地利三人。主管察明军队行军和驻防时的地形状况，分析利害消长，距离远近，地形险易，江河水情以及山势险阻等，使军队作战不失地利。

“兵法九人，主管探讨敌我形势的异同，分析作战胜负的条件，配备和训练各种兵器的使用，揭发非法行为。

“通粮四人。主管计划给养，筹备储存，保证粮食运输，筹集五谷，使军队供应不发生困难。

“奋威四人。主管选拔有才能的勇士，配发适用的兵器装备，组织突击部队以便风驰电掣，出其不意地打击敌人。

“伏鼓旗三人。主管军中的旗鼓，统一视听信号并制造假符节，发布假号令，以迷惑敌人，忽来忽往，神出鬼没。

“股肱四人。主管规划保卫重地，守护要害工程，修筑沟堑壁垒，以备守御。

“通材三人。主管指出将帅的过失，弥补他的疏漏，应对宾客，讨论问题，消除祸患，解决纠纷。

“权士三人。主管施行诡诈奇谋，安排绝术奇技，不让敌人识破，进行无穷的变化。

“耳目七人。主管在与敌人接触中，听风声，看动静，查明天下形势和敌军情况。

“爪牙五人。主管宣扬我军军威，激励三军斗志，使之冒险犯难，冲锋陷阵而无所疑惧。

“羽翼四人。主管宣扬将帅的威名声誉，震骇远方，动摇邻国，削弱敌军的斗志。

“游士八人。主管查出敌方奸细，探知敌国变乱，操纵敌国人心，观察敌方意图，进行间谍活动。

“术士二人。主管使用奇诈，假托鬼神，瓦解敌军斗志。

“方士二人。主管各种药物，治疗创伤，医治疾病。

“法算二人。主管计算军队营垒、粮食和财用出入的数量及情况。”

零零贰/论 将

阅读提示：本篇论将帅品德和缺点错误，发扬五才，避免十过。

□ 论将帅的才德

武王问太公曰："论将之道奈何？"

太公曰："将有五材、十过。"

武王曰："敢问其目。"

太公曰："所谓五材者，勇、智、仁、信、忠也。勇则不可犯，智则不可乱，仁则爱人，信则不欺，忠则无二心。

武王问太公："评论将帅的原则是什么？"

太公说："将帅有五项才德和十种缺点。"

武王问："它的具体内容是什么？"

太公说："所谓五种才德是勇敢、明智、仁慈、诚信和忠实。勇敢就不可侵犯，明智就不可扰乱，仁慈就能得人心，诚信就不欺骗别人，忠实就能一心为国。

□ 十种缺点

"所谓十过者，有勇而轻死者，有急而心速者，有贪而好利者，有仁而不忍人者[1]，有智而心怯者，有信而喜信人者，有廉洁而不爱人者，有智而心缓者，有刚毅而自用者，有懦而喜任人者。

"所谓十种缺点是，有勇气而轻于牺牲的，有暴躁而急于求成的，有贪婪而好利的，有仁慈而流于姑息的，有聪明而胆小怕事的，有诚信而轻信别人的，有廉洁而近于刻薄的，有多谋而犹豫不决的，有坚强而刚愎自用的，有懦弱而依赖别人的。

□ 制胜的方法

"勇而轻死者，可暴也；急而心速者，可久也；贪而好利者，可遗也；仁而不忍人者，可劳也；智而心怯者，可窘也；信而喜信人者，可诳也；廉洁而不爱人者，可侮也；智而心缓者，可袭也；刚毅而自用者，可事也[1]；懦而喜任人者，可欺也。

"英勇而轻于牺牲的，可用激将法战胜他；急躁而急于求成的，可用持久作战拖垮他；贪婪而好利的，可以贿赂他；仁慈而流于姑息的，可以袭扰疲惫他；聪明而胆小怕事的，可以胁迫他；诚信而轻信别人的，可以欺骗他；廉洁而近于刻薄的，可以轻侮他；多谋而犹豫不决的，可以突然袭击他；坚强而刚愎自用的，可以用言词奉承他，使他轻举妄动，疏忽大意，然后打败他；懦弱无能而好依赖别人的，可以愚弄他。

□ 论战争

"故兵者，国之大事；存亡之道，命在于将。将者，国之辅，先王之所重也。故置将不可不察也。故曰，兵不两胜，亦不两败。兵出逾境，期不十日，不有亡国，必有破军杀将。"

武王曰："善哉！"

①仁而不忍人者：《汇解》：『不忍人者，牵于私爱姑息之人也。』意思是说，过于仁慈就会流于姑息，将领姑息，军纪就不能严格，戒备就不会严整，部队就容易遭受敌人袭扰而疲惫不堪，所以下文说，『仁而不忍人者，可劳也』。

①刚毅而自用者，可事也：《汇解》：『刚毅而自用者，致卑词屈己以侍奉之，则轻而不设备。』意思是说，对刚愎自用的人，可用低声下气的言词，使他狂妄自大，轻举妄动，疏忽大意，然后再乘机打败他。

"出兵作战，是国家的大事，它关系着国家的存亡，国家的命运就掌握在那些将帅手里。将帅，是国家的栋梁，为历代君王所重视。所以任命将帅应该多方审察。所以说：战争的双方不可能都取得胜利，也不可能都失败。只要大军一越出国境，不出十日，不是一方亡国就必然是另一方破军杀将。"

武王说："好极了！"

零零叁／**选　将**

阅读提示：本篇主要论述选择和考验将领的方法。太公对如何选用将领提出了独到见解，八种考验方法很实用。

□ 士的外表与内情

武王问太公曰："王者举兵，欲简练英雄，知士[①]之高下，为之奈何？"

太公曰："夫士外貌不与中情相应者十五：有贤而不肖者，有温良而为盗者，有貌恭敬而心慢者，有外廉谨而内无至诚者，有精精[②]而无情者，有湛湛[③]而无诚者，有好谋而不决者，有如果敢而不能者，有悾悾[④]而不信者，有恍恍忽忽[⑤]而反忠实者，有诡激[⑥]而有功效者，有外勇而内怯者，有肃肃[⑦]而反易人者，有嗃嗃[⑧]而反静悫[⑨]者，有势虚形劣而外出无所不至、无所不遂者。天下所贱，圣人所贵；凡人莫知，非有大明，不见其际。此士之外貌不与中情相应者也。"

武王问太公："帝王出兵想选拔英明而有权略的人为将，怎样才能知道他的才能高下呢？"

太公说："士的外表和内情不符的有十五种情况：有的外表贤良而内实不肖，有的外表善良而实为盗贼，有的外表恭敬而内实不逊，有的外表谦谨而内不至诚，有的外表精干而内无才学，有的外表纯朴而内不诚实，有的外多计谋而内不果断，有的外表果断而内无作为，有的外表老实而内无信用，有的外表动摇而内实忠诚，有的言行过激而做事却有功效，有的外表勇敢而内心惧怕，有的外表严肃而内实平易近人，有的外貌严厉而内心温和厚道，有的外表虚

①士：有能力、能任事的人。此处指『将』。②精精：精而又精，这里意为精明干练。③湛湛：深，清澈貌。④悾悾：诚恳貌。⑤恍恍忽忽：神志不清，精神恍惚。⑥诡激：诡，奇异，诡谲；激，言语直而急。诡激，奇异的辩论。⑦肃肃：严正貌。⑧嗃嗃：严厉貌。⑨悫：诚实。

弱、貌不惊人，但受命出使没有到不了的地方，没有完不成的任务。那些外貌不扬，而内在品质好的人，往往为天下人看不起，却独为圣人所器重；一般人不知道他们内在的才华，非有高明的见识，是不能看清这些人的实情的。这就是士的外表和内在才华不相一致的情况。”

□ 怎样了解他人

武王曰：“何以知之？”

太公曰：“知之有八征：一曰问之以言，以观其辞；二曰穷之以辞，以观其变；三曰与之间谍[①]，以观其诚；四曰明白显问，以观其德；五曰使之以财，以观其廉；六曰试之以色，以观其贞；七曰告之以难，以观其勇；八曰醉之以酒，以观其态。八征皆备，则贤不肖别矣。”

武王问：“怎样才能真正了解他们呢？”

①谍：底本作『谍』，据《武经七书汇解》校改。

太公说："有八种考验方法：一是提出问题，看他知道得是否详细清楚；二是详细追问，看他应变的能力；三是用间谍考察，看他是否忠诚；四是明知故问，看他有无隐瞒，以考查他的品德；五是让他管理财物，看他是否廉洁；六是用女色试他，看他的操守如何；七是把危难的情况告诉他，看他是否勇敢；八是使他醉酒，看他能否保持常态。这八种考验方法都用了，一个人的贤与不贤就能辨别出来了。"

零零肆／立　将

阅读提示：本篇论述君主任命将帅的仪式和兵权专一的重要性。太公认为，出兵打仗，将在外君命可以有所不受。

□ 任命主将的方式

武王问太公曰："立将之道奈何？"

太公曰："凡国有难，君避正殿，召将而诏之曰：'社稷安危，一在将军，今某国不臣①，愿将军帅师应之。'

"将既受命，乃命太史卜，斋三日，之太庙，钻灵龟②，卜吉日，以授斧钺③。君入庙门，西面而立；将入庙门，北面而立。君亲操钺持首，授将其柄曰：'从此上至天者，将军制之。'复操斧持柄，授将其刃曰：'从此下至渊者，将军制之。见其虚则进，见其实则止。勿以三军为众而轻敌，勿以受命为重而必死，勿以身贵而贱人，勿以独见而违众，勿以辩说为必然。士未坐勿坐，士未食勿食，寒暑必同。如此，士卒必尽其死力。'

武王对太公说："如何任命主将？"

太公说："凡国家遇有危难，国君就避开正殿，在偏殿召见主将，并对他说：'国家安危全靠将军，现在某国背叛，望将军率军征讨。'

"主将接受了任命，国君就命太史占卜，斋戒三天，前往太庙，钻龟甲，择吉日，授给斧钺。到了吉日国君进入太庙门，面向西站着，主将进太庙门，面向北站着。国君亲自拿着钺的头部，把钺柄

①不臣：不守臣道，即背叛的意思。②钻灵龟：在商代，凡有疑难事情，一定要求神问卜，卜的方法是烧红的小钢棍烙龟甲或兽骨，看骨甲上的裂痕以决定吉凶。在烙灼之前，先要在甲的内面钻出枣核形的洼穴，叫做凿，然后由占卜的人用火柱烧甲上的凿，于是甲骨上就出现『卜』字形的裂痕，称为兆。因此，钻灵龟就是占卜的意思。③斧钺：斧，斧头；钺，较宽大的斧。斧钺，都是古军中行刑的兵器。授斧钺，就是象征授予军权。

交给主将说：'从此，军中上至于天的一切事情全由将军管理。'又亲自拿起斧柄，把斧的刃部交给主将说：'从此军中下至于渊的一切事情全由将军管理。见敌虚弱就前进，见敌坚强就停止，不要以为我军众多就轻敌，不要以为任务重大就拼命，不要以为身居高位就轻视别人，不要固执己见而违背众意，不要把诡辩游说当成真理。士兵没有坐，你就不要先坐，士兵没有吃，你就不要先吃，都要与士兵同甘苦。这样，士兵们必能尽死力作战。'

□ **将在外君命有所不受**

"将已受命，拜而报君曰：'臣闻国不可从外治，军不可从中御；二心[①]不可以事君，疑志[②]不可以应敌。臣既受命专斧钺之威，臣不敢生还。愿君亦垂一言之命于臣[③]！君不许臣，臣不敢将。'

"君许之，乃辞而行。军中之事，不闻君命，皆由将出，临敌决战，

无有二心。若此，则无天于上，无地于下，无敌于前，无君于后。是故智者为之谋，勇者为之斗，气厉青云，疾若驰骛[4]，兵不接刃，而敌降服。战胜于外，功立于内，吏迁士赏，百姓[5]欢悦，将无咎殃。是故风雨时节，五谷丰熟，社稷安宁。”

武王曰：“善哉！”

“主将接受任命后，回答说：‘据我所知，国事不应受外部的干扰，作战不能由君主在朝廷内遥控指挥；臣怀二心就不能忠心耿耿地侍奉君主，如果将帅受君主的牵制，就会疑虑重重，不能专心专意地去打击敌人。我既已奉命掌握军事大权，不获胜利就不生还。请君王允许我照上面的话去做！君王不允许，我就不敢担任主持。’

“国君允许了他，主将就辞别君主率军出征。从此军中一切事务，不听命于国君而听命于主将，临敌决战，意志统一。这样，主将就能上不受天时限制，下不受地形限制，前无敌人敢于抵抗，后无君主从中牵制。就能使有智谋的人都为他策划，有勇力的人都为他战斗，士气高昂，行动迅速，兵未交锋而敌已降服。战争取胜于国外，功名显扬于国内，官吏都得到晋升，士兵都得到奖赏，百姓欢欣鼓舞，将帅没有罪过。从此风调雨顺，五谷丰登，国泰民安。”

武王说：“好啊！”

零零伍／将　威

阅读提示：本篇论述将帅树立威信，在于信赏必罚，令行禁止。太公认为，赏罚，士兵才有斗志，作战就能获胜。

武王问太公曰：“将何以为威？何以为明？何以为禁止而令行？”

太公曰：“将以诛大为威，以赏小为明，以罚审[1]为禁止而令行。故杀一人而三军震者，杀之；赏一人而万人悦者，赏之。杀贵大，赏贵小。杀及当路[2]贵重之臣，是刑上极也；赏及牛竖[3]、马洗[4]、厩养之徒，是赏下通也。刑上极，赏下通，是将威之所行也。”

武王问太公：“主将怎样才能树立威信，怎样才能体现明察，怎

④驰骛：驰，车马急走；骛，奔驰、迅急的意思；驰骛，快马奔腾。⑤百姓：商代指贵族。

①审：详明，审慎。②当路：担任重要职务，掌握大权。③竖：僮仆。④马洗：马夫。

样才能做到令行禁止？”

太公说：“主将以诛杀地位高的人来树立威信，以奖赏地位低的人来体现明察，以严明惩罚来做到所禁必止，所令必行。因此，杀一人能使全军震惊的就杀，赏一人能使万人欢喜的就赏。诛杀，重在诛杀地位高的人；奖赏，重在赏赐地位低的人。能诛杀那些有权有势的人物，说明刑罚能及最上层；能奖赏到牛僮、马夫等饲养人员，说明赏赐能达到最下层。刑罚能及至最上层，赏赐能达到最下层，这就说明主将的威信能够贯彻执行。”

零零陆／**励　军**

阅读提示：本篇主要论述鼓励军队士气的方法是将帅以身作则，与士卒同甘共苦。太公指出，将帅掌握了三个克敌要领，就能所向无敌。

武王问太公曰：“吾欲令三军之众，攻城争先登①，野战争先赴②，闻金声③而怒，闻鼓声而喜，为之奈何？”

太公曰：“将有三。”

武王曰：“敢问其目。”

太公曰：“将冬不服裘，夏不操扇，雨不张盖④，名曰礼将；将不身服礼⑤，无以知士卒之寒暑。出隘塞，犯泥涂⑥，将必先下步，名曰力将；将不身服力⑦，无以知士卒之劳苦。军皆定次，将乃就舍，炊者皆熟，将乃就食，军不举火⑧，将亦不举，名曰止欲将；将不身服止欲，无以知士卒之饥饱。将与士卒共寒暑、劳苦、饥饱，故三军之众，闻鼓声则喜，闻金声则怒。高城深池，矢石繁下，士争先登；白刃始合，士争先赴。士非好死而乐伤也，为其将知寒暑饥饱之审，而见劳苦之明也。”

武王问太公：“要使全军官兵攻打城池时争先登城，野外作战时争先冲击，听到停止号令就愤怒，听到前进号令就欢喜，应该怎么办？”

太公说：“将帅有三个克敌制胜的要领。”

①争先登：争先恐后地攀登敌人的城垒。②争先赴：赴，前往、投入、参加。《隋书·贺若敦传》：『挺身赴战，手斩七八人，贼乃退走。』争先赴，可理解为争先冲击。③金声：即钲声。钲，古代军中的一种乐器。金声是指挥军队停止的信号。④盖：有遮蔽作用的器物。⑤不身服礼：服，从事。全句意思是不能亲身执行礼法，也就是不能以身作则的意思。⑥涂：通途，道路。⑦不身服力：力，劳力、勤劳。全句是不能身体力行的意思。⑧举火：《汇解》释为举火做饭的意思。《讲义》释为举火照明的意思。这里从后说。

武王说："它的具体内容是什么呢？"

太公说："将帅冬天不穿皮衣，夏天不用扇子，雨天不张伞篷，这样就是礼将；将帅不能以身作则，就不能体会士兵的冷暖。越过险阻地形，通过泥泞道路，将帅必先下车（马）步行，这样就是力将；将帅不身体力行，就无法体会士兵的劳苦。军队宿营就绪，将帅才进营帐休息，军队的饭菜都已做好，将帅才能就餐，军队没有照明，将帅也不照明，这样就是止欲将；将帅不能克制自己，就无法体会士兵的疾苦。由于将帅能同士兵共寒暑、共劳苦、共饥饿，因此，全军官兵听到前进的号令就欢喜，听到停止的号令就愤怒。即便面临高城深池，箭石如雨，士兵也能争先登城；野战时，刚一交锋，也都能争先冲击。士兵并不是愿意牺牲，乐于伤残，而是因为将帅深深地关怀他们的冷暖、饥渴，体贴到他们的辛苦，他们就能尽力报效啊！"

零零柒／阴　符

阅读提示：阴符，古代秘密通信方法的一种。太公认为，行军作战，通信方法十分重要，能决定战争胜负。

武王问太公曰："引兵深入诸侯之地，三军卒有缓急，或利或害。吾将以近通远，从中应外，以给三军之用，为之奈何？"

太公曰："主与将有阴符，凡八等：有大胜克敌之符，长一尺；破军擒将之符，长九寸；降城得邑之符，长八寸；却敌报远之符，长七寸；警众坚守之符，长六寸；请粮益兵之符，长五寸；败军亡将之符，长四寸；失利亡士之符，长三寸。诸奉使行符，稽留若符事闻，泄告者皆诛之。八符者，主将秘闻，所以阴通、言语不泄、中外相知之术，敌虽圣智，莫之能识。"

武王曰："善哉！"

武王问太公："军队深入敌国境内，全军突然遭遇紧急情况，或者有利，或者有害。我想从近处通知远方，从国内策应外地，以满足三军需要，应该怎么处理呢？"

太公说："君主与将帅之间，有预定的秘密通信工具叫阴符，可分八类：我军大胜，全歼敌人的，长一尺；击破敌军，斩杀敌将的，长九寸；占领城市，夺取城邑的，长八寸；击退敌人，报告远方的，长七寸；警告军民必须坚守的，长六寸；请领粮食，增加兵力的，长五寸；军队失败，将领伤亡的，长四寸；战斗不利，士卒伤亡的，长三寸。凡是奉命传递阴符的人，如有延误时限、泄露机密的，传播的人和听传播的人，都一律处死。上述八类阴符是君主与将帅秘密掌握，用来暗通信息的。这种对内对外都严守秘密的通信方法，即使敌方有绝顶聪明的人，也无法识破。"

武王说："好啊！"

零零捌／阴　书

阅读提示：阴书是另一种古代秘密通信方法。太公指出，在作战时，如果要密谋大计，必须用阴书。

武王问太公曰："引兵深入诸侯之地，主将欲合兵[①]，行无穷之变[②]，图不测之利，其事烦多[③]，符不能明，相去辽远，言语不通，为之奈何？"

太公曰："诸有阴事大虑[④]，当用书，不用符。主以书遗将，将以书问主，书皆一合而再离，三发而一知[⑤]。再离者，分书为三部；三发而一知者，言三人人操一分，相参而不相知情也。此谓阴书，敌虽圣智，莫之能识。"

武王曰："善哉！"

武王问太公："率军队深入敌方境内，国君和主将想要与敌交战，根据情况进行灵活的变化，以求取出其不意的胜利。事情太多，阴符无法说明，彼此相距又很遥远，语言不通，怎么办？"

太公说："所有密谋大计，应当用阴书，不用阴符。国君用阴

①合兵：即交战。②行无穷之变：《汇解》："因敌变化，无方体，无穷尽也。"即根据情况变化不墨守成规、变化无穷的意思。③烦多：又多又乱。④阴事大虑：秘密之事，远大之虑，即密谋大计。⑤三发而一知：就是把一封信拆成三部分，分三人送达，合起来才能看出全部内容。

书指示主将，主将用阴书请示国君。这种书信都是‘一合而再离，三发而一知’。‘一合而再离’就是把一封书信分为三部分；‘三发而一知’就是用三个人送信，每人送一部分，相互参差，即使送信的人也不知道书中的内容。这就叫做阴书，敌人无论怎样聪明，也不能识破我的秘密。”

武王说：“好啊！”

零零玖／军　势

阅读提示：本篇论述进攻作战的原则。太公认为，出兵时凡是一切重大决策均不得有所疑惑，要做到胸有成竹，才能出奇制胜。

□ 进攻的原则

武王问太公曰："攻伐之道奈何？"

太公曰："势[1]因于敌家之动，变生于两陈之间，奇正[2]发于无穷之源。故至事不语，用兵不言。且事之至者，其言不足听也；兵之用者，其状不足见也[3]。倏而往，忽而来，能独专而不制者，兵也。夫兵闻则议，见则图，知则困，辨则危。故善战者不待张军[4]，善除患者理于未生[5]，善胜敌者胜于无形，上战无与战。故争胜于白刃之前者，非良将也；设备于已失之后者，非上圣也；智与众同，非国师也；技与众同，非国工[6]也。事莫大于必克，用莫大于玄默[7]，动莫神于不意，谋莫善于不识。夫先胜者，先见弱于敌而后战者也，故事半而功倍焉。

武王问太公："进攻的原则是什么？"

太公说："作战的形势是随着敌人的行动而变化的，随机应变产生于两军对阵的时候，奇正运用来源于将帅智慧与思虑。所以，机要的大事不能泄露，用兵的策略不可外传，重大决策不许纷纷议论，作战行动不可暴露于敌。忽往忽来，独断专行而不受制于人，这是用兵的重要原则。一般作战，敌人探听到我军兴兵，就要研究应付的策略；敌人发现了我军行动，就要设法破坏我军行动；敌人了解了我军企图，必然为敌所困扰；敌人摸清了我军规律，必然为敌所危害。所以善于用兵的人，取胜于展开军队之前；善于除害的人，消灭祸患于萌芽之前；善于取胜的人，取胜于无形之中；最好的作战是不战而屈人之兵。所以用死拼硬斗来取胜的将领，不算是好的将领；在失败之后再来设防的，不是聪明的人；智慧与一般人相同的，不是国家的导师；技术与一般人相同的，不能算是能工巧匠。用兵最重要的是所攻必克，作战最重要的是保守机密，行动最重要的是出敌不意，计谋最重要的是不被识破。凡是未战而先胜的，都是先示弱于敌，而后作战，这样可以事半而功倍。

□ 先要掌握情况

"圣人征[1]于天地之动，孰[2]知其纪[3]，循阴阳之道[4]而从其候[5]，当天地盈缩[6]因以为常，物有死生，因天地之形。故曰：未见形而战，虽众必败。

①势：底本作『资』，疑误，今从《武经七书汇解》校正。②奇正：见《孙子·兵势》。③其状不足见也：即用兵的形式不显露出来的意思，也就是《孙子》所谓『形兵之极，至于无形』的意思。④张军：张，伸展、展开。张军，展开军队。⑤理于未生：理于，本义是治理，引申为整治、治平。全句可理解为防止事故于未然。⑥国工：一国的能工巧匠。⑦玄默：沉静寡言，引申为不暴露企图。

①征：征候。引申为鉴别、观察。②孰：古『熟』字，引申为反复探索的意思。③纪：理出头绪，找出原因的意思。④阴阳之道：这里指日月运行。⑤候：指天气季节。⑥盈缩：指日月盈亏，昼夜长短。

“圣人观察天地的变化，反复探索其原因，根据日月的运行，遵从季节的变化，比照昼夜长短等自然现象，掌握普遍规律，就知道万物的生死枯荣是随着天地的变化而变化。所以说，没有摸清敌人的情况就去作战，虽然军队众多，也必定失败。

□ 用兵之道

“善战者居之[1]不扰，见胜则起，不胜则止。故曰无恐惧，无犹豫。用兵之害，犹豫最大；三军之灾，莫过狐疑。善战者见利不失，遇时不疑，失利后时，反受其殃。故智者从之而不释[2]，巧者一决而不犹豫，是以疾雷不及掩耳，迅电不及瞑目，赴之若惊，用之若狂，当之者破，近之者亡，孰能御之？

“善于打仗的人，军队处于待机状态时不受干扰，看到有胜利把握就进攻，没有胜利把握就停止。所以不要惧怕，不要犹豫。用

①居之：居，坐或当的意思，引申为固定。②释：解释，引申为放下。

兵的害处，犹豫最大；军队的灾祸，莫过于狐疑。善于打仗的人，看到有利的情况决不放过，遇到有利的时机决不迟疑。因为失去有利条件和错过有利时机而动，反而会使自己受害。明智的将帅抓住战机就不放过，机智的指挥者一经决定就不犹豫，所以才能像迅雷一样使人不及掩耳，像闪电一样使人不及闭眼。前进如惊马奔驰，战斗如狂风骤雨，阻挡他的就被击破，靠近他的都被消灭，谁能抵挡得了这种军队呢？

□ 将帅用兵

“夫将有所不言而守[1]者，神也；有所不见而视者，明也。故知神明之道者，野无衡敌，对无立国。”

武王曰：“善哉！”

“将帅用兵，不声不响而胸有成竹的叫做神；情况不明朗而能看出端倪的叫做明。所以懂得神明的道理，作战就没有势均力敌的对手，面前就没有敢于抵抗的敌国了。”

武王说：“好啊！”

①守：保持，此处理解为持盈守成，即胸有成竹的意思。

零壹零／**奇　兵**

阅读提示：本篇论述战术上造成神奇莫测的有利形势的二十六种方法。

□ 用的法则

武王问太公曰：“凡用兵之道，大要何如？”

太公曰：“古之善战者，非能战于天上，非能战于地下，其成与败皆由神势，得之者昌，失之者亡。夫两陈之间，出甲陈兵，纵卒乱行者，所以为变也；深草蓊蘙[1]者，所以逃遁也；溪谷险阻者，所以止车御骑也；隘塞山林者，所以少击众也；坳泽[2]窈冥[3]者，所以匿其形也；清明无隐者，所以战勇力也；疾如流矢如发机者，所以破精微也；诡伏设奇，远张诳诱者，所以破军擒将也；四分五裂者，所以击圆破方也；因其惊骇者，所以一击十也；因其劳倦暮舍者，所以十击百也；

①蓊蘙：草木茂盛。②坳泽：低洼潮湿的地方。③窈冥：幽暗。

奇伎者，所以越深水渡江河也；强弩长兵者，所以逾水战也；长关远候[4]，暴疾谬遁[5]者，所以降诚服邑也；鼓行喧嚣者，所以行奇谋也；大风甚雨者，所以搏前擒后也；伪称敌使者，所以绝粮道也；谬号令，与敌同服者，所以备走北也；战必以义者，所以励众胜敌也；尊爵重赏者，所以劝用命也；严刑罚者，所以进罢[6]怠也；一喜一怒，一与一夺，一文一武，一徐一疾者，所以调和三军，制一臣下也；处高敞者，所以警守也；保阻险者，所以为固也；山林茂秽者，所以默往来也；深沟高垒粮多者，所以持久也。

武王问太公："用兵的法则是什么？"

太公说："古代善于用兵的人并不是能战于天上，也不是能战于地下，其成功与失败，都在于能否造成神妙莫测的态势。能得此势的就胜利，不得此势的就失败。当两军对峙，出兵列阵时，放纵士兵，混乱行列，目的是变化阵形；引诱敌人占领草木茂盛的地区，是为了便于隐蔽撤退；占领溪谷险阻的地形，是为了阻止敌人战车和骑兵的行动；占领险隘关塞山林地区，是为了便于以少胜多；占领低湿幽暗的地区，是为了隐蔽队形；占领平坦开阔的地区，是为了比勇斗力；行动快如飞箭，猛如发机，是为了以迅雷不及掩耳之势，打乱敌人的计划；巧妙埋伏，设置奇兵，虚张声势，诱骗敌人，是为了歼灭敌军，俘虏敌将；从多方面袭击，是为了打破敌人阵势；乘敌惊慌失措进攻，是为了达到以一击十的目的；趁敌疲劳夜宿袭击，是为了达到以十击百的效果；利用奇妙的渡江手段，是为了克服江河障碍；使用强弩和长兵器，是为了便于越水作战；在远方设关卡、派斥候，快速行动，不拘常法，是为了夺取敌人城邑；故意鼓噪喧嚣前进，是为了乱敌耳目，施行奇计妙策；冒着大风大雨前进，是为了达到攻前袭后多方进击；伪称敌使者潜行于敌后的，是为了切断敌人粮道；诈用敌人号令，穿着敌人服装的，是为了便于准备撤退；作战时先对官兵喻以大义，是为了激励士气战胜敌人；加封官爵，加重奖赏，是为了勉励官兵执行命令；实行严刑重罚，是为了督促疲弊的军队坚持战斗；有喜有怒，有赏有罚，有礼有威，有慢有快，是为了协调全军意志，统一行动；占领高大而又视界开阔的地形，是为了利于警戒和守御；守住险阻要地，是为了固守；占领山林深草的地

④长关远候：关，塞上的门；候，侦察敌人的斥候。全句可理解为在远方设关卡派斥候（侦察）。⑤暴疾谬遁：行动迅速、进退诡诈的意思。⑥罢：通『疲』，疲弊。

形，是为了隐蔽军队行动；构筑深沟高垒，多储粮秣，是为了打持久战。

□ 作战策略

“故曰，不知战攻之策，不可以语敌；不能分移[①]，不可以语奇；不通治乱，不可以语变。故曰，将不仁，则三军不亲；将不勇，则三军不锐；将不智，则三军大疑；将不明，则三军大倾；将不精微，则三军失其机；将不常戒，则三军失其备；将不强力，则三军失其职。故将者，人之司命，三军与之俱治，与之俱乱。得贤将者兵强国昌，不得贤将者兵弱国亡。”

武王曰：“善哉！”

“因此，不懂作战策略，就谈不上对敌作战；不会机动使用兵

①分移：分，分开；移，挪动。分移，在此处理解为机动使用兵力的意思。

力，就谈不上出奇制胜；不精通军队治乱的原因，就谈不上应变。所以，将帅不仁爱，军队就不拥护；将帅不勇敢，军队就没有战斗力；将帅不机智，军队就会迟疑；将帅不英明，军队就会大败；将帅考虑问题不精细，军队就会失掉战机；将帅缺乏警惕，军队就会疏于戒备；将帅领导不坚强，军队就会失职败事。所以将帅是军队的主宰，将帅精明军队就严整，将帅无能军队就混乱。有了精明能干的将帅，就会兵强国昌；没有精明能干的将帅，就会兵弱国亡。”

武王说：“好啊！”

零壹壹／**五　音**

阅读提示：本篇用五音和五行相配来作判断敌情和用兵的根据，是阴阳家的说法，带有浓厚的迷信色彩。

□ 论五音

武王问太公曰："律音之声，可以知三军之消息[①]、胜负之决乎？"

太公曰："深哉！王之问也。夫律管十二[②]，其要有五音——宫、商、角、徵、羽[③]。此其正声也，万代不易。五行之神，道之常也，可以知敌。金、木、水、火、土，各以其胜攻之。

武王问太公说："从律管发出的五音，可以知道三军的消长，胜负的征兆吗？"

太公说："深奥啊！这个问题。十二律管主要有五个音阶——宫、商、角、徵、羽，这是它的基本声音，千年万代不会改变的。五行的微妙变化是自然的常法，借此可以推知敌情变化，金木水火土各以其生克取胜。用兵之道也是以其胜攻不胜啊！

□ 论五行

"古者三皇之世，虚无[①]之情，以制刚强，无有文字，皆由五行。五行之道，天地自然，六甲之分，微妙之神。其法：以天清净，无阴云风雨，夜半遣轻骑往，至敌人之垒，去九百步外，偏持律管当耳，大呼惊之，有声应管，其来甚微。角声应管，当以白虎；徵声应管，当以玄武；商声应管，当以朱雀；羽声应管，当以勾陈；五管声尽不应者，宫也，当以青龙[②]。此五行之符，佐胜之征，成败之机。"

武王曰："善哉！"

"古代三皇用虚无以制刚强，当时没有文字，一切都按五行生克行事。五行生克的道理是天地自然法则，六甲之分是非常微妙的。运用五音五行的方法是：当天气晴朗，没有阴云风雨时，半夜派遣轻骑前往敌人营垒，距敌九百步以外，都拿着律管对着耳朵，对敌方大声疾呼以震惊它。敌方会有回声反应于律管中，反应来的声音是微弱的。律管中如有角声反应，应当从西方去打它；律管中如有徵声反应，应当从北方去打它；律管中如有商声反应，应当从南方去打它；律管中如有羽声反应，应当从敌人中央去打它；所有律管都没有回声是宫声的反应，应当从东方去打它。这是五行生克的应验，辅助制胜的征兆，胜败的关键。"

武王说："好啊！"

①消息：音信，消长。②律管十二：古代正音的乐器，用竹、玉或铜制成，共十二管，各管按音阶由低到高依次为黄钟、大吕、太簇、夹钟、姑洗、仲吕、蕤宾、林钟、夷则、南吕、无射、应钟。③宫、商、角、徵、羽：古代的五个音阶。

①虚无：原意是清虚无为，此处作有而若无，实而若虚的无为而治解。②白虎、玄武、朱雀、勾陈、青龙：古代阴阳五行家以白虎为西方庚申金星神，以玄武为北方壬癸水星神，以朱雀为南方丙丁火星神，以勾陈为中央戊己土星神，以青龙为东方甲乙木星神。此处指各该星神当令的时日方位而言。

□ 五音的微妙之处

太公曰：“微妙之音，皆有外候！”

武王曰：“何以知之？”

太公曰：“敌人惊动则听之。闻枹鼓之音者，角也；见火光者，徵也；闻金铁矛戟之音者，商也；闻人啸呼之音者，羽也；寂寞无闻者，宫也。此五者，声色之符也。”

太公说：“五音微妙，都有外在的征候！”

武王问：“怎么能知道？”

太公说：“当敌人惊动时就听音并观察。听到鼓声是角声的反应；见到火光是徵声的反应；听到金铁矛戟兵器声是商声的反应；听到敌人的呼啸声是羽声的反应；寂寞无闻的是宫声的反应。这五种音和色是相符合的。”

零壹贰／兵　征

阅读提示：本篇论述胜败的先兆。其中用敌军士气盛衰、敌阵治乱、军纪严弛来预见胜负，具有科学性。但用“望气”来判断城邑能否攻取，却具有迷信色彩。

□ 胜败的征候

武王问太公曰：“吾欲未战先知敌人之强弱，豫见胜负之征，为之奈何？”

太公曰：“胜负之征，精神①先见，明将察之，其败在人。谨候②敌人出入进退，察其动静，言语妖祥③，士卒所告。凡三军说怿④，士卒畏法，敬其将命，相喜以破敌，相陈以勇猛，相贤⑤以威武，此强征也；三军数惊，士卒不齐，相恐以敌强，相语以不利，耳目⑥相属，妖言不止，众口相惑⑦，不畏法令，不重其将，此弱征也。

武王问太公：“我想在战前先弄清敌人的强弱，预见胜败的征兆应该怎么办？”

太公说：“胜败的征兆，首先在敌人精神上表现出来，聪明的

①精神：指人的意识、思维活动和一切心理状态。②候：伺望、侦察的意思。③妖祥：指凶兆和吉兆。④怿：快乐。⑤相贤：贤，指才德兼备的人。相贤是互相称赞的意思。⑥耳目：一种解释是探听消息的人。⑦惑：欺骗，欺蒙。

将帅是能够察觉出来的，而精神效果又反映在人的行为上。能侦察敌人出入进退的情况，观察它的动静，言语中的吉凶预兆，士兵间传播的消息。凡是全军喜悦，士兵畏惧法令，尊重将帅命令，相互以破敌为喜，相互以勇猛为荣，相互以威武为誉，这是军队坚强的象征。如果全军不断惊动，士兵意志不统一，相互以敌人的强悍来恐吓，相互传播不利的情况，相互探听消息，谣言不止，相互欺蒙，不畏惧法令，不尊重将帅，这是军队虚弱的表现。

□ 胜败的征兆

“三军齐整，陈势已固，深沟高垒，又有大风甚雨之利，三军无故，旌旗前指，金铎[①]之声清以扬，鼙鼓[②]之声宛以鸣，此得神明[③]之助，大胜之征也；行陈[④]不固，旌旗乱而相绕[⑤]，逆大风甚雨之利，士兵恐惧，气绝而不属[⑥]，戎马惊奔，兵车折轴，金铎之声下以浊，鼙鼓之声湿如沐[⑦]，此大败之征也。

①金铎：大的铃，其舌为金属的称金铎。古代军队在战斗时，通常以金铎指挥军队停止战斗或撤退。②鼙鼓：鼙，是古代军队所用的小鼓；鼓，是大鼓。③神明：指神祇。古时以『天曰神，地曰祇』，此处指『天时、地利、人和』。④陈：同『阵』。⑤乱而相绕：可理解为旗帜纷乱，方向不明。⑥不属：属，连接。不属是不连接，可理解为涣散。⑦湿如沐：《汇解》：『击之不鸣。』意思是鼓被淋湿敲起来声音低沉。

“三军整齐，阵势巩固，深沟高垒，又有顺着大风大雨的有利条件，三军未动而旌旗前指，金铎声高扬而清晰，鼙鼓声婉转而响亮，这是得到神明的帮助，取得大胜的征候；行阵不稳固，旌旗纷乱而方向不明，又有逆着大风大雨的不利条件；士兵畏惧，士气涣散，军马惊骇乱奔，兵车断轴毁坏，金铎声低沉而混浊，鼙鼓声沉闷而不响，这是大败的征候。

□ 攻城的学问

“凡攻城围邑[①]：城之气[②]色如死灰，城可屠[③]；城之气出而北，城可克；城之气出而西，城必降；城之气出而南，城不可拔；城之气出而东，城不可攻；城之气出而复入，城主逃北；城之气出而复我军之上，军必病；城之气出高而无所止，用兵[④]长久。凡攻城围邑，过旬不雷不雨，必亟去之，城必有大辅。此所以知可攻而攻，不可攻而止。”

武王曰：“善哉！”

“攻城围邑时：如果发现城上的气是死灰色，城可被毁灭；如果发现城上的气出而向北，城可被攻克；城上的气出而向西，城可能投降；城上的气出而向南，该城就坚不可拔；城上的气出而向东，该城不可进攻；城上的气出而又入，守城的主将必然逃亡败北；城内的气出而覆盖我军上空，对我军必定不利；城内的气高升而不停止，是用兵长久的征候。攻城围邑，如果过了十天仍不打雷下雨，必须迅速撤去，因为城中必有贤能的辅佐。这就是为什么可攻就攻，不可攻就停止的道理。”

武王说：“好啊！”

零壹叁／农　器

阅读提示：本篇讲述战时的兵器装备与平时生产生活工具的一致性，进而论述运用生产工具为战斗工具，生产技术为战斗技术，生产组织为战斗组织，生产工程为战斗工程，从而达到兵农合一、寓兵于农、富国强兵的目的。

①邑：城邑，城市。②气：气本来指自然界的云气，但一些阴阳家往往把它神秘化，用来解释吉凶，是一种迷信说法。③城可屠：即屠城。毁其城，杀其民。④兵：底本作『日』，疑误，今据《汇解》校正。

①耒耜：古代耕地翻土的工具。耜是耒的铲，耒是耜的柄。后亦以『耒耜』为农具的总称。②耰：农具名，无齿耙，用以平田及击碎土块。播种后用耰平土，覆盖种子。③干楯：干，盾；楯，大盾牌。④钁锸：钁，大锄；锸，锹。⑤纴：布帛。⑥钹：农具，刀的两边有刃，装有长柄，用以割草。这里作动词用，即割草斩棘。⑦夏耨田畴：耨，小手锄，锄田除草；田畴，就是田地。全句的意思是在田里除草。⑧刈：割。⑨田里：古代卿大夫的封地和居所，也指故乡。此处指同村、邻居。⑩刍：饲草。

武王问太公曰："天下安定，国家无事，战攻之具可无修乎？守御之备可无设乎？"

太公曰："战攻守御之具，尽在于人事。耒耜[①]者，其行马蒺藜也；马、牛、车、舆者，其营垒、蔽橹也；锄耰[②]之具，其矛戟也；蓑薛簦笠者，其甲胄干楯[③]也；钁锸[④]斧锯杵臼，其攻城器也；牛马，所以转输粮用也；鸡犬，其伺候也；妇人织纴[⑤]，其旌旗也；丈夫平壤，其攻城也；春钹[⑥]草棘，其战车骑也；夏耨田畴[⑦]，其战步兵也；秋刈[⑧]禾薪，其粮食储备也；冬实仓廪，其坚守也；田里[⑨]相伍，其约束符信也；里有吏，官有长，其将帅也；里有周垣，不得相过，其队分也；输粟收刍[⑩]，其廪库也；春秋治城郭，修沟渠，其堑垒也。故用兵之具，尽在于人事也。善为国者，取于人事，故必使遂其六畜，辟其田野，安其处所。丈夫治田有亩数，妇人织纴有尺度，是富国强兵之道也。"

武王曰：“善哉！”

武王问太公：“天下安定，国家没有战争，野战、攻城的器械，可以不要整备吗？防守的整备，可以不要设施吗？”

太公说：“战时的攻城和守御器材可以从平时的人民生产生活用具中筹集。耒耜可用为作战的障碍器材；马、牛、车、舆，可用为作战的营垒和屏障器材；锄耰，可用为作战的矛戟；蓑衣、雨伞、斗笠，可用为作战的盔甲和大小盾牌；镬锸、斧、锯、杵臼，都可用为攻城器材；牛马，可用来转运粮食；鸡可用来报时，犬可用来警戒；妇女纺织的布帛，可用作指挥旗帜；男子平整土地技术，可用于攻城作业；春季割草斩棘的方法，可用为同战车骑兵作战的技术；夏季耘田锄草的方法，可用为同步兵决战的技巧；秋季收割庄稼柴草，就是储备战时粮秣；冬季粮食装满仓库，就是为战时长期坚守作准备；同村同里的人，平时相编为伍，可用为战时管理军队的依据；里有吏，官有长，如同军队有将帅；里有围墙，不得相越，如同区分军队的驻地；运输粮食，收割饲草，如同战时充实仓库；春秋两季筑城郭、修沟渠，如同战时增强壁垒壕沟。作战的准备完全寓于农事之中。因此，治理国家必须使人民繁殖六畜，开垦田地，安定住所，男子种田有一定的亩数，妇女纺织有一定的尺度，这就是富国强兵的方法。”

武王说：“好啊！”

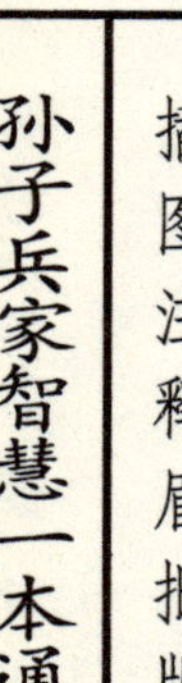

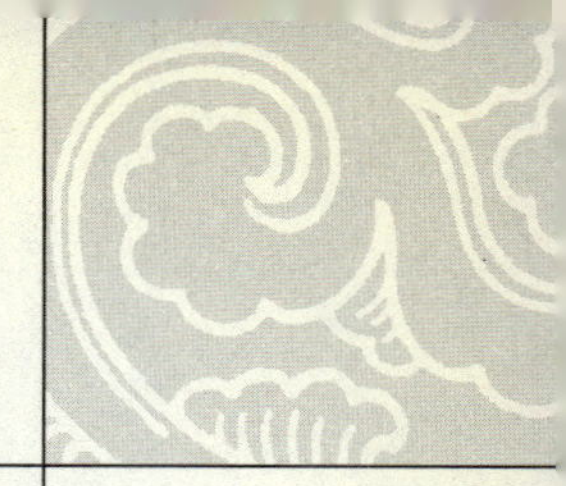

虎韬

第四篇

《虎韬》论述了兵器、器材，以及突围、渡河、对垒、迂回、伏击、围攻城邑和反伏击、反火攻等各种战术问题。

零零壹／军　用

阅读提示：本篇论述军队战时应装备的各种兵器、器材及其性能。

□ 武器装备

武王问太公曰：“王者举兵，三军器用，攻守之具，科品[①]众寡，岂有法乎？”

太公曰：“大哉，王之问也！夫攻守之具，各有科品，此兵之大威也。”

武王曰：“愿闻之。”

太公曰：“凡用兵之大数，将甲士万人，法用武冲大扶胥[②]三十六乘，材士[③]强弩矛戟为翼，一车二十四人推之，以八尺[④]车轮，车上立旗鼓，兵法谓之震骇[⑤]，陷坚陈，败强敌。

①科品：科，学术或业务的类别；品，种类。②扶胥：车的别名。③材士：《汇解》：『材勇之士。』即勇敢而有武艺的人。④尺：战国铜尺，每尺约合0.23米。⑤震骇：《汇解·新宗》：『车乃军中之大战具，而大扶胥尤为众车之大者，所以兵法名为震骇。』意思是特大的战车可以震骇敌人，所以叫作『震骇』。

武王问太公："君王出兵征战，军队武器装备和攻守器材，其种类和数量应如何配置呢？"

太公说："这真是个大问题啊！攻守战具的种类、数量，各有不同，这是有关军队威力强弱的大问题。"

武王说："我想知道得详细一点。"

太公说："凡是统率甲士万人，其所使用的武器器材的大概标准为武冲大战车三十六辆，以有技能而勇猛的武士使用强弩、矛、戟在两旁护卫，每车用二十四人推行，其车轮高八尺。车上竖旗设鼓，兵法上把这种车辆叫作震骇，可用它攻破坚阵，击败强敌。

□ 关于战车

"武翼大橹矛戟扶胥[1]七十二具，材士强弩矛戟为翼，以五尺车轮，绞车连弩[2]自副，陷坚陈，败强敌。

"武翼大橹矛戟战车七十二部，以有技能而勇敢的武士使用强弩、矛、戟为两旁护卫，这种车装有五尺高的车轮，并附有绞车连弩，可用它攻破坚阵，击败强敌。

□ 小战车

"提翼小橹扶胥[1]一百四十四具[2]，绞车连弩自副，以鹿车轮，陷坚陈，败强敌。

"提翼小橹战车一百四十四部，并附有绞车连弩，这种车装有独轮，可用它攻破坚阵，击败强敌。

□ 特殊的战车

"大黄参连弩大扶胥三十六乘，材士强弩矛戟为翼。飞凫电影[1]自副，飞凫赤茎[2]白羽[3]，以铜为首，电影青茎赤羽，以铁为首，昼则以绛[4]缟[5]，长六尺，广六寸，为光耀；夜则以白缟，长六尺，广六寸，为流星，陷坚陈，败步骑。

"大黄参连弩大战车三十六辆，以有技能而勇敢的武士使用强弩矛戟在两旁护卫，并附有飞凫、电影两种旗帜。飞凫用红色的杆，

①武翼大橹矛戟扶胥：武翼是车名，橹是大盾牌。武翼大橹矛戟扶胥，可理解为车上装有大盾牌和矛戟的战车。②绞车连弩：就是用绞车张弓，一种连发数箭，而且射程较远的弩。

①提翼小橹扶胥：可理解为装备有小盾牌的小战车。②一百四十四具：底本为一百四十六具，《直解》、《武经大全》为一百四十四乘。根据计算：以三十六乘为一组，以四组计，则4×36=144（乘）。今从《直解》、《武经大全》校正为一百四十四具。

①飞凫电影：是两种旗帜的名字。②茎：器物的柄，此处可理解为旗杆。③羽：指旗杆上的旄。④绛：大红色。⑤缟：米紫色的绢。

白色的缨，杆头用铜做成，电影用青色的杆，红色的缨，杆头用铁做成。白天用大红色的绢作旗，其长六尺，宽六寸，名为光耀；夜间用白色的绢作旗，其长六尺，宽六寸，名为流星。这种战车可用以攻破坚阵，击败敌人步骑。

□ 大扶胥冲车

“大扶胥冲车三十六乘，螳螂武士①共载，可以纵击横，可以败敌。

“大扶胥冲车三十六辆，以螳螂武士乘于车上，可用它纵横冲击，击败强敌。

□ 辎车与电车

“辎车骑寇①，一名电车②，兵法谓之电击③，陷坚陈，败步骑寇夜来前。

“轻快的车骑也叫电车，兵法称它为电击。它可用以攻破坚阵，击败敌人乘夜来袭的步骑。

□ 矛戟扶胥轻车

“矛戟扶胥轻车①一百六十乘，螳螂武士三人共载，兵法谓之霆击②，陷坚陈，败步骑。

“矛戟扶胥轻车一百六十辆，每车乘螳螂武士三人，兵法称这种车为霆击，可用它攻破坚阵，击败敌人的步骑。

□ 铁棒

“方首铁棓维朌①，重十二斤，柄长五尺以上，千二百枚，一名天棓；大柯斧②，刃长八寸，重八斤，柄长五尺以上，千二百枚，一名天钺；方首铁锤，重八斤，柄长五尺以上，千二百枚，一名天锤：败步骑群寇。

“大方头铁棒也叫天棓，重十二斤，柄长五尺以上，共一千二百把；长柄斧也叫天钺，刃长八寸，重八斤，柄长五尺以上，共一

①螳螂武士：指骁勇善战的武士。

①辎车骑寇：这里的『辎』字疑是『轻』字之误；骑寇，《汇解》：『乘骑偷劫营寨者。』即是乘夜劫营的骑兵。辎车骑寇指轻快的车骑部队。②电车：形容忽往忽来风驰电疾一般的轻车。③电击：《汇解》：『霆击猛烈不可防御也。』意思是像雷霆那样的迅猛打击使敌猝不及防。

①轻车：古代的一种战车，取其轻捷，便于驰骋。②霆击：霆，疾雷。此指进击非常疾速的战车。

①方首铁棓维朌：棓，同『棒』；朌，同『颁』。指大方头的铁棒。②大柯斧：长柄斧。

千二百把；方头铁锤也叫天锤，重八斤，柄长五尺以上，共一千二百把：都可用以击败敌人的步骑。

□ 飞钩

“飞钩[①]，长八寸，钩芒[②]长四寸，柄长六尺以上，千二百枚，以投其众。

“飞钩，长八寸，钩尖长四寸，柄长六尺以上，共一千二百枚，它可用以投到敌方钩取敌人。

□ 木螳螂剑刃扶胥

“三军拒守：木螳螂剑刃扶胥[①]，广二丈，百二十具，一名行马，平易地，以步兵败车骑。

“军队防守时，应使用木螳螂剑刃扶胥，每部宽两丈，共一百

①飞钩：古兵器，似剑而曲，一名铁鸱脚，有四个钩，连接铁索，再接以麻绳，用以投入人群，钩取敌人。②钩芒：钩的锋芒，也就是钩尖。

①木螳螂剑刃扶胥：装有剑刃像螳螂前臂样的车。

二十部，也叫行马。在平坦的地形上，步兵可用它阻止敌人的车骑的行动。

□ 木蒺藜

“木蒺藜[①]，去地二尺五寸，百二十具，败步骑，要[②]穷寇，遮走北。

“设置木蒺藜，要高于地面二尺五寸，共一百二十个。可用它阻止敌人的步骑，拦阻势穷力竭的敌人和截断逃跑的敌人。

□ 轴旋短冲矛戟战车

“轴旋短冲矛戟扶胥[①]，百二十具，黄帝所以败蚩尤氏[②]，败步骑，要穷寇，遮走北。

“轴旋短冲矛戟战车共一百二十部，黄帝曾用以打败蚩尤。可用它击败敌人的步骑，拦阻势穷力竭的敌人和截断逃跑的敌人。

□ 布设障碍

“狭路微径，张铁蒺藜[①]，芒高四寸，广八寸，长六尺以上，千二百具，败步骑。

“在隘路、小道，可以布设铁蒺藜。铁蒺藜刺长四寸，宽八寸，每个长六尺以上，共一千二百个，可用它拦阻敌人的步兵和骑兵。

□ 丛林作战之法

“突暝来前促战，白刃接，张地罗，铺两镞蒺藜、参连织女，芒间相去二寸，万二千具。旷野草中，方胸铤矛，千二百具，张铤矛法，高一尺五寸，败步骑，要穷寇，遮走北。

“敌人在能见度很低的时候突然前来挑战，白刃相接，这时应张设地罗，布置两镞蒺藜和参连织女，各具的芒尖相距二寸，共一万两千个。在旷野深草地区作战，配备方胸铤矛，共一千两百把。设置铤矛的方法，是使它高出地面一尺五寸。以上这些，都可用以阻止敌人的步骑，拦阻势穷力竭的敌人和截断逃跑的敌人。

①木蒺藜：据《武经总要》卷十二说：『木蒺藜，以三角重木为之。』就是用坚硬木料做成的三角形的像蒺藜样的有刺障碍物。②要：阻拦。

①轴旋短冲矛戟扶胥：可能是一种装有矛戟而便于旋转的战车。②蚩尤氏：传说中九黎族的首领。传说有兄弟八十一人，都是兽身人头、铜头铁额，能唤云呼雨，勇猛善战，因扰乱各部落，被黄帝在涿鹿擒杀。

①铁蒺藜：指带刺的障碍物，相当于现在的铁丝网。

□ 截断逃敌

“狭路微径地陷，铁械锁参连[①]，百二十具，败步骑，要穷寇，遮走北。

“在隘路、小道和低洼的地形上，可布设铁锁链，共一百二十条。它可用以阻止敌人的步骑，拦阻势穷力竭的敌人和截断逃跑的敌人。

□ 守卫营门

“垒门[①]拒守，矛戟小橹十二具，绞车连弩自副。

“守卫营门用矛、戟、小橹各十二把，并附有绞车连弩。

①铁械锁参连：铁制的锁链。

①垒门：营门。

□ 防御工具

“三军拒守：天罗[1]虎落[2]锁连，一部广一丈五尺，高八尺，百二十具。虎落剑刃扶胥[3]，广一丈五尺，高八尺，五百二十具。

“军队驻守时应设天罗虎落锁链，每部宽一丈五尺，高八尺，共一百二十条。虎落剑刃扶胥，每部宽一丈五尺，高八尺，共五百二十部。

□ 渡沟的飞桥

“渡沟堑，飞桥[1]，一间广一丈五尺，长二丈以上，着转关轳辘八具，以环利通索张之。

“为渡沟堑装备的飞桥，每间宽一丈五尺，长二丈以上，飞桥上装有转关轳辘，共八部，使用铁环和长绳架设。

①天罗：张挂起来的网。②虎落：遮覆城堡或营寨的竹篱。③虎落剑刃扶胥：一种有遮障和剑刃的车。

①飞桥：类似于《武经总要》卷十所记载的壕桥和折叠桥。

□ 渡江战法

“渡大水，飞江[①]，广一丈五尺，长二丈以上，八具，以环利通索张之；天浮铁螳螂[②]，矩内圆外，径四尺以上，环络自副，三十二具；以天浮张飞江，济大海，谓之天潢，一名天舡[③]。

“渡江河使用浮桥，浮桥用宽一丈五尺、长二丈以上的桥板八段拼成，用铁环长绳连接起来；天浮和铁螳螂内成圆形，外径四尺以上，两者用铁环绳索连接，共三十二套；浮桥板就架在天浮上，渡大水，这就叫天潢，也叫天舡。

□ 山地战

“山林野居，结虎落柴营[①]，环利铁锁[②]长二丈以上，千二百枚；环利大通索大四寸，长四丈以上，六百枚；环利中通索大二寸，长四丈以上，二百枚；环利小徽缧[③]长二丈以上，万二千枚。

“军队在山林野地扎营，应用木材结成栅寨，必须准备长二丈以上的铁链一千二百条；带铁环的粗大绳索，铁环大四寸，长四丈以上，共六百条；带铁环的中等绳索，铁环大二寸，长四丈以上，共二百条；小号绳索长二丈以上，共一万两千条。

□ 防雨措施

“天雨，盖重车上板，结枭钽铻[①]广四尺，长四丈以上，车一具，以铁杙[②]张之。

“天下大雨时，辎重车要盖上车顶板，还要盖上用麻编结而成的篷布，篷布宽四尺，长四丈以上，每车一张，用小铁柱固定在车顶上。

□ 砍树用斧

“伐木：大斧，重八斤，柄长三尺以上，三百枚。棨钁[①]，刃广六寸，柄长五尺以上，三百枚。铜筑固为垂[②]，长五尺以上，三百枚。鹰爪方胸铁耙[③]，柄长七尺以上，三百枚。方胸铁叉，柄长七尺以上，三百枚。方胸两枝铁叉[④]，柄长七尺以上，三百枚。

①飞江：从上文飞桥的意思可以理解为一种渡江河的浮桥。②铁螳螂：铁制的像螳螂双臂似的东西，可理解为铁锚之类的器材，用以锚定天浮。③天潢、天舡：都是星名，这里指大船。

①虎落柴营：用木材结成栅寨扎营。②环利铁锁：就是铁链。③徽缧：绳子。

①结枭钽铻：结，编织；枭，麻；钽铻，是『不可入』的意思。这里根据上下文意，结枭钽铻似应理解为用麻编织的篷布，用以防止漏雨。②杙：小木桩。

①棨钁：大锄。②铜筑固为垂：《汇解》：『亦伐木之器也。』按字又可能是铜杵或大锤。③鹰爪方胸铁耙：像鹰爪样齐胸高的铁耙。④方胸两枝铁叉：齐胸高的铁叉。

“砍伐树木使用大斧，重八斤，柄长三尺以上，共三百把。大锄，刃宽六寸，柄长五尺以上，共三百把。铜筑固为垂，长五尺以上，共三百把。鹰爪齐胸铁耙，柄长六尺以上，共三百把。齐胸铁叉柄长七尺以上，共三百把。齐胸两枝铁叉，柄长七尺以上，共三百把。

□ 大　镰

“芟[①]草木：大镰，柄长七尺以上，三百枚。大橹刀[②]，重八斤，柄长六尺，三百枚。委环铁杙[③]，长三尺以上，三百枚。椓杙大锤[④]，重五斤，柄长二尺以上，百二十具。

“除草木用的大镰，柄长六尺以上，共三百把。大橹刀，重八斤，柄长六尺，共三百把。带环的铁板长三尺以上，共三百个。铁钉头重五斤，柄长二尺以上，共一百二十把。

□ 万人出动

“甲士万人，强弩六千，戟楯二千，矛楯二千。修治攻具，砥砺[①]兵器，巧手三百人。此举兵家用之大数也。”

武王曰：“允哉！”

“军队万人，需要强弩六千把，戟和大盾两千套，矛和盾两千套，修理攻城器具和磨快兵器的能工巧匠三百人，以上是作战所需要的兵器器材的大略数目。”

武王说：“应当这样！”

零零贰／三　陈

阅读提示：本篇论述布阵应根据天象、地形和敌我情况。

武王问太公曰：“凡用兵为天陈、地陈、人陈，奈何？”

太公曰：“日月星辰斗杓[①]，一左一右，一向一背，此为天陈。丘陵水泉，亦有前后左右之利，此为地陈。用车用马，用文用武，此谓人陈。”

①芟：除草，割草。②大橹刀：一种像船橹的刀，用以割草。③委环铁杙：《汇解》：『委环铁杙着以铁为橛上连以环也。』即带有铁环的铁橛子。④椓杙大锤：锤，击。椓杙大锤，钉铁板子的大锤，即铁榔头。

①砥砺：磨刀石，引申为磨厉、磨快。

①斗杓：即斗与杓，斗即斗魁，杓即斗柄。

武王曰："善哉！"

武王问太公："用兵时有所谓天阵、地阵、人阵之说，这是什么意思？"

太公说："根据日月星辰斗柄等天象位置来布阵，就叫天阵。利用丘陵水泽等地形为依托来布阵，就叫地阵。根据所使用的兵种和战法来布阵，就叫人阵。"

武王说："好啊！"

零零叁／**疾　战**

阅读提示：本篇论述突围作战与突围后的作战方法。

□ 如何突出重围

武王问太公曰："敌人围我，断我前后，绝我粮道，为之奈何？"

太公曰："此天下之困兵也，暴用之则胜，徐用之则败。如此者，为四武冲陈[①]，以武车骁[②]骑惊乱其军而疾击之，可以横行。"

武王说："如果敌人包围了我军，切断交通，断绝粮草，怎么办呢？"

太公说："这是处境最困难的军队。在这种情况下，急速突围就能胜利，拖延时间就会失败。突围的队形要把军队结成'四武冲阵'，使用强大的战车和勇猛的骑兵，打击和震骇敌军，疾速突击，这样就可以横行无阻地突围了。"

□ 突围之后

武王曰："若已出围地，欲因以为胜，为之奈何？"

太公曰："左军疾左，右军疾右，无与敌人争道。中军迭前迭后，敌人虽众，其将可走。"

武王说："如果我军已突出重围后，还想顺势击败敌军，该怎么办？"

太公说："以左军迅速向左攻击，右军迅速向右攻击，不要和敌人争夺道路，以免分散兵力，同时以中军轮番突击，或击敌前或抄敌后，敌军虽多，也能打败。"

零零肆／必　出

阅读提示：本篇讲述在突围作战和渡过江河溪谷的具体方法。

□ 突出包围的方法

武王问太公曰："引兵深入诸侯[①]之地，敌人四合而围我，断我归道，绝我粮食。敌人既众，粮食甚多，险阻[②]又固。我欲必出，为之奈何？"

太公曰："必出之道，器械[③]为宝，勇斗为首。审知敌人空虚之地，无人之处，可以必出。将士人持玄旗[④]，操器械，设衔枚[⑤]，夜出。勇

①四武冲陈：四面都有警戒的战斗队形。②骁：勇猛娇健。

①诸侯：从商周到汉代初年，帝王分封的列国君主的统称。②险阻：指艰险梗塞的地形。③器械：这里指各种兵器和器材。④玄旗：玄，黑色。玄旗，黑旗。⑤枚：枚状像筷子，两端有带，可系在颈上，为了保持静肃，常令士兵衔在口中以防喧哗。

力、飞足、冒将之士[6]居前，平垒为军开道[7]；材士强弩为伏兵居后；弱卒车骑居中。阵毕徐行，慎无惊骇。以武冲扶胥前后拒守，武翼大橹[8]以备左右。敌人若惊，勇力、冒将之士疾击而前，弱卒车骑以属其后，材士强弩隐伏而处。审候敌人追我，伏兵疾击其后，多其火鼓，若从地出，若从天下。三军勇斗，莫我能御。”

武王问太公：“率兵深入敌国境内，敌人从四面包围我军，切断我军退路，断绝我军粮道。敌军既众，粮食又多，占领了险阻地形，守备坚固，我想突围而出，应该怎么办？”

太公说：“突出敌人包围的方法，兵器器材最为重要，首先必须奋勇作战。查明敌人兵力薄弱的地方，以及无人防守的处所，乘虚而击，就可以突出包围。突围的部署，将士们都拿着黑旗，持着器械，口中衔枚，乘夜行动。让勇敢有力、行动轻捷、敢于冒险犯

⑥冒将之士：指敢冒险犯难的将士。⑦平垒为军开道：平，平定，引申为攻占；垒，营垒，这里指敌人为了包围我军而建立的营垒。全句意思是攻占某些敌人营垒以打通通路。⑧武翼大橹：据《汇解》，即矛戟扶胥车，用以阻止敌人。

①逾：越过。②踵军：这里指后卫部队。③云火：烟火。④丘墓：指坟墓。

难的将士在前面，攻占某些敌人营垒，为我军打开通路，让有技能而勇敢的武士使用强弩，隐伏在后面掩护，老弱士卒和车骑在中间行进。部署完毕后，沉着行动，谨慎从事，不要惊慌，使用武冲大战车在前后护卫，用武翼大橹矛戟战车在左右掩护。如果敌人发觉我军突围行动，我先头部队就迅速向前突击，老弱士卒和车骑跟在后面，材士使用强弩隐蔽地埋伏起来。当敌来追我时，我伏兵就迅速攻击它的后尾，并多用火光、鼓声乱放耳目，使其认为我军好像是从地而出，从天而降，全军奋勇战斗，敌人就不能阻截我军的突围了。”

□ **穿越险阻**

武王曰：“前有大水、广堑、深坑，我欲逾[1]渡，无舟楫之备；敌人屯垒，限我军前，塞我归道，斥候常戒，险塞尽中，车骑要我前，勇士击我后，为之奈何？”

太公曰：“大水、广堑、深坑，敌人所不守，或能守之，其卒必寡。若此者，以飞江、转关与天潢以济吾军，勇力材士从我所指，冲敌绝陈，皆致其死。先燔吾辎重，烧吾粮食。明告吏士，勇斗则生，不勇则死。已出者，令我踵军[2]设云火[3]远候。必依草木、丘墓[4]、险阻，敌人车骑必不敢远追长驱。因以火为记，先出者令至火而止，为四武冲陈。如此，则吾三军皆精锐勇斗，莫我能止。”

武王曰：“善哉！”

武王说：“如果面前遇到大河、宽沟、深坑，我军要想渡过，又没有准备船只，敌人屯兵筑垒，阻止我军前进，堵塞我军退路，其斥候又戒备很严，险要地形都在敌人之手，敌人的战车、骑兵又在前面拦阻，勇士又在后面袭击，应该怎么办？”

太公说：“凡是大河、宽堑、深坑，敌人一般是不设防的，即使防守，兵力也必很有限。这样，就可以用浮桥、折叠桥和船只渡过我军，勇力材士按照指定方向，冲锋陷阵，拼死战斗。先焚烧我的辎重，烧掉我的粮食，再明确告诉将士：勇斗的就有生路，怯战的就是死亡。已经脱离危险的就令我军后卫部队设置烟火信号，派出斥候远出哨望，占领丛林、坟墓和险阻的地形，准备阻击敌人。敌人的战车骑兵必然不敢长驱远追。其所以用火作为信号，是为了令先突围的到达有火的地方，编成四武冲阵。这样，我三军将士都精锐而勇斗，敌人就无法阻止了。”

武王说：“好啊！”

零零伍／军　略

阅读提示：本篇论述在江河湖沼地带作战时必须准备的各种装备和器材。

武王问太公曰：“引兵深入诸侯之地，遇深溪、大谷、险阻之水，吾三军未得毕济，而天暴雨，流水大至，后不得属于前，无有舟梁之备，又无水草之资。吾欲毕济，使三军不稽留，为之奈何？”

①轒辒：在古代用于攻城的一种车辆。《孙子·谋攻》：『修橹轒辒。』杜牧注：『轒辒，四轮车，排大木为之，上蒙以生牛皮，下可容十人，往来运土填堑，木石所不能伤。今所谓木驴是也。』②飞楼：《汇解》：『必用云梯飞楼，平地起望三军行止。』就是在平地登高观察用的望楼。③武冲、大橹：武冲，即武冲大战车；大橹，即大盾牌。④卫：底本作『冲』，疑误，从《汇解》校改。⑤武落：虎落。⑥茄：古管乐器名。⑦钼铻：同『龃龉』，指上下齿不相对。此处可理解为带齿轮的机具。

①我：底本作『军』，疑误。

太公曰：“凡帅师将众，虑不先设，器械不备；教不素信，士卒不习。若此，不可以为王者之兵也。凡三军有大事，莫不习用器械。若攻城围邑，则有轒辒①、临冲；视城中，则有云梯、飞楼②；三军行止，则有武冲、大橹③前后拒守；绝道遮街，则有材士强弩，卫④其两旁；设营垒，则有天罗、武落⑤、行马、蒺藜；昼则登云梯远望，立五色旌旗；夜则设云火万炬，击雷鼓，振鼙铎，吹鸣笳⑥；越沟堑，则有飞桥、转关辘轳、钽铻⑦；济大水则有天潢、飞江；逆波上流，则有浮海、绝江。三军用备，主将何忧？”

武王问太公：“率兵深入敌国境内，遇到深溪大谷和难以通过的河流，我军还没有渡完，忽然天降暴雨，流水大涨，后面的军队被水隔断，既没有船只，又没有水草、粮食的供给。在这种情况下，我想完全渡过去，使三军不至停留过久，该怎么办？”

太公说：“大凡率领军队行动，如果计划不预先制定，器械不预作准备，平时训练不周到，士卒动作不熟练，这就不能算是王者的军队。凡军队在有军事行动的时候，没有不熟练使用各种器械的。如攻城围邑，就用轒辒、临车、冲车；观察城内就用云梯、飞楼；三军行止，就用武冲、大橹在前后掩护；断绝交通，遮断街道，就用材士强弩，控制两侧；设置营垒就用天罗、武落、行马、蒺藜；白天登上云梯瞭望远方，并设立五色旌旗；夜晚就设置烟火，并击雷鼓，敲小鼓，摇大铃，吹笳，作为指挥信号；越沟壕，就用飞桥、转关、辘轳、铻，渡大河，就用天潢、飞江；逆流而行，就用浮海、绝江。如果军队应用的器材都具备了，主将还怕什么？”

零零陆／临　境

阅读提示：本篇论述两军对阵中疲惫、袭扰和击败敌人的作战方法。

□ 两军对峙

武王问太公曰：“吾与敌人临境相拒，彼可以来，我可以往，陈皆

坚固，莫敢先举。我欲往而袭之，彼亦可来，为之奈何？”

太公曰：“分兵三处，令我[1]前军，深沟增垒而无出，列旌旗，击鼙鼓，完为守备。令我后军多积粮食，无使敌人知我意。发我锐士潜袭其中，击其不意，攻其不备。敌人不知我情，则止不来矣。”

武王问太公：“我军和敌人在边境上互相对峙，敌可以来攻我，我可以去抗敌，彼此阵势都很坚固，谁也不敢先行动，我想前去袭击敌人，又担心敌人前来袭击我军，该怎么办？”

太公说：“在这种情况下，应把我军区分为前中后三部分，令我前军深沟高垒，不要出战，列旌旗，击鼙鼓，作充分的战斗准备。令我后军多积粮食，不要使敌人知道我军企图。然后，派遣精锐部队偷袭敌人后方，出其不意，攻其不备地袭扰敌人，使敌人无法了解我军情况，就不敢前来进攻了。”

□ 寻找战机

武王曰："敌人知我之情，通我之谋，动而得我事，其锐士伏于深草，要隘路，击我便处，为之奈何？"

太公曰："令我前军日出挑战，以劳其意。令我老弱曳柴扬尘，鼓呼[①]而往来，或出其左，或出其右，去敌无过百步，其将必劳，其卒必骇。为此，则敌人不敢来。吾往者不止，或袭其内，或击其外，三军疾战，敌人必败。"

武王问："如果敌人知道了我军情况，掌握了我军企图，我一行动敌人就知道我要做什么，因而派他的精锐部队埋伏在深草地里，拦阻我必经的隘路，袭击我防备不周的地方，对此该怎么办？"

太公说："命令我前军每天去挑战，以懈怠敌人的斗志；命令我老弱士卒，拖动树枝，扬起灰尘，击鼓呐喊，往来不停，以壮我军声势。我挑战部队或出现在敌人右边，或出现在敌人左边，距离敌人不超过百步，在我不断扰乱下，敌人的将帅必定疲于应付，敌人的士卒必定发生恐慌。这样，敌人就不敢前来了。我军反复不停地扰乱，或袭击他的内部，或打击他的外部，然后，全军疾速投入战斗，就一定会打败敌人。"

零零柒／**动　静**

阅读提示：本篇主要论述两军对阵中，如何运用迂回和伏击等战法击败敌人。

□ 进入敌国之后

武王问太公曰："引兵深入诸侯之地，与敌之军相当，两军相望，众寡强弱相等，未敢先举。吾欲令敌人将帅恐惧，士卒心伤，行陈不固，后陈欲走，前陈数顾[①]，鼓噪[②]而乘之，敌人遂走，为之奈何？"

太公曰："如此者，发我兵去寇十里而伏其两旁，车骑百里而越其前后，多其旌旗，益其金鼓。战合[③]，鼓噪而俱起。敌将必恐，其军惊骇，众寡不相救，贵贱不相待，敌军必败。"

①鼓呼：擂鼓呐喊。

①数顾：屡次回头看，可理解为动摇的意思。②鼓噪：擂鼓呐喊，指军队出战时大张声势。③战合：两军交锋。

武王问太公：“率兵深入敌国境内，敌我力量相等，两军相对，众寡强弱相等，谁也不敢首先行动。在这种情况下，我想使敌人将帅恐惧，士卒悲观，行阵不稳，后阵想逃，前阵动摇，然后擂鼓呐喊乘势进击，从而使敌人逃跑，应该怎么办？”

太公说：“想做到这样，就须派遣部队绕到敌后十里的地方，在道路两旁设置埋伏，另组织战车和骑兵远出百里，迂回到敌军的深远后方，令各部队多备旌旗，增设金鼓，战斗发起时，擂鼓呐喊，各军同时进攻，这样敌军将帅必然恐惧，士兵必然惊骇，以至大小部队互不救援，官兵不相照顾，这样，敌军必定会被打败。”

□ 实现作战意图

武王曰：“敌之地势，不可以伏其两旁，车骑又无以越其前后，敌知我虑，先施其备。我士卒心伤，将帅恐惧，战则不胜，为之奈何？”

太公曰：“微哉，王之问也！如此者，先战五日，发我远候往视其

动静，审候其来，设伏而待之，必于死地[1]。与敌相遇[2]，远我旌旗，疏我行陈，必奔其前。与敌相当，战合而走，击金而止[3]。三里而还，伏兵乃起，或陷其两旁，或击其前后。三军疾战，敌人必走。”

武王曰：“善哉！”

武王说：“如果敌方地势不便我军在其两旁设伏，我车骑无法迂回到敌人的深远后方，同时敌人又发觉了我军的企图，并预先有了准备，这时我士卒悲观，将帅恐惧，就是战斗也不能取胜，应该怎么办？”

太公说：“你所问的确实很微妙啊！像这种情况，在战前五天就应向远方派遣斥候，窥探敌人的动静，观察敌军前来的征兆，预设伏兵等待他，必须交战于对敌人最不利的‘死地’。与敌军遭遇，只使我先头部队疏散旌旗，显得行列不整，要在敌人前面前进。刚

①死地：《孙子·九地》：『疾战则存，不疾战则亡者，为死地。』②遇：底本作『避』，疑误。③击金而止：击金，即鸣金。击金而止，这里是故意发出退兵信号，诱敌深入的意思。

一交锋即行撤退，故意鸣金收兵。后退三里再回头反击，这时伏兵乘机而起，或突击敌军两旁，或抄袭敌军前后。全军奋力作战，敌人必败而逃走。”

武王说：“好啊！”

零零捌／金 鼓

阅读提示：本篇论述警戒、防御反击以及追击时防止被伏击的方法。

□ 如何应付袭击

武王问太公曰：“引兵深入诸侯之地，与敌相当。而天大寒甚暑，日夜霖雨[①]，旬日不止，沟垒悉坏，隘塞不守，斥候懈怠，士卒不戒，敌人夜来，三军无备，上下惑乱，为之奈何？”

太公曰：“凡三军以戒为固，以怠为败。令我垒上，谁何[②]不绝，人执旌旗，外内相望，以相号命。勿令乏音，而皆外向[③]。三千人为一屯，诫而约之，各慎其处。敌人若来，视[④]我军之警戒，至而必还，力尽气怠。发我锐士，随而击之。”

武王问太公：“领兵深入敌国境内，敌我兵力相当，适值严寒或酷暑，或又日夜大雨，旬日不止，因而壕垒全部塌毁，险隘关塞不能守备，斥候麻痹懈怠，士卒疏于戒备。这时，敌人乘夜来袭，三军皆无准备，上下又疑虑混乱，该怎么办？”

太公说：“凡军队有戒备就能巩固，若松懈就要失败。在我军营垒上，口令呼应之声不绝，哨兵手持旗帜，与营垒内外联络，相互传送号令，金鼓之声不可断绝，对外表示已作好战斗准备。以三千人为一屯，谆谆告诫，严加约束，使各自慎重守备。若敌人来犯，发现我军戒备森严，即便迫近我军阵前，也必退去。这时，我应乘敌力尽气衰之际，派遣精锐部队紧随敌后猛击敌人。”

□ 对付埋伏之敌的方法

武王曰：“敌人知我随之，而伏其锐士，佯北不止，过伏而还，或

①霖雨：连绵的大雨。②谁何：这里指以口令相问答。③勿令乏音，而皆外向：《汇解》：『金鼓之声，勿令断乏，皆外向示欲战也。』意思是金鼓之声不可断绝，对敌表示我已作好战斗准备。④视：底本作『亲』。

击我前，或击我后，或薄我垒。吾三军大恐，扰乱失次，离其处所，为之奈何？”

太公曰：“分为三队。随而追之，勿越其伏。三队俱至，或击其前后，或陷其两旁，明号审令，疾击而前，敌人必败。”

武王说：“敌人得知我要跟踪追击他们，于是埋伏了精锐士兵，然后假装退却不止，当我军进到伏兵地区时，敌人就回头配合其伏兵向我反击，有的攻我前队，有的击我后队，有的迫近我营垒，因而我军大为恐慌，行列陷于混乱，各自擅离在阵中的位置，对此怎么办？”

太公说：“这种情况下应把我军分为三队。分别向敌人跟踪追击，不要进入伏击圈。在到达敌伏击圈前就要三队同时追到敌人，有的攻击敌人前后，有的攻击敌人两侧，并须严明号令，使士兵疾速进击，敌人必被打败。”

零零玖／**绝　道**

阅读提示：本篇主要论述与敌对峙和行军途中防止敌人迂回、包围的方法。

□ 遭敌夹击

武王问太公曰："引兵深入诸侯之地，与敌相守。敌人绝我粮道，又越我前后①，吾欲战则不可胜，欲守则不可久，为之奈何？"

太公曰："凡深入敌人之地，必察地之形势，务求便利，依山林险阻、水泉林木而为之固，谨守关梁，又知城邑、丘墓地形之利。如是，则我军坚固，敌人不能绝我粮道，又不能越我前后。"

武王问太公："率兵深入敌国境内，与敌对峙。此时敌人切断了我军粮道，迂回到我军后方，从前后两方面夹击我军，我想和他作战恐怕不能取胜，我想防守又恐怕不能持久，这该怎么办？"

太公说："凡是深入敌国境内，必须观察地理形势，务求控制有利地形，依托山林、险阻、水泉、林木来坚固阵势，严守关隘桥梁，还应掌握城邑、丘墓等有利地形。这样，我军防守就能坚固，敌人既不能绝我粮道，也不能迂回到我的后方，从两面夹击我军。"

□ 陷入困境

武王曰："吾三军过大陵、广泽、平易之地，吾盟误失，卒与敌人相薄。以战则不胜，以守则不固，敌人翼①我两旁，越我前后，三军大恐，为之奈何？"

太公曰："凡帅师之法，当先发远候，去敌二百里，审知敌人所在。地势不利，则以武冲②为垒而前，又置两踵军③于后，远者百里，近者五十里。即有警急，前后相救。吾三军常完坚，必无毁伤。"

武王曰："善哉！"

武王说："我军通过大片的森林、广阔的沼泽地及平坦地形时，友邻军队失误未到，突然与敌遭遇，要想进战怕不能取胜，想防守怕不能巩固，这时敌人包围我军两侧，有的运动到我军的前方和后方，我三军大为恐惧，应该怎么办？"

①越我前后：《汇解·直解》：『越，逾过。或出吾之前，或出吾之后也。』意思是敌人绕到我军后方，从前后两面夹击我军。

①翼：鸟类和昆虫的翅膀。②冲：底本作『卫』，疑误，从《汇解》校改。③踵军：《汇解》：『殿后之军以防突至。』

太公说：“率军作战的方法，当先向我前进远方派出斥候，在距离敌人尚有二百里时，就需要了解敌军所在的位置。如果地势对我军行动不利，就用武冲车在前面掩护行进，并编两支踵军在后跟进，踵军和主力的距离远的可达百里，近的可达五十里，一旦遇有紧急情况，前后可以互相救援。我三军如能经常保持这种完善而巩固的部署，也就不至于遭受严重的伤亡和失败了。”

武王说：“好啊！”

零壹零／**略 地**

阅读提示：本篇论述围攻城邑、阻止敌援、防止突围的方法，以及攻克城邑后的政策。

□ 攻城

武王问太公曰："战胜深入，略其地，有大城不可下。其别军[①]守险与我相拒。我欲攻城围邑，恐其别军卒至而击我。中外[②]相合，击我表里，三军大乱，上下恐骇，为之奈何？"

太公曰："凡攻城围邑，车骑必远，屯卫警戒，阻其外内。中人[③]绝粮，外不得输，城人[④]恐怖，其将必降。"

武王问太公："我军深入敌国，占领其地，还有大的城邑未能攻下。敌人城外另有一支部队固守险要地形，与我相持。我想围攻，又担心其城外部队猝然逼近，会合其城内守军向我夹击，以至三军大乱，上下大骇，应该怎么办呢？"

太公说："攻城围邑，必须把战车、骑兵配置在离城较远的地方，担任守卫和警戒，以隔绝敌人的内外联系。这样，城内日久粮绝，外面不得送入，城内军民就会恐惧，守城的将领就会投降。"

①别军：指敌方的另一支军队。②中外：指敌城中守军与城外援军。③中人：指敌困守在城中的军队。④城人：指被围困的城内军民。

□ 敌人密谋突围

武王曰："中人绝粮，外不得输，阴为约誓，相与密谋，夜出穷寇死战。其车骑锐士，或冲我内，或击我外，士卒迷惑，三军败乱，为之奈何？"

太公曰："如此者，当分军为三军，谨视地形而处。审知敌人别军所在，及其大城别堡[①]，为之置遗缺之道，以利其心，谨备勿失。敌人恐惧，不入山林，即归大邑，走其别军。车骑远要其前，勿令遗脱。中人以为先出者得其径道，其练卒材士必出，其老弱独在。车骑深入长驱，敌人之军必莫敢至。慎勿与战，绝其粮道，围而守之，必久其日。无燔人积聚，无坏人宫室，冢[②]树社[③]丛勿伐，降者勿杀，得而勿戮，示之以仁义，施之以厚德，令其士民曰：'罪在一人[④]。'如此，则天下和服。"

武王曰："善哉！"

武王问："城内敌人断粮，城外粮食无法送入，这时敌人密谋突围，乘夜出城拼命死战，以车骑锐士或冲入我营内，或攻击我营外，使我士兵惶惑，三军败乱，对此应该怎么办？"

太公说："遇到这种情况，应把我军分为三支部队，并根据地形屯驻部队。首先查明敌城外部队情况以及所据守的地区和附近大

①堡：用土筑的小城。②冢：坟墓。③社：古指土地神或祭土神的地方。④罪在一人：意思是所有的罪恶全在敌国君主一人。

城别堡的关系位置，然后为被围敌人留出一条道路，以诱其外逃，但须严密戒备，不使敌人跑掉。由于被围敌人恐惧，不是想逃到深山密林，就是想撤到另一大城。这时我军应以一支部队，赶走敌人城外的‘别军’。以另一支部队，用战车和骑兵在距城较远的地方，阻击敌人突围的先头部队，不让他们脱逃。在这种形势下，守城敌军就会误认为其先头部队已突围成功，打通了撤退的道路，其精锐士卒必会继续从城内外逃，城内只剩下老弱残兵。然后用我第三支部队，以车骑直驱敌后，敌人必不敢继续突围，我军也不要急于进攻，只要断绝其粮道，把他围困起来，日子一久，敌人就会投降。攻克城邑后，不要焚烧粮食，不要毁坏房屋，不要砍伐坟地的树木和里社的丛林，不要杀戮投降者，不要虐待被俘者，对敌国人民要表示仁义，施以恩德。对其士民宣告：‘有罪的只是无道君主一人。’这样，天下就会心悦诚服了。”

武王说：“好啊！”

零壹壹 / **火　战**

阅读提示：本篇论述在深草及灌木林地带防御敌人火攻的方法。

□ 火攻

武王问太公曰：“引兵深入诸侯之地，遇深草蓊秽[①]周吾军[②]前后左右，三军行数百里，人马疲倦休止。敌人因天燥疾风之利，燔吾上风，车骑锐士坚伏吾后，吾三军恐怖，散乱而走，为之奈何？”

太公曰：“若此者，则以云梯飞楼远望左右，谨察前后。见火起，即燔吾前而广延之[③]，又燔吾后。敌人若至，即引军而却，按黑地[④]而坚处。敌人之来，犹在吾后，见火起，必还走。吾报黑地而处，强弩材士卫吾左右，又燔吾前后。若此，则敌不能害我。”

武王问太公：“率军深入敌国境内，茂密的草丛区围绕在我军前后左右，我军已行军数百里，人困马乏，宿营休息。敌人趁天干风紧，在上风放火，其车骑锐士又埋伏在我军的后面，以致三军恐惧，散乱逃跑，对此怎么办？”

太公说：“在草地宿营要利用云梯、飞楼，登高观望前后左右。发现敌人放火，就顺着风向也在我军较远的前方放起火来，扩大火焚面积。同时又在我军后方放起火来，如果敌人来攻，我就可以把军队撤到这块黑地坚守。前来围攻的敌人此时还在我军后面，他看到火起，定会退走。我军在黑地内布阵，用材士强弩掩护两翼，我又继续在前后放火，如此反复进行，敌人就无法加害于我了。”

□ 敌向黑地逼近

武王曰：“敌人燔吾左右，又燔吾前后，烟覆吾军。其大兵按黑地而起，为之奈何？”

太公曰：“若此者，为四武冲阵，强弩翼吾左右，其法无胜亦无负。”

武王问：“敌人在我的左右前后放火，以致烟雾覆盖了我军，而敌军突然向我据守的黑地逼近，对此应该怎么办？”

太公说：“遇上这种情况，可将我军结成四武冲阵，以强弩掩

①蓊秽：蓊，茂盛貌；秽，田中多草，荒地。蓊秽，草丛茂盛。②军：底本作『君』字，疑误。

③即燔吾前而广延之：据《汇解·大全》：『深草蓊秽之地，必不得已而欲舍止，即先于营外斩出三五丈地，使之光洁。若敌以火焚我，我亦于斩除净地之前纵火焚之。』意思是敌人在我前方放火，我也在前方适当地放火。由于我事先在前面斩除了三五丈的净地，这火就烧不到我军，而敌人前来攻我时，却被火势所阻。所以下文说：『敌人之来，犹在吾后，见火起，必还走。』

④黑地：纵火燃烧草丛后的地方是一片黑色称为黑地。

护我的左右，这种办法虽然不能取胜，也不会失败。”

零壹贰／垒　虚

阅读提示：本篇论述察知敌人营垒虚实和敌人行动的方法。

武王问太公曰：“何以知敌垒之虚实、自来自去？”

太公曰：“将必上知天道，下知地理，中知人事。登高下望，以观敌之变动。望其垒，即知其虚实。望其士卒，则知其去来。”

武王曰：“何以知之？”

太公曰：“听其鼓无音，铎无声，望其垒上多飞鸟而不惊，上无氛气，必知敌诈而为偶人也。敌人卒去不远，未定而复返者，彼用其士卒太疾也。太疾则前后不相次，不相次则行陈必乱。如此者，急出兵

击之，以少击众，则必胜矣。”

武王问太公：“如何能知道敌人营垒的虚实和敌军调动的情况呢？”

太公说：“作为将帅，必须上知天道，下知地理，中知人事。登高瞭望敌营垒，以观察敌人的动静。瞭望敌人的营垒就知道敌军内部的虚实；观察士卒的动态，就知道敌军调动的情况。”

武王问：“用什么办法知道这些呢？”

太公说：“如果听不到敌人鼓声，也听不到铃声，瞭望敌营垒上有许多飞鸟而不惊惧，空中也没有尘烟飞扬，必然是敌人的空营，而守营的只是些假人。如果敌人仓猝撤退不远，还没有停下来而又返回的，这是调动军队太忙乱的现象。太忙乱，敌军的前后就没有秩序，没秩序，行列就会混乱。在这样的情况下，我军可迅速出兵打击敌军，以少胜多，必定能取得胜利。”

豹韬

第五篇

《豹韬》论述了森林、山地、江河和险阻地形的战法以及抗击敌人突然袭击，抗击夜间袭击，以少击众，以弱击强的作战方法等。

零零壹／林　战

阅读提示：本篇主要讲述在森林作战的战法。

武王问太公曰："引兵深入诸侯之地，遇大林，与敌人分林相拒。吾欲以守则固，以战则胜。为之奈何？"

太公曰："使吾三军分为冲陈[①]，便兵所处，弓弩为表，戟楯为里。斩除草木，极广吾道，以便战所。高置旌旗，谨勅[②]三军，无使敌人知吾之情，是谓林战。林战之法，率吾矛戟，相与为伍。林间木疏，以骑为辅，战车居前，见便则战，不见便则止。林多险阻，必置冲阵，以备前后。三军疾战，敌人虽众，其将可走。更战更息，各按其部，是谓林战之纪[③]。"

武王问太公说："率兵深入敌国境内，遇到森林地带，与敌人

①冲陈：四武冲阵。②谨勅：严整，掌握。勅，通『饬』。③纪：法，道。

各占森林一部分对峙时，我想要防御就能稳固，想要进攻就能胜利，应该怎么办？”

太公说：“应该将军队分为四武冲阵，配置在便于作战的地方，弓弩手配在外层，戟楯放在内层，砍去草木，开辟道路，以便利战斗行动，高挂旗帜，以便联络，严格控制掌握全军，同时不使敌人察知我军的情况，这就是在林地战斗。森林作战的方法：应将我军使用矛戟的士卒编为混合小分队，在森林中树木稀疏的地方以骑兵辅助作战，把战车配置在前面，发现有利的情况就打，没有发现有利的情况就不打。如森林中有许多险阻地形，就必须设置四武冲阵，以防敌袭击我军前后，战斗时务使全军急剧地进行战斗，敌人即使众多，也可被我打败，部队要轮番作战轮番休息，各按编组行动，这是森林战斗的原则。”

零零贰／突　战

阅读提示：本篇论述反击敌军突然袭击和诱敌攻城而突然袭击敌人的战法。

□ 如何应付来袭之军

武王问太公曰：“敌人深入长驱，侵掠我地，驱我牛马，其三军大至，薄我城下。吾士卒大恐，人民系累[①]为敌所虏。吾欲以守则固，以战则胜，为之奈何？”

太公曰：“如此者，谓之突兵[②]。其牛马必不得食，士卒绝粮，暴击而前。令我远邑别军，选其锐士，疾击其后。审其期日，必会于晦。三军疾战，敌人虽众，其将可虏。”

武王问太公：“如果敌人攻入我国，长驱直入，侵占土地，抢掠牛马。大军蜂拥而至，追到城下，我士兵大为恐惧，人民被拘禁为俘虏，在这种情况下，我想以守能固，以战能胜，应该怎么办？”

太公说：“像这样的敌军叫做突然来袭的敌军，他的牛马必然缺乏饲料，他的士卒必然没有粮食，只是凶猛地向我进攻，在这种情况下，应令我远方的军队，挑选精锐的士卒，迅速袭击敌人的后

①系累：拘禁。②突兵：担任突击的部队。

方，详细计算确定作战时间，务必在夜晚与我会合，三军迅速猛烈地与敌人战斗，敌人虽多，主将也可被我俘虏。”

□ 严阵以待

武王曰：“敌人分为三四，或战而侵掠我地，或止而收我牛马，其大军未尽至，而使寇薄我城下，致吾三军恐惧，为之奈何？”

太公曰：“谨候敌人未尽至，则设备而待之。去城四里而为垒，金鼓旌旗皆列而张。别队为伏兵。令我垒上多积强弩，百步一突门[①]，门有行马，车骑居外，勇力锐士隐伏而处。敌人若至，使我轻卒合战而佯走。令我城上立旌旗，击鼙鼓，完为守备。敌人以我为守城，必薄我城下。发吾伏兵，以冲其内，或击其外。三军疾战，或击其前，或击其后，勇者不得斗，轻者不及走，名曰突战[②]。敌人虽众，其将必走。”

①突门：在城墙或垒壁上预先开设的便于部队出击的暗门。一般由城墙内向外挖，外面留四五寸，不挖透。②突战：突然出击的意思。

武王曰："善哉！"

武王说："敌军分为三四部分，或者进攻以侵占我土地，或者驻扎以掠夺我牛马，他的大军还没有完全到达，而以一部分兵力迫近我城下，致使我军恐惧，应该怎么办？"

太公说："应该仔细观察情况，在敌人还没有完全到达之前，就应先完成战备，严阵以待。在距城四里的地方构筑营垒，金鼓旗帜，都完全布设起来，另派一部分为伏兵。令我营垒上的部队多集中强弩，每百步设一突门，用行马封锁。战车、骑兵配置在营垒外面，勇锐士卒隐蔽埋伏。敌人如果来到，使我轻装部队与敌交战后战败退走。令我守军在城上立旗帜，击鼙鼓，做好防守准备，敌人以为我主力守城，必然逼近城下。这时我突然出动伏兵，冲入敌人阵内，或攻击敌人阵外，此时全军勇猛迅速地出击，既攻击敌人正面，又攻击敌人后方，使敌人勇敢的无法抵抗，较快的来不及逃跑。这种战法称为突战。敌人虽然众多，也会失败。"

武王说："好啊！"

零零叁 / **敌　强**

阅读提示：本篇论述对抗强敌和夜间袭击的战法。

□ 敌强我弱

武王问太公曰："引兵深入诸侯之地，与敌人冲军[①]相当，敌众我寡，敌强我弱，敌人夜来，或攻吾左，或攻吾右，三军震动。吾欲以战则胜，以守则固，为之奈何？"

太公曰："如此者，谓之'震寇'[②]，利以出战，不可以守。选吾材士强弩，车骑为之左右，疾击其前，急攻其后，或击其表，或击其里，其卒必乱，其将必骇。"

武王问太公："率兵深入敌国之境，与敌人突击部队接触，敌众我寡，敌强我弱，而敌人又利用夜晚前来，既攻我的左翼，又攻我的右翼，全军震动，我想使进攻能胜利，防御能牢固，应该

①冲军：担任突击的军队。②震寇：使我感到震恐的敌人，意为夜间强袭之敌。

怎么办？”

太公说：“这样的敌人叫做‘震寇’。我军利于出战，不宜防守，须挑选材士强弩，以战车、骑兵为左右翼，迅速攻击敌人正面，急剧袭击敌人侧后，既要攻击敌人阵外，又要攻入敌人阵内，这样，敌军必然混乱，敌军将帅也必然惊慌失措而被打败。”

□ 明军号令

武王曰：“敌人远遮我前，急攻我后，断我锐兵，绝我材士，吾内外不得相闻。三军扰乱，皆散而走，士卒无斗志，将吏无守心，为之奈何？”

太公曰：“明哉！王之问也。当明号审令，出我勇锐冒将之士，人操炬火，二人同鼓，必知敌人所在，或击其表，或击其里。微号[1]相知，令之灭火，鼓音皆止，中外相应，期约皆当。三军疾战，敌必败亡。”

①微号：微，幽暗。微号，就是暗号。

武王曰："善哉！"

武王说："敌人在远处阻击我的先头部队，又急速攻击我的后方，切断我精锐的救兵，切断我应援的材士，使我内外失去联系。以致三军散乱逃走，士卒没有斗志，将吏无心固守，应该怎么办？"

太公说："高明啊，君王所提出的问题！在这种情况下，应该明审号令，出动我勇猛精锐的士卒，使每人持火炬，二人同击一鼓，必须探知敌人的准确位置，然后部署军队，有的攻击敌人外部，有的冲入敌人内部。部队都佩带暗号，互相识别，扑灭火炬，停息鼓音，以便内外策应，大家都按预先约定的信号准确执行，全军猛烈地战斗，敌必败亡。"

武王说："好啊！"

零零肆／敌　武

阅读提示：本篇论述与优势敌人遭遇，后退设伏的作战方法。

□ 如何处理"败兵"

武王问太公曰："引兵深入诸侯之地，卒遇敌人，甚众且武，武车骁骑绕我左右，吾三军皆震，走不可止，为之奈何？"

太公曰："如此者，谓之'败兵'。善者以胜，不善者以亡。"

武王曰："为①之奈何？"

太公曰："伏我材士强弩，武车骁骑为之左右，常去前后三里。敌人逐我，发我车骑，冲其左右。如此，则敌人扰乱，吾走者自止。"

武王问太公："率兵深入敌国之境，突然遭遇敌人，人数甚多而且勇猛，并以武冲大战车和骁勇的骑兵包围我的两翼，全军震惊，纷纷逃跑，不可阻止，我该怎么办？"

太公说："这样的军队叫做'败兵'。处理得好可以因此而取胜，处理不好也会因此而灭亡。"

武王说："应该怎么处理呢？"

①为：底本作『用』。

太公说："埋伏我的材士强弩，并以武冲大战车和骁勇的骑兵配置在其两翼，伏击地域一般距离我主力前后约三里。敌人若来追击，就出动我的战车、骑兵，冲击敌人的两侧。这样敌人就会混乱，我逃跑的士卒就会自动停止。"

□ 敌众我寡

武王曰："敌人与我车骑相当，敌众我少，敌强我弱。其来整治[①]精锐，吾陈不敢当[②]，为之奈何？"

太公曰："选我材士强弩，伏于左右，车骑坚陈而处。敌人过我伏兵，积弩[③]射其左右，车骑锐兵疾击其军，或击其前，或击其后。敌人虽众，其将必走。"

武王曰："善哉！"

武王说："敌我双方的战车、骑兵相遇，敌众我寡，敌强我弱。

①整治：整齐不乱。②不敢当：这里是难以抵挡的意思。③积弩：集中之弩。

敌人前来，阵势整齐，士卒精锐，我要与敌对阵而战，难以抵挡，应该怎么办？”

太公曰：“挑选我材士强弩伏于两侧，战车骑兵布成坚阵防守。如敌人通过我埋伏的地方，就集中弓弩射击他的两翼，出动战车、骑兵和勇锐士卒，猛烈地攻击敌军，既要攻击他的正面，又要攻击他的侧背，敌人虽然众多，也一定能战胜他们。”

武王说：“好啊！”

零零伍 / **乌云山兵**

阅读提示：本篇论述山地防御的战法。

武王问太公曰：“引兵深入诸侯之地，遇高山盘石[①]，其上亭亭[②]无有草木，四面受敌。吾三军恐惧，士卒迷惑。吾欲以守则固，以战则胜，为之奈何？”

太公曰：“凡三军处山之高，则为敌所栖[③]；处山之下，则为敌所囚[④]。既以被山而处，必为乌云之陈。乌云之陈，阴阳[⑤]皆备。或屯其阴，或屯其阳。处山之阳，备山之阴；处山之阴，备山之阳；处山之左，备山之右；处山之右，备山之左。其山，敌所能陵[⑥]者，兵备其表，衢道[⑦]通谷，绝以武车，高置旌旗，谨勅三军，无使敌人知我之情，是谓山城[⑧]。行列已定，士卒已陈，法令已行，奇正已设，各置冲陈于山之表，便兵所处，乃分车骑为乌云之陈。三军疾战，敌人虽众，其将可擒。”

武王问太公：“率兵深入敌国之境，遇到高山巨石，山顶高耸，没有草木，四面受敌。全军恐惧，士兵迷惑。我想以守就固，以战就胜，该怎么办？”

太公说：“军队配置在山顶，容易为敌所孤立，无法自由下山，配置在山麓，容易为敌所围困，又不能自由行动。既然在山地作战，那就必须布成乌云之阵。所谓乌云之阵，就是控制机动部队，支援各方作战的兵力部署，同时对山南山北各个方面都要戒备，既要防守山的北面，又要防守山的南面。军队占领山的南面，要戒备山的右面；

①盘石：巨石。②亭亭：高耸的样子。③为敌所栖：栖，鸟类歇宿叫栖。为敌所栖，《汇解》：『栖者，如鸟栖集于危巢之上而不得下也。』即被敌围困的意思。④为敌所囚：《汇解》：『囚者，为囚禁于狱而不得出也。』也是被敌围困的意思。⑤阴阳：山的北面叫阴，南面叫阳。⑥陵：攀登。⑦衢道：四通八达的道路。⑧山城：以山为城，即依托山地的防御。

占领山的北面，要戒备山的南面；占领山的左面，要戒备山的右面；占领山的右面，要戒备山的左面。凡是敌人能攀登的地方，就要派兵戒备，交通要道和能通行的谷地，就用战车阻绝，高挂旗帜，以便联络，整饬三军，严阵以待，不使敌人察知我军情况，在所占领的山地构成坚固的防御，就叫做'山城'。行列已经排定，士卒已经列阵，法令已经颁行，奇正方略已经确定，各部队都编成'冲阵'，配置在比较突出的高地，便于作战的地方，再把战车骑兵布成乌云之阵，当敌来攻时，我全军急剧战斗，敌军虽多，必被打败，其将领也可俘获。"

零零陆 / **乌云泽兵**

阅读提示：本篇主要讲述江河防御的战法。

□ 反击敌人

武王问太公曰：“引兵深入诸侯之地，与敌人临水相拒。敌富而众，我贫而寡，逾水击之则不能前，欲久其日则粮食少。吾居斥卤之地[①]，四旁无邑，又无草木，三军无所掠取，牛马无所刍牧[②]。为之奈何？”

太公曰：“三军无备，牛马无食，士卒无粮。如此者，索便诈敌而亟去之，设伏兵于后。”

武王问太公：“率兵深入敌国之境，与敌隔河对峙，敌人物资充足，兵力众多，我军物资贫乏，兵力寡少，我想渡河进攻，却无力前进，我想拖延时日，却粮食缺乏，不能持久。而且我军处在荒芜贫瘠的地方，附近没有城邑且没有草木，军队无处掠取物资，无处放牧牛马，怎么办？”

太公说：“军队没有器械，牛马没有饲料，士卒没有粮食，在这种情况下应该寻找机会，欺骗敌人，迅速转移，并在后面设置伏兵，反击敌人的追击。”

□ 贿赂敌人使者

武王曰：“敌不可得而诈，吾士卒迷惑，敌人越我前后，吾三军败乱而走，为之奈何？”

太公曰：“求途之道，金玉为主，必因敌使，精微为宝。”

武王问：“如果敌人不受我诈骗，我军士兵迷惑，敌人进到我军前后，我三军退却，该怎么办？”

太公说：“这时寻求出路的方法是用金玉货财，贿赂敌人的军使，此事必须精密细致，不使敌人察觉最为重要。”

□ 知我伏兵

武王曰：“敌人知我伏兵，大军不肯济，别将分队以逾于水，吾三军大恐，为之奈何？”

太公曰：“如此者，分为冲陈，便兵所处。须[①]其毕出，发我伏兵，疾击其后，强弩两旁，射其左右，车骑分为乌云之陈，备其前后，三军疾战。敌人见我战合，其大军必济水而来。发我伏兵，疾击其后，车骑冲其左右。敌人虽众，其将可走。凡用兵之大要，当敌临战，必

①斥卤之地：斥，碱；卤，盐。斥卤之地，就是盐碱地。②刍牧：割草放牧。

①须：等待，等到。

置[2]冲陈，便兵所处，然后以车[3]骑分为乌云之陈，此用兵之奇地。所谓乌云者，乌散而云台，变化无穷者也。”

武王曰：“善哉！”

武王问：“如果敌人得知我有伏兵，大军不肯渡河，另派小部队渡河，我军大为惶恐，应该怎么办？”

太公说：“在这种情况下，军队应该部署为四武冲阵，配置在便于作战的地方，待其全部渡河后，发动伏兵，猛烈袭击其侧后，强弩由两旁射击敌人左右。把我战车、骑兵分布为乌云之阵，戒备前后，使三军迅速战斗。敌人见我军打击他已渡河的小部队，其大军必然会渡河前来。这时指挥我伏兵猛烈袭击敌后，战车、骑兵冲击敌人两翼。这样，敌人虽多，也一定会被打败，其主将必逃。用兵的主要原则是，当面临战斗时，必须设置四武冲阵，

②置：底本作『宜』。③车：底本作『军』，疑误，从《汇解》校正。

配置在便于作战的地方，然后使用战车和骑兵分布成乌云之阵，这就是出奇制胜的方法。所谓乌云，就是乌散云合、变化无穷的意思。”

武王说：“好啊！”

零零柒／少 众

阅读提示：本篇论述以少击众、以弱击强的作战方法。

武王问太公曰：“吾欲以少击众，以弱击强，为之奈何？”

太公曰：“以少击众者，必以日之暮，伏于深草，要之隘路。以弱击强者，必得大国之[1]与[2]，邻国之助。”

武王曰：“我无深草，又无隘路，敌人已至，不适日暮。我无大国之与，又无邻国之助，为之奈何？”

太公曰：“妄张诈诱，以荧惑[3]其将，迂其道，令过深草，远其路，令会日暮[4]。前行未渡水，后行未及舍，发我伏兵，疾击其左右，车骑扰乱其前后。敌人员众，其将可走。事大国之君，下邻国之士，厚其币，卑其辞。如此，则得大国之与，邻国之助矣！”

武王曰：“善哉！”

武王问太公：“我想以少击众，以弱击强，应该怎么办呢？”

太公说：“要以少胜多，必须利用太阳下山之时，将部队埋伏在深草地带，在隘路截击敌人。要以弱击强，必须有大国的协助和邻国支援。”

武王说：“我方没有深草地带可设伏，又没有隘路可以利用，敌人到达时间又不在黄昏，我方没有大国的协助，也没有邻国的支援，又该怎么办呢？”

太公说：“用虚张声势，引诱诈骗手段迷惑敌将，诱使敌人迂回行进，通过深草地带，诱使敌人多绕远路延误时间，迫使他在日暮时与我交战。乘敌人先头部队还没有全部渡水，后续部队还来不及宿营的时机，出动我伏击部队猛烈袭击敌人两翼，并令我战车和骑兵扰乱敌人的前后。敌人兵虽多，也会被打败。敬事大国君王，

①之：底本作『而』，疑误，从《汇解》校正。②与：这里作动词，就是协同帮助的意思。③荧惑：炫惑，迷惑。④暮：底本作『路』，疑误，以《汇解》校正。

礼交邻国贤士，多送金钱，言辞谦逊，就能得到邻国的援助。”

武王说：“很好！”

零零捌/分　险

阅读提示：本篇讲述在险隘地带的作战方法。

武王问太公曰：“引兵深入诸侯之地，与敌人相遇于险厄之中，吾左山而右水，敌右山而左水，与我分险相拒，各欲以守则固，以战则胜，为之奈何？”

太公曰：“处山之左，急备山之右；处山之右，急备山之左。险有大水无舟楫者，以天潢济吾三军；已济者亟广吾道，以便战所。以武

冲为前后，列其强弩，令行陈皆固。衢道谷口，以武冲绝之，高置旌旗，是谓‘车城’。凡险战之法，以武冲为前，大橹为卫，材士强弩翼吾左右，三千人为屯，必置冲陈，便兵所处。左军以左，右军以右，中军以中，并攻而前。已战者还归屯所，更战更息，必胜乃已。”

武王曰：“善哉！”

武王问太公：“出兵深入敌国，与敌人在险阻狭隘的地方相遇，我军占领的地形是左山右水，敌军占领的地形是右山左水，各据险要，相互对峙。在这样的情况下各自想坚守必固，出战必胜，应怎么办？”

太公说：“我军占领山的左侧时，应迅速戒备山的右侧；占领山的右侧时，应迅速戒备山的左侧。险要地带中的大江，没有船只利用时，就应用浮游器材渡过我军。已渡江的先头部队应迅速开辟前方道路，抢占便于作战的地形以利主力进入战场。用武冲大战车掩护我军的前后，广泛配置强弩，以使阵形坚固。在通向几个方向的交通枢纽和两山之间的谷口，用武冲大战车阻绝，并在高处插上旗帜，这就构成了‘车城’。对险要地带进攻的打法是以武冲大战车为前导，以大盾牌为防护，使材士强弩保障我左右两翼，步兵每三千人为一屯，编成四武冲阵，配置在便于作战的地形上；左军用于左翼，右军用于右翼，中军用于中央，三军并肩攻击前进，或轮番作战，轮番休息，已战的回到集结地域，未战的依次进攻，直到取得胜利为止。”

武王说：“很好！”

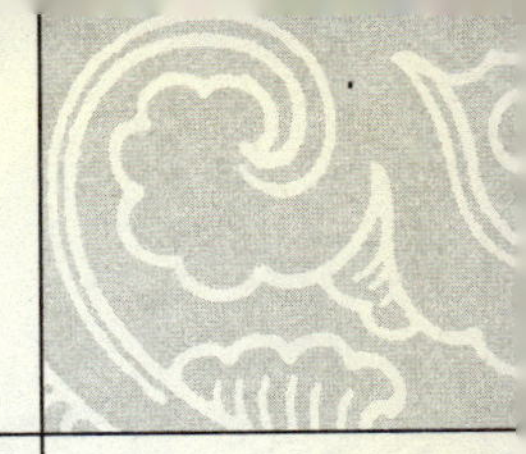

犬韬

第六篇

《犬韬》论述了军队集中、约期会战、挑选士卒、训练军队以及车、骑、步各兵种性能、战力、阵法、战法，等等。

零零壹 / **分　合**

阅读提示：本篇论述集中各路军队在预定时间、地点与敌会战的方法和纪律。

武王问太公曰："王者帅师，三军分为数处，将欲期会合战①，约誓②赏罚，为之奈何？"

太公曰："凡用兵之法，三军之众，必有分合之变。其大将先定战地战日，然后移檄书③与诸将吏，期攻城围邑，各会其所，明告战日，漏刻④有时。大将设营而陈，立表⑤辕门⑥，清道而待。诸将吏至者，校其先后，先期至者赏，后期至者斩。如此，则远近奔集，三军俱至，并力合战。"

①合战：《汇解》：『会合而战也。』意思是几部分军队在一定的时间、地点会合在一起，并力与敌作战。②誓：指古代告诫将士的言辞。③檄书：古代官府用以征召或声讨的文书。④漏刻：古代的计时器。⑤立表：古代立木为表，观察日影来计算时间，所以称立表。⑥辕门：这里指军营的营门。

武王问太公："君王率兵出征，三军分驻数地，主将要按期集结兵力与敌交战，并申令全军，明定赏罚，应该怎么办？"

太公说："用兵的方法，因三军众多，必然有分散和集中作战部署上的变化。主将要预先确定作战的地点和日期，然后用战斗文书通知诸将吏，明确规定要围攻的城邑，各军应集中的地域，作战的日期，到达的时间。然后主将设营布阵，在营门立表，以观测日影，计算时间，禁止行人，等待将吏到达。将吏到达时，要核对其是否按时到达，先期到达的赏，过期到达的杀。这样，不论远近，都会按期赶来会合，三军全部到达之后，就可以集中力量与敌交战。"

零零贰／武　锋

阅读提示：本篇论述战场上最利于打击敌人的十四种战机。

武王问太公曰："凡用兵之要，必有武车骁骑，驰陈选锋[①]，见可则击之。如何则可击？"

太公曰："夫欲击者，当审察敌人十四变[②]，变见则击之，敌人必败。"

武王曰："十四变可得闻乎？"

太公曰："敌人新集，可击；人马未食，可击；天时不顺，可击；地形未得，可击；奔走，可击；不戒，可击；疲劳，可击；将离士卒，可击；涉长路，可击；济水，可击；不暇，可击；阻难狭路，可击；乱行，可击；心怖，可击。"

武王问太公："用兵的法则，必须有威武的战车，矫健的骑兵，能冲锋陷阵的精锐士兵，作为前锋部队，发现敌有可乘之机就打。那么究竟什么时机方可以打呢？"

太公说："要打击敌人，应当抓住十四种对敌不利的时机，发现这种时机的一种就打，敌人必定被打败。"

武王说："你可以把这十四种对敌不利的情况讲给我听吗？"

太公说："敌人刚集结、立足未稳时可以打；趁人马饥饿时可

①驰陈选锋：《汇解·纂序》："必有武车骁骑、驰陈选锋精锐之士。"指驰阵冲锋的锐士。
②变：变故。这里指对敌不利的情况。

以打；气候季节对敌不利可以打；地形对敌不利可以打；敌奔走赶路时可以打；敌人没有戒备时可以打；部队疲劳时可以打；将离士卒时可以打；长途跋涉后可以打；敌军渡河时可以打；敌军忙乱时可以打；通过险阻隘路时可以打；行列散乱时可以打；军心惊怖时也可以打。”

零零叁／练　士

阅读提示：本篇论述根据士卒特点，挑选和编组士卒的方法。

武王问太公曰：“练[1]士之道奈何？”

太公曰：“军中有大勇、敢死、乐伤者，聚为一卒[2]，名曰冒刃之

①练：通『拣』，选择，挑选。②卒：古时百人称卒。此处泛指军队中一种有组织的单位，引申为队。

士；有锐气、壮勇、强暴者，聚为一卒，名曰陷阵之士；有奇表长剑、接武[3]齐列者，聚为一卒，名勇锐之士；有拔距[4]伸钩、强梁[5]多力、溃破金鼓、绝灭旌旗者，聚为一卒，名曰勇力之士；有逾高绝远，轻足善走者，聚为一卒，名曰冠兵之士；有王臣失势，欲复见功者，聚为一卒，名曰死斗之士；有死将之人子弟，欲与其将报仇者，聚为一卒，名曰敢死之士；有赘婿[6]人虏，欲掩迹扬名者，聚为一卒，名曰励钝[7]之士；有贫穷愤怒，欲快其心者，聚为一卒，名曰必死之士；有胥靡免罪之人，欲逃[8]其耻者，聚为一卒，名曰倖用之士；有材技兼人，能负重致远者，聚为一卒，名曰待命之士。此军之练士，不可不察也。”

武王问太公：“选编士兵的原则是什么？”

太公说：“军队中有勇气大、不怕死、不怕伤的，把他们编为一队，叫作冒刃之士；有锐气旺盛、年壮勇猛、强横凶暴的，把他们编为一队，叫作陷阵之士；有姿态奇异、善用长剑、步伐稳健、能在行列中整齐行动的，把他们编为一队，叫作勇锐之士；有臂力过人能伸直铁钩，强壮有力能冲入敌阵摧破敌人金鼓、撕破敌人旗帜的，把他们编为一队，叫作勇力之士；有能越高城，行远路，轻足善走的，把他们编为一队，叫作冠兵之士；有因王公大臣失势，而要重立功劳的，把他们编为一队，叫作死斗之士；有阵亡将帅的子弟，要为其父兄报仇的，把他们编为一队，叫作敢死之士；有曾被招赘、被俘虏，要求扬名的，把他们编为一队，叫作励钝之士；有因贫穷而愤怒，要求立功受赏的，把他们编为一队，叫作必死之士；有刑徒逃罪，要掩盖其耻辱的，把他们编为一队，叫作倖用之士；有才技胜人，能任重致远的，把他们编为一队，叫作待命之士。这是军队中选拔士兵的原则，不可不详加考虑啊！”

③接武：武，足迹。接武，是后者之足，履前者之迹，形容步伐稳健整齐。④拔距：古代运动习武的游戏，相似今之拔河游戏。⑤强梁：强横，凶暴。⑥赘婿：就婚于女家的男子。⑦励钝：激励迟钝不进的人，使他奋发起来。⑧逃：通『陶』，隐匿，掩盖。

零零肆／教　战

阅读提示：本篇论述循序渐进地训练军队的方法。

武王问太公曰：“合三军之众，欲令士卒练士教战之道奈何？”

太公曰："凡领三军，必[1]有金鼓之节，所以整齐士众者也。将必先明告吏士，申之以三令，以教操兵起居[2]，旌旗指麾之变法。故教吏士，使一人学战，教成，合之十人；十人学战，教成，合之百人；百人学战，教成，合之千人；千人学战，教成，合之万人；万人学战，教成，合之三军之众；大战之法，教成，合之百万之众。故能成其大兵，立威于天下。"

武王曰："善哉！"

武王问太公："编成全军部队，要使士兵的动作娴熟，应该如何训练？"

太公说："统率三军必须用金鼓来指挥，这是为了统一军队的行动。将帅必先明确告诉官兵怎样操练，要反复讲解清楚，训练他们操作兵器，熟悉战斗动作和依照各种旗帜指挥信号的变化而变更

①必：底本无『必』字，从《汇解》增补。②操兵起居：操兵，使用兵器；起居，坐、站、进、退、分、合、解、结。操兵起居，可理解为各种战斗动作。

行动的方法。训练军队时，先进行单个训练；单个训练完成了，再十人合练；十人学战，教练完成了，再百人合练；百人学战，教练完成了，再千人合练；千人学战，教练完成了，再万人合练；万人学战，教练完成了，再三军合练以训练大军作战的方法。各项教练完成了，就可会集成百万大军，组成强大的军队，扬威天下。”

武王说：“好啊！”

零零伍／**均　兵**

阅读提示：本篇讲述车兵、骑兵、步兵的性能与作战能力对比，以及车骑的编制和阵法。

武王问太公曰：“以车与步卒战，一车当几步卒？几步卒当一车？

以骑与步卒战，一骑当几步卒？几步卒当一骑？以车与骑战，一车当几骑？几骑当一车？”

太公曰：“车者，军之羽翼[①]也，所以陷坚陈，要强敌，遮走北也。骑者，军之伺候[②]也，所以踵败军，绝粮道，击便寇也。故车骑不敌战，则一骑不能当步卒一人[③]。三军之众，成陈而相当，则易战之法，一车当步卒八十人，八十人当一车；一骑当步卒八人，八人当一骑；一车当十骑，十骑当一车。险战之法，一车当步卒四十人，四十人当一车；一骑当步卒四人，四人当一骑；一车当六骑，六骑当一车。夫车骑者，军之武兵也。十乘败千人，百乘败万人；十骑败百人，百骑走千人。此其大数也。”

武王曰：“车骑之吏数、陈法奈何？”

太公曰：“置车之吏数，五车一长，十车一吏，五十车为一率[④]，百

①军之羽翼：《汇解》：『羽翼者，军之有车，犹鸟有羽翼，凭之而奋飞也。』意思是战车是增强军队战斗力量的。②军之伺候：《汇解》：『伺候者，观敌之隙，出而乘之。』意思是骑兵是窥探敌人，乘敌之隙的。③车骑不敌战，则一骑不能当步卒一人：《汇解·全旨》：『此章言车骑步各有其地，各有其宜，用之当。各得其当。』意思是，车骑步的运用各有其适宜的地形，运用得恰当就能充分发挥其战斗力。《汇解·纂序》：『车骑不相敌而与人战，则一骑不能当作步卒一人。』意思是，车骑配合不相当而去作战，一个骑兵还不能相当一个步兵。由以上两个注解看，《汇解》校正。④率：这里指车兵的一级单位。

车一将。易战之法，五车为列，相去四十步，左右十步，队间六十步。险战之法，车必循道，十车为聚[⑤]，二十车为屯，前后相去二十步，左右六步，队间三十六步[⑥]。五车一长，纵横相去二里，各返故道。置骑之吏数，五骑一长，十骑一吏，百骑一率，二百骑一将。易战之法，五骑为列。前后相去二十步，左右四步，队间五十步。险战者，前后相去十步，左右二步，队间二十五步。三十骑为一屯，六十骑为一辈[⑦]。纵横相去百步，周环[⑧]各复故处。”

武王曰：“善哉！”

武王问太公：“用车兵对敌步兵作战，一辆战车相当于几名步兵？几名步兵相当于一辆战车？用骑兵与步兵战斗，一名骑兵相当于几名步兵？几名步兵相当于一名骑兵？战车对骑兵战斗，一辆战车能相当几名骑兵？几名骑兵相当于一辆战车？”

太公说：“战车能提高战斗力，用以攻坚陷阵，截击强敌，切断其退路。骑兵是军队中窥探敌人，乘敌之隙的，用以跟踪追击，断敌粮道，袭击散乱流窜的敌人的。因此车骑使用不恰当，在战斗中一名骑兵还不能抵挡一名步兵。全军布列成阵，骑步配合得当，那么在平坦地形上作战，一辆战车可以抵挡步兵八十名，步兵八十名相当于一辆战车；一名骑兵可以抵挡步兵八名，八名步兵相当于一名骑兵；一辆战车可抵挡骑兵十名，十名骑兵相当于一辆战车。在险阻地形上作战，一辆战车可抵挡步兵四十名，四十名步兵相当于一辆战车；一名骑兵可抵挡步兵四名，四名步兵相当于一名骑兵；一辆战车可抵挡骑兵六名，六名骑兵相当于一辆战车。战车和骑兵是军队中威烈快速的冲击力量。十辆战车可以击败敌千人，百辆战车可以击败敌万人，十名骑兵可以击退敌百人，百名骑兵可以击退敌千人，这些都是大概数字。”

武王问：“战车和骑兵应配置的军官数量和作战方法是什么？”

太公说：“战车应配备军官的数量是：五车设一长，十车设一吏，五十车设一率，百车设一将。在平坦地形上作战的战法是：五车为一列，前后相距四十步，各车间隔十步，队间距离和间隔各六十步。在险阻地形上作战的战法是：战车必须沿道路行进，十车为一聚，二十车为一屯，车与车前后距离二十步，左右宽约六步，队间距离和间隔各三十六步。五车设一长，活动范围前后左右各二

⑤聚：车兵的一种战斗编组。⑥步：步字后有『五车一长』四字，疑是衍文。从《直解》《大全》删去。⑦辈：这里指骑兵的一种战斗编组。辈字后底本有『十骑一吏』四字，疑为衍文，从《直解》《大全》删去。⑧周环：《开宗》作『周旋』。旋，与『环』古同声。『周旋』是交战的意思。

里，各车战斗后仍由原路返回。骑兵应配备军官的数量是：五骑设一长，十骑设一吏，百骑设一率，二百骑设一将。在平坦地形作战的战法是：五骑为一列，前后相距二十步，左右间隔四步，队间距离和间隔各五十步。在险阻地形上作战时：前后相距十步，左右间隔两步，队间距离和间隔各二十五步，三十骑为一屯，六十骑为一辈。活动范围前后左右各百步，战斗后各返回原来位置。”

武王说：“很好！”

零零陆／**武车士**

阅读提示：本篇讲述怎样选拔乘车战斗的武士。

武王问太公曰：“选车士[①]奈何？”

太公曰：“选车士之法，取年四十已下，长七尺五寸已上；走能逐奔马，及驰而乘之，前后、左右、上下周旋[②]，能束缚[③]旌旗，力能彀[④]八石弩[⑤]，射前后左右，皆便习者，名曰武车之士，不可不厚也。”

武王问太公：“怎样选拔车上武士？”

太公说：“选拔车上武士的标准是：取其年龄四十以下，身长七尺五寸以上；跑起能追得上奔跑的马，能在奔驰中跳上战车，并能对前后、左右、上下各方战斗，能掌握旗，拉满八石弩，熟练地向左右、前后射箭的人，这种人称为武车士，待遇应该优厚。”

零零柒／**武骑士**

阅读提示：本篇论述怎样选拔武骑士。

武王问太公曰：“选骑士[①]奈何？”

太公曰：“选骑士之法，取年四十已下，长七尺五寸以上，壮健捷疾，超绝等伦[②]。能驰骑彀射，前后左右，周旋进退。越沟堑，登丘陵，冒险阻，绝大泽，驰强敌，乱大众者名曰武骑之士，不可不厚也。”

①车士：乘车战斗的武士。②周旋：即应战。《左传·僖公二十三年》：『若不获命，其左执鞭弭，右属橐鞬，以与君周旋。』③束缚：底本作『缚束』，今按《汇解》校正。束缚，捆绑、制约，此处可理解为掌握。④彀：把弓拉满。⑤八石弩：石，重量单位，古代一百二十斤为一石。八石弩，即拉力为九百六十斤的弩。周代每斤合228.86克。

①骑士：乘马作战的武士。②等伦：底本为『伦等』，今按《汇解·直解》校正。

武王问太公："怎样选拔骑士？"

太公说："选拔骑士的标准，应取其年龄四十以下，身长六尺五寸以上，身强力壮，敏捷快速，超过一般人的，能在乘马疾驰中挽弓射箭，对前、后、左、右各方应战或回旋进退，越过沟堑，攀登高地，冲过险阻，横渡大水，追逐强敌，打乱众多敌人的，这种人称为武骑士，待遇应该优厚。"

零零捌／**战　车**

阅读提示：本篇论述车兵部队作战的十种不利地形和八种有利情况。

武王问太公曰："战车奈何？"

太公曰："步贵知变动，车贵知地形，骑贵知别径奇道，三军同名而异用也。凡车之死地①有十，其胜地有八。"

武王曰："十死之地奈何？"

太公曰："往而无以还者，车之死地也。越绝险阻，乘敌远行者，车之竭地也。前易后险者，车之困地也。陷之险阻而难出者，车之绝地也。圮下渐泽②，黑土黏埴③者，车之劳地也。左险右易，上陵仰阪④者，车之逆地也。殷草横亩，犯历深泽者，车之拂⑤地也。车少地易，与步不敌者，车之败地也。后有沟渎，左有深水，右有峻阪者，车之坏地也。日夜霖雨，旬日不止，道路溃陷，前不能进，后不能解者，车之陷地也。此十者，车之死地也。故拙将之所以见擒，明将之所以能避也。"

①地：地形，处境。本书中『十死之地』、『八胜之地』，都提到『地』字，但两处的『地』含义不一样。十死之地的『地』主要指地形，八胜之地的『地』完全指情况。②圮下渐泽：圮，毁坏；下，低下；渐，浸水；泽，洼地、地沼。圮下渐泽，就是毁塌积水的意思。③黏埴：黏，黏土；埴，黏土。④仰阪：阪，山坡。仰阪，迎着山坡。⑤拂：违背，不如意。

武王曰：“八胜之地奈何？”

太公曰：“敌之前后，行陈未定，即陷之。旌旗扰乱，人马数动，即陷之。士卒或前或后，或左或右，即陷之。陈不坚固，士卒前后相顾，即陷之。前往而疑，后恐而怯，即陷之。三军卒惊，皆薄而起⑥，即陷之。战于易地，暮不能解，即陷之。远行而暮舍，三军恐惧，即陷之：此八者，车之胜地也。将明于十害八胜，敌虽围周，千乘万骑，前驱旁驰，万战必胜。”

武王曰：“善哉！”

武王问太公：“战车怎样作战？”

太公说：“步兵作战贵在熟悉情况变化，车兵作战贵在熟悉地形状况，骑兵作战贵在熟悉别道捷径，车、骑、步同是作战部队而用法不同。车兵作战有十种死地、八种有利的情况。”

武王问：“什么是十种死地？”

太公说：“能前进而不能退回，这就是战车的死地。越险阻，长途追逐敌人，这是战车的竭地。前面平坦，后面险阻，这是战车的困地。陷入危险而难于出来，这是战车的绝地。毁塌积水，粘泥地带，这是战车的劳地。左面险阻，右面平坦，还要爬坡，这是战车的逆地。盛草连垄，还要渡过水泽，这是战车的拂地。车少地平，而且战车与步兵配合不当，这是战车的败地。后有沟渠，左有深水，右有高坡，这是战车的坏地。昼夜大雨，连日不停，道路毁坏，前不能进，后不能退，这是战车的陷地。这十种都是战车的死地。所以愚将由于不了解这十种死地而被擒，智将由于了解这十种死地，就能避开它。”

武王又问：“八种有利的情况是什么？”

太公说：“敌人的前后行阵还没有排列完毕就乘机攻破它。敌人旌旗紊乱，人马不断调动，就乘机攻破它。敌士卒有的向前，有的退后，有的往左，有的往右，混乱不已，就乘机攻破它。敌阵势不稳定，士卒前后相互观望，就乘机攻破它。敌前进犹豫，后退害怕，就乘机攻破它。敌三军突然惊乱，轻举妄动，就乘机攻破它。敌与我战于平坦地形上，日暮还未结束战斗，就用战车攻破它。敌长途行军，宿营很晚，三军惧战，就乘机攻破它。这八种情况都是对战车作战有利的情况。将帅明白了十种死地和八种胜地，敌人即

⑥皆薄而起：指轻举妄动。薄，轻薄；起，发动、举动。

便四面包围，用千乘万骑向我正面压迫，两侧突击，也不可怕，无论多少次战斗都必定能取得胜利。”

武王说：“好啊！”

零零玖／战　骑

阅读提示：本篇论述骑兵作战的“十胜”和“九败”之方法。

武王问太公曰：“战骑奈何？”

太公曰：“骑有十胜[1]、九败。”

武王曰：“十胜奈何？”

太公曰：“敌人始至，行陈未定，前后不属，陷其前骑，击其左右，敌人必走；敌人行陈，整齐坚固，士卒欲斗，吾骑翼而勿去，或驰而往，或驰而来，其疾如风，其暴如雷，白昼如昏，数更旌旗，变易衣服，其军可克；敌人行陈不固，士卒不斗，薄其前后，猎[2]其左右，翼而去之，敌人必惧；敌人暮欲归舍，三军恐骇，翼其两旁，疾击其后，薄其垒口，无使得入，敌人必败；敌人无险阻保固，深入长驱，绝其粮路，敌人必饥；地平而易，四面见敌，车骑陷之，敌人必乱；敌人奔走，士卒散乱，或翼其两旁，或掩其前后，其将可擒；敌人暮返，其兵甚众，其行陈必乱，令我骑十而为队，百而为屯，车五而为聚，十而为群[3]，多设旌旗，杂以强弩，或击其两旁，或绝其前后，敌将可虏。此骑之十胜也。”

武王曰：“九败奈何？”

太公曰：“凡以骑陷敌，而不能破陈，敌人佯走，以车骑反击我后，此骑之败地也。追北逾险，长驱不止，敌人伏我两旁，又绝我后，此骑之围地也。往而无以返，入而无以出，是谓陷于天井[4]，顿于地穴，此骑之死地也。所从入者隘，所从出者远，彼弱可以击我强，彼寡可以击我众，此骑之没地[5]也。大涧深谷，蓊秽林木，此骑之竭地[6]也。左右有水，前有大阜，后有高山，三军战于两水之间，敌居表里，此骑之艰地也。敌人绝我粮道，往而无以返，此骑之困地也。汙下沮泽[7]，进退渐洳，此骑之患地[8]也。左有深沟，右有坑阜，高下如平地，进退诱敌，此骑之陷地[9]也。此九者，骑之死地也。明将之所以远避，闇将

①十胜：原文只有八胜，疑有脱。②猎：打猎，引申为袭击。③队、屯、聚、群：都是古代骑兵部队的战斗编组。④天井：指四面高峻、中间低洼的地形。⑤没地：没，消灭。没地，覆没的地方。⑥竭地：人马力气耗尽的地形。⑦汙下沮泽：汙，停积不流的水；下，低下；沮泽，水草所聚地方，即沼泽地。⑧患地：灾难性的地形。⑨陷地：陷入而难出的地形。

之所以陷败也。”

武王问太公：“骑兵怎样作战？”

太公说：“骑兵作战有十胜和九败。”

武王问：“什么是十胜？”

太公说：“敌人初到，行阵未定，前后无法联系，我骑兵应立即击破其先头骑兵部队，夹击其两翼，敌必溃逃；敌人阵势，整齐坚固，士卒战斗情绪很高，我骑兵部队应缠住敌人两翼不放，有时奔驰过去，有时奔驰回来，快速如风，猛烈如雷，使尘土飞扬迷漫，白昼如同黄昏，不断更换旗帜，改变服装，使敌人疑虑重重，敌军就可以被打败；敌人行阵不稳固，士卒没有斗志，就迫近敌人前方和后方，袭击其左右，从两翼夹击它，敌人必会震恐；敌人日暮回营，三军震骇，我骑兵应夹击其两翼，急速袭击其后

军，迫近其营垒入口，阻止其进入营垒，敌人在慌乱中必会溃败；敌人没有险阻地形可以固守，我骑兵应长驱直入，切断其粮道，敌人必会陷于饥饿；敌人处于平坦地形，四面受到威胁，我骑兵协同战车四面围攻它，敌人必会大乱；敌人败逃，士卒散乱，我骑兵或由其两翼夹击，或袭击其前后，敌将帅也就可以被擒；敌人日暮退回营垒，部队很多，队形必定混乱，就令我骑兵十人为一队，百人为一屯，战车五辆为一聚，十辆为一群，多插旗帜，配以强弩或者打击其两翼，或者断绝其前后，敌将帅也可以被俘获。这就是骑兵作战的十种取胜的战机。”

武王问：“九败是什么？”

太公说：“用骑兵攻击敌人，如果不能突破敌阵，敌人假装逃跑，而以战车和骑兵攻我后方，这就使我骑兵处于失败的境地了。追击败退之敌，越过险阻，长驱深入而不停止，敌人埋伏在我两旁，断绝我后路，这就使我骑兵处于被围的境地了。前进后，无法退回，进入后，无法出来，这叫陷入天井之内，困于地穴之中，这就使我骑兵处于灭亡的境地了。进路狭窄，出路还远，敌可以弱击，以少击众，这就使我骑兵处于覆灭的境地了。大涧深谷，林木茂盛，活动困难，这会使我骑兵处于精疲力竭的境地。左右有水，前有大山，后有高岭，我三军在雨水之间作战，敌人内守山险，外踞水要，这就使我骑兵处于艰难的境地。敌人断我粮道，我只有进路而没有退路，这就使我骑兵陷于困难的境地。沼泽地、低湿泥泞地，这是使骑兵疲劳的患地，左有深沟，右有坑凹，一高一低，看起来就像平地，无论进退都会招致敌人来攻，这就是骑兵作战的陷地。这九种都是骑兵的死地。这是明智的将帅所竭力避开的地方，昏庸的将帅所以陷于失败的原因。”

零壹零／**战　步**

阅读提示：本篇论述步兵对战车、骑兵作战的方法。

武王问太公曰：“步兵与①车骑战②奈何？”

太公曰：“步兵与车骑战者，必依丘陵险阻，长兵强弩居前，短兵

①与：底本无『与』字，疑脱。从《汇解》补正。②战：底本无『战』字，疑脱。从《汇解》补正。